南懷瑾文化

圓覺經略說

南懷瑾／講述

再版前言

回顧上世紀八十年代，我利用工作之餘，將南懷瑾先生講解《圓覺經》的錄音帶整理出來，文字稍加潤飾，先在《十方》雜誌連載，然後於一九九二年在台灣出版，書名按照南先生的意思，訂為《圓覺經略說》，且命我寫了出版說明，封面請台灣書法家杜忠誥先生題字。此書銷量一直不錯，主要是南懷瑾先生的講解深入淺出，引人入勝。

到了二〇〇一年，此書在大陸出了簡體字版。由於南懷瑾先生的著作讀者眾多，應讀者要求，二〇〇八年到二〇一〇年，我在全國各地帶領《圓覺經略說》導讀，這是當初沒有料想到與此書有如此之因緣。

二〇一二年九月，南懷瑾先生辭世，二〇一三年，劉雨虹學長為了對歷史負責，為了對恩師南懷瑾先生負責，帶領了宏忍師、牟煉、彭敬，對南懷瑾先生的書籍作全面重新校正，我亦參與其中。如今此書經數人重新校閱，並由台灣南懷瑾文化事業公司再行出版，在此出版之前，特為之記。

出版說明

編輯室

本書是南懷瑾教授於民國七十二年（西元一九八三年），在台北十方叢林書院講述《圓覺經》的記錄，由古國治同學負責整理校對。在未完稿前，曾陸續在《十方》雜誌連載，獲得廣大讀者們的熱烈迴響，紛紛要求儘早出書。如今，這本書終於完成，我們希望對於海內外的學佛人士有些助益。

佛稱我們的世界為娑婆世界，意謂缺憾不美滿，是充滿痛苦的。所以，許許多多的人想從佛教或佛學中，求得心靈上的慰藉，或尋找解脫痛苦的方法。看到這樣的現象，我們一則以喜，一則以憂。喜的是人們終於接觸到了難得難聞的佛法，好不容易在茫茫苦海中找到了慈航；憂的是人們對於佛法不知如何下手。有的認為佛經艱深難懂而不敢閱讀，有的唯恐走火入魔而不敢修行，即使修行亦抓不住要點，有的則到處聽經聽演講求祕訣求灌頂，對於真正的佛法卻未能得利，這真如釋迦牟尼佛所說：至可憐憫者眾生。

《圓覺經》是了義經，這是可以徹底解決人生痛苦煩惱的經典，這是指引如何修行成佛的經典，而且經文文字優美，讀來真是一大享受。這部經透過南懷瑾教授深入淺出的講解，對初學者而言，淺顯易懂，沒有文字上的障礙，可作為學佛之入門；對於有心習禪或參研佛法者而言，書中有多處如何明心見性的明白指示；至於修行上的諸多問題，如修止、修觀、修禪那，亦作了原則性重點的提示。所以，無論是頓悟或漸修，在見地、修證及行願上，均詳細舉例說明。然而，站在南懷瑾教授的立場而言，對於此部大經，還衹是略說而已。

最後，我們衷心期待讀者透過這本書能夠獲得正知正見，解脫煩惱無罣礙；能夠經過聞思修慧，依教奉行入覺海；即便不能，至少能夠管窺佛法之大概。如此則不負釋迦牟尼佛當年說法之初衷，不負十二位圓覺菩薩之悲願矣！

目錄

再版前言　4
出版說明　6
緣起　15
三十年前的一段往事
大經之真偽
釋佛陀多羅傳
佛經翻譯在中國
憨山大師註解《圓覺經》
《圓覺經》的十二位菩薩
第一章　文殊師利菩薩　39

內容提要
什麼是成佛的本起因地
如何發起清淨心
發了清淨心有什麼好處
如何不墮入邪見
什麼是無明
什麼是空
無明妄想如何斷

第二章　普賢菩薩　93

內容提要
初見本性如何起修
如何以幻還修於幻
一切皆幻誰來修行
如何使妄想心得到解脫

第三章　普眼菩薩　125
內容提要
如何正思惟修
如何住持
修行的程序如何
如何才能開悟
第四章　金剛藏菩薩　173
內容提要
眾生本來是佛，為何生起無明
無明眾生本有，何故復說本來成佛
一切如來何時復生一切煩惱
能以有思惟心測度如來圓覺境界嗎

第五章　彌勒菩薩　215

內容提要
輪迴的根本是什麼
如何了脫生死跳出輪迴
成佛有哪二障
修佛菩提有幾等差別
當設幾種教化方便度諸眾生

第六章　清淨慧菩薩　275

內容提要
一切眾生和諸菩薩如來所悟得的道有無差別
成佛是什麼境界
什麼是般若
什麼是涅槃
什麼是成佛最好最快的方法

第七章　威德自在菩薩　333
內容提要
成佛漸修的法門如何
修行人一共有幾種
如何修止
如何修觀
如何定慧等持
如何修禪那
第八章　辯音菩薩　363
內容提要
成佛之道有幾種修行方法
修止修觀修禪那如何搭配
如何選擇適合自己的修行方法

第九章　淨諸業障菩薩　409

內容提要
本性清淨因何染污
什麼是我相
什麼是人相
什麼是眾生相
什麼是壽者相
如何做到法解脫

第十章　普覺菩薩　453

內容提要
誰是善知識
學佛應依何等行
行何等法
除去何病
如何發心

第十一章　圓覺菩薩　485
內容提要
如何安居修此圓覺清淨境界
三種淨觀以何為首
可以隨便閉關嗎
為何要懺悔罪業
第十二章　賢善首菩薩　527
內容提要
此經叫什麼名字
如何奉持
修習此經有何功德
誰來護持此經

三十年前的一段往事

今天是我第一次講《圓覺經》，在講《圓覺經》之前，首先跟諸位提一下，有關這本經在台灣第一次印行的故事。

事隔三十多年了，民國三十七年，我首次從南京來到台灣，當時帶了很多佛像、佛經，打算碰到適合的朋友就送，讓佛經留在台灣。結果，到台灣一句話都聽不懂，在基隆的旅館住了三個月之後，又把佛經帶回去了。

民國三十八年二月底，又到了台灣，也同樣在皮箱裡，放了些佛經。直到民國三十八年底，從各路撤退來台的人很多，尤其是從四川重慶、西康來的老朋友，還有一些在沿海打游擊的朋友，都來到我那在基隆的「招待站」。那時候，我家每餐吃飯席開六桌，我內人及煮飯的，都累得受不了；晚上睡覺時，在日本式的榻榻米房子裡，到處睡的都是人。

那個時候我到街上逛，看見書店裡擺著的，都是一些日文書，找不到幾本中文書，好的四書買不到，佛經則更談不上。

我的一位老同學朱鏡宙先生，也來到了台灣，也住在我家。有一天他告訴我，有一件大事要做。我說什麼事？他說不得了，台灣連一本佛經都沒有。我說豈止沒有佛經，連普通書都缺乏。他說我們要做一件功德，辦個印經處。我說好呀！你去搞！你去搞！因為他是章太炎的女婿，做過財政廳長、銀行董事長，做了很多事，地位高，名氣大。

過了一個多月，有一天他愁眉苦臉回來，告訴我說，台灣印經處搞不起來。我問為什麼？他說錢不夠。我心裡想，你老哥身邊的黃金拿幾條出來，不就成了嗎？但是，此話不能講，雖然是老同學，人到了某個階段，不能隨便開玩笑。我順手把抽屜一拉，將裡面所有的鈔票抓出來，對他說都給你夠不夠？他趕緊數，大概是二千多吧！我忘了，那時黃金一兩是二百二十元。數完，他高興得把手舉起來說，夠了！夠了！阿彌陀佛！菩薩保佑！台灣印經處這下開成了！

我說，好了，你趕緊到台北去辦吧！我再問：你第一部印什麼經？他說哎呀！這又難了，佛經不曉得到哪裡找？我說你等著！等著！送官送到縣，送佛送上天，我的皮箱裡還有幾本佛經。一翻！《圓覺經》，好不好？好，就印《圓覺經》。

以上是三十年前的一段往事。所以，今天我手裡拿著《圓覺經》無限感慨，天下事之因緣多奇妙，想不到三十年後在此講《圓覺經》。

大經之真偽

我平常不太喜歡講《圓覺經》，為什麼呢？這真是一本大經，太大了。若分科判教的話，則歸入最大的華嚴宗，華嚴宗是中國唐代以後新興的佛教宗派。其根本經典《華嚴經》的內容包羅萬象，是佛教的大寶庫，所謂「不讀華嚴，不知佛家之富貴」。《華嚴經》的重點是講「一真法界」，處處皆是佛，一切眾生人人皆是佛，「一花一世界，一葉一如來」。的確是「直指人心，見性成佛」的法門，真是太大、太直截了。所以，我平常很少講《華嚴經》及《圓覺經》。

再說，所有的佛經，乃至所有宗教，看人生都是悲觀的，認為人生是痛苦的，要求解脫；都認為這個世界是缺陷的，悲慘的。唯有《華嚴經》所講的，認為這個世界無所謂缺陷，即使是缺陷，也是美的；這個世界是至真、至善、至美；是一真法界，萬法自如，處處成佛，時時成道。這也就是所謂的華嚴境界。

《圓覺經》講的是一乘圓教，沒有所謂大乘、小乘之分，只有「見性成佛」，而且是無所偏的圓教。

但是，清末民初很多學者，認為這本《圓覺經》是偽經，因為當時的學術注重考據，疑古之風盛行。中國的學術思想，在近三百年來，偏重於考據實證之學，這是因為清朝的知識份子，看到明代講理學談心性，最後把國家都亡掉了，所謂「平時靜坐談心性，臨危一死報君王」，修養好有什麼用？所以，滿清以後之學風，轉為重實踐及考據。到了清末，受到西洋文化的影響，疑古之風盛行。當時梁啟超等說《圓覺經》《楞嚴經》《大乘起信論》是偽經。他認為這是後代的得道高僧所偽造，不過，假亦假得好。妙的是佛經裡文字最美的便是這二經一論。

《圓覺經》是否就如梁氏等所說，是後代大禪師所偽造？不見得。我可以說這的確是真正的佛法。《圓覺經》與《楞嚴經》，應該說是佛教的無上密部，只因為《圓覺經》《楞嚴經》的文學實在太美了，而一般佛經的文字沒有那麼美，所以有些學者認為是偽經。

下面我們來看翻譯這本經的佛陀多羅的傳記。

釋佛陀多羅傳

宋《高僧傳》卷第二記載：釋佛陀多羅，華言覺救，北天竺罽賓人也。（註：唐稱迦濕彌羅，今新疆西南部喀什米爾地區，盛產綿羊。）齎多羅筴，誓化支那，止洛陽白馬寺，譯出《大方廣圓覺了義經》。此經近譯，不委何年？且隆道為懷，務甄詐妄，但真詮不謬，豈假具知年月耶？救之形跡，莫究其終。大和中圭峰密公著疏，判解經本一卷，或

分二卷成部，續又為鈔，演暢幽邃，今東京太原三蜀盛行講焉。

《佛祖統記卷》三十九：唐高宗永徽六年（西元六五五年）罽賓國佛陀多羅，於白馬寺譯《大方廣圓覺修多羅了義經》一卷。

佛陀多羅中文的意思是覺悟救世，他是北印度罽賓人。罽賓是國名，唐朝稱為迦濕彌羅，在新疆的西南邊，現代稱為喀什米爾，當地盛產綿羊。佛陀多羅帶來梵文佛經（古代印度人，把佛經寫在多羅樹葉上，稱為多羅莢），發願將佛經弘揚到中國來，他到了洛陽白馬寺，在那裡翻譯出《大方廣圓覺了義經》。至於來了多久才通曉中文，以及哪些人幫助翻譯，都無從考據，所以後人懷疑此經是偽經。

近代指稱這部經是唐朝翻譯過來的，但是，不曉得何年翻譯出來的，由此可見，此經自古就有人開始懷疑了。但「**隆道為懷，務甄詐妄**」，為了弘揚佛法，我們務必仔細甄別此經是否有錯誤之處。但是研究的結果，不須懷疑，此經所闡釋真如的道理，一點也不偏差，「**真詮不謬**」。既然是真正的佛法，那又何必一定要確知何年何月所翻譯的呢？站在護法的立場，只要此經大義無誤，不須過於在考據上鑽牛角尖。佛陀多羅這位高僧，最後何時離開中國，到哪裡去了，都沒有資料可查考。

唐代太和年間，禪宗的圭峯宗密禪師，將《圓覺經》加以整理註疏，著成判解經本一卷，或分為二卷成為一部書。圭峰禪師後來又繼續著述，闡揚《圓覺經》深奧的道理。宋代時，東京汴梁、山西太原、四川三蜀一帶，都盛行講《圓覺經》。

另外根據《佛祖統記》卷三十九的記載，唐高宗永徽六年，即西元六五五年，罽賓國的佛陀多羅，在白馬寺釋譯了《圓覺經》一卷。

佛經翻譯在中國

在此，順便向各位大略提一下，佛經在中國翻譯的慎重情形。

諸位都知道在中國歷史上，翻譯佛經很有名的一位外國和尚，就是鳩摩羅什法師。在南北朝時代，秦王苻堅為了請鳩摩羅什到中國來，派出了二十萬大兵，消滅了兩個國家。在世界人類文化史上，只有中國才會有這種事，為了請一位學者，一位出家法師，居然派出二十萬大軍去接護，中國文化就有如此氣派。

派去接鳩摩羅什的大將姓呂，他把鳩摩羅什接到了新疆邊境，準備進入國境時，聽到秦王苻堅已經失敗，他遂在甘肅自立為王，稱為西涼。鳩摩羅什在西涼待了好幾年，等到西涼亡了，才進入中國長安。

鳩摩羅什到達長安以前，與中國軍隊相處了許多年，所以，他的中文已有了根基。再加上皇帝對他的供養與器重，他的中文當然好。而且，當翻譯佛經時，參加的人很多，不是他一個人。方法是由他講一句，其他人討論再討論，字字斟酌，往往為了一個字，討論了幾個月，才確定一句佛經。

再說唐代玄奘法師的譯經院裡，擁有三千人之多，包括在家、出家，集合了全國有智慧、有學識的人才，而且還包括了基督教的傳教士。玄奘法師甚至將祆教的經典也翻譯了，有一部《摩尼竺天經》，不是佛經，那是祆教的經典。玄奘法師還不只如此，他把中國的《老子》《莊子》翻譯成梵文，送到印度去，可惜現在找不到了，因為印度人不知文化之貴重。不過，現代的中國人，也已不像以前那麼重視文化了，這也是中國文化的悲哀！

憨山大師註解《圓覺經》

各位手上拿的《圓覺經直解》，是明末四大老（蓮池、蕅益、紫柏、憨山）之中的憨山大師所著。憨山是他的號，法名德清，道德文章好得很，《夢遊集》是他一生之著作。另有《憨山大師年譜》希望大家詳加研讀，尤其是出家的同學們更應細讀，看人家如何讀書，如何出家，如何修行，如何成道。

憨山的母親很了不起，對兒子讀書督課甚嚴。他年紀小被母親逼得緊，便問母親為什麼讀書，母親說：考功名作官呀！他問：作什麼官？怎麼作？母答：從小作起，最高可到宰相。又問：作了宰相，然後如何呢？母親答說：最後就是罷官（退休免職的意思）。他說：那有什麼意思？一生辛苦，到後頭罷了，作他何用？有沒有可以不罷的？母親亦覺得此兒思想特殊，就告訴他說：那你當和尚好了，行偏天下，自由自在，努力修行的話，還可以成佛作祖。他一聽，好！作這個好！所以，十二歲的時候，他媽媽就把他送到廟裡。

他的師祖亦了不起，看這個小孩骨氣不凡，為他請了許多名師，教他讀四書五經，諸子百家，歷史、詩、詞、古文等等。他的師祖一直培養他，並沒有馬上要他出家，而且要入世或出世，隨他自己的意思。到了十九歲，他才要求師祖為他披剃。各位看看古人的胸襟氣派，不像現在，一進廟裡就把你的頭剃得光光的。

他的一生，對國家的政治、社會、宗教等各方面，貢獻都非常之大。他後來當了國師，連明朝的皇太后都皈依他，萬曆皇帝沒有兒子，皇太后急死了，皇帝沒有兒子很嚴重，請憨山主持法會代帝求子，恰巧生了兒子。皇太后對他倍加尊重，同時也因此而涉及到宮廷政治，曾經被貶到廣州地區。在那裡，他復興了曹溪六祖的道場，嶺南的佛法也因他而弘揚開來。

這本《圓覺經直解》，是憨山大師的註解，在此奉勸諸位多閱讀他的註解，不僅可以通達教理，同時也可充實學問，因為學佛做工夫的道理都在其中。

以上是對《圓覺經》的譯者佛陀多羅，及註者憨山大師，所作概略的介紹。至於此經題目「大方廣圓覺修多羅了義經」，暫時不講，等全經講完之後，再回過來解釋。現在我們看經文：

如是我聞，一時。

「**如是**」就是這樣。「**我聞**」，我聽到。「**一時**」，某個時候。這是佛弟子當年結集佛經時，記性第一的阿難，將釋迦牟尼佛所說過的話，憑著記憶原原本本地重講一遍。為了徵信於在場五百位已得神通的大阿羅漢們，每一部佛經，開頭都是「**如是我聞**」，表示是我阿難聽到佛這麼說的，並不是阿難自己隨便說的。「**一時**」的道理以前我已說過很多，此處不贅。

婆伽婆。

「**婆伽婆**」，梵音，亦名婆伽梵，是佛之果號。翻譯佛經時，從來不翻，而只是譯音，因為中文沒有相等的字義。英文則叫作Bhagavat。

「**婆伽婆**」這個名稱包含六個意義：

一、自在：證了道，成了佛，一切自在。假如一身都是病，痛苦不堪，煩惱多多，這樣就不自在了。

二、熾盛：功德熾盛，智慧熾盛。般若經上說菩薩之功德如孔雀食毒。孔雀鳥吃了蜈蚣、毒蛇等百毒後，不但不死，羽毛反而更豔麗更漂亮。大菩薩對於世間法、出世間法、魔法、外道等一切法門悉皆深入，而且愈深入，般若智慧愈廣大。所以，《大般若經》上亦說諸菩薩之智慧如大火炬，無論好的如黃金、白銀、金剛鑽、壞的如臭襪子、爛東西等等，丟進大火裡，全被燒得精光，化為火焰光明。

三、端嚴：端正而莊嚴，無量相好。舉手投足，任何動作都中規中矩，令人欽敬。

四、名稱：名稱普聞，天上天下，無所不知，因為佛是人天之師。

五、吉祥：大吉利，大吉祥。成佛是真正的大吉大利大吉祥，不是世間普通的吉祥。

六、尊貴：佛稱世尊，此「世」不只是指人世間，還包括物質世界、眾生世界，乃至佛菩薩世界，所謂「天上天下，唯我獨尊」。

「**婆伽婆**」有此六種意義，只稱大自在或世尊，均不恰當。因此，一真法界的《圓覺經》，翻譯時為避免以偏概全，「**婆伽婆**」只好譯音不譯義。

入於神通大光明藏三昧正受，一切如來光嚴住持。

佛在哪裡說這部大《圓覺經》呢？譬如《楞伽經》是在錫蘭島上楞伽山

所講，《楞嚴經》是在中印度一個國家的首都所講；又如《華嚴經》則不是在人間講，而是在色界天上講。那麼，《圓覺經》在哪裡講？不在天上，也不在人間，是在自性中講。

「**神通大光明藏**」是自性境界、大光明定境界。真正證了道，自然進入此大光明定中，同時也得大神通成就。此神通不是變幻魔術，而是大智慧、大般若。此神通更不是天眼通、天耳通、神足通、他心通、宿命通，因為這五通是小神通，鬼神都有。另外第六通——漏盡通，鬼神所無，唯有大阿羅漢才有。佛當然六通具足，然而此六通尚非佛境界，佛之大神通比此六通更為廣大。

「**大光明藏**」是人人具足的自心本性，亦是第八阿賴耶識轉成大圓鏡智的大光明境界。此光是常寂光，無相之光，永遠清淨。

「**三昧正受**」，三昧是梵音，三昧就是正受。正受是真正得大定，正定的境界。禪靜入定有八萬四千不同的境界，「**神通大光明藏三昧正受**」，亦是八萬四千境界中的一種。但是，唯有大澈大悟成佛以後，才有此三昧正定。也就是說，一切凡夫將第八阿賴耶識轉成大圓鏡智之後，才進入正受三昧的境界。

「**一切如來光嚴住持**」，並非一兩個佛有如此境界，任何一個佛成就以後，十方三世一切諸佛，都有此境界。任何一個凡夫眾生，自己本身本來就具備這個境界，只是沒有悟道，沒有證道。只要證了道，一定進入此「**神通大光明藏三昧正受**」。所謂佛佛道同，心佛眾生三無差別。「**光嚴**」是光明莊嚴，「**住持**」是永恆不變保持，住持正法，亦謂護持正法。除非悟了道，才有資格稱住持，稱護法。後來禪宗叢林中，也尊稱寺廟之大方丈為「**住持**」。

是諸眾生清淨覺地。

以上所說是佛之境界，但是，假如眾生一念清淨，也一樣可以進入此神通大光明莊嚴境界中。此境界人人具足，本來就有。不只是人，就連貓、狗、牛、老鼠乃至小小細菌等一切眾生，本身都有此境界。

而一般眾生為什麼不能達到此清淨光明境界呢？因為住在無明黑暗中，不能自悟自性，不能清淨，自性光明被障礙了。被什麼所障礙呢？因為一切眾生晝夜始終沉沒在「散亂」與「昏沉」兩個境界中。我們一天到晚胡思亂想，都在散亂中，所謂散亂包括善念、惡念、無記（不善不惡），普通謂之妄想。不散亂的時候便落入昏沉，晚上睡覺是大昏沉，打瞌睡是細昏沉。人生就在此兩個境界中，不是散亂，就是昏沉；不是昏沉，就是散亂。散亂與昏沉合起來謂之妄念。有此妄念，所以不能清淨，自性光明就被障礙了。

為什麼要坐禪、念佛、唸咒、觀想？就是要做到既不散亂又不昏沉。不散亂又不昏沉就是戒，心中沒有善念，沒有惡念，也沒有無記，一片天真，這是真正的持戒，也就是定；因為沒有散亂沒有昏沉，也就是慧，因為就在清淨般若智慧覺地之中。那麼，又如何能達到此「**清淨覺地**」呢？

身心寂滅，平等本際，圓滿十方，不二隨順，於不二境現諸淨土。

若能把握住這段經文，《圓覺經》不需要講，已經講完了，再講就是多餘，再講就是第二義。以下我們姑且作多餘的討論。

嚴格說來，學佛坐禪之真正目的，乃在於求得「**身心寂滅**」，而不是為了頭痛、腎臟病等各樣病痛，或是去除煩惱，逃避現實等等。一般人學佛打坐都是「垂老投僧，臨死抱佛」的心理，不然就是像做生意貪求好處。

那麼，身心如何寂滅呢？現代人不要說寂滅，得止就很難了，平時我們的心不在散亂就在昏沉中，念佛愈念愈煩，打坐愈坐愈亂，如何寂靜得了？注意！不只是「**心**」要寂滅，滅掉一切煩惱，滅掉一切妄想，「**身**」也要寂滅。心寂滅還可以想像，「**身**」如何寂滅得了？這個肉體之軀處處給我們障礙，你念佛可以三天三夜一心不亂，可是你三天不吃東西，便餓得受不了，而且打起坐來，不是這裡痛，就是那裡痛，不能安詳，此身如何寂滅？

要達到「**清淨覺地**」，必須做到「**身**」「**心**」寂滅，才可以進入自心本性的清淨覺地，才可以瞭解到，我們的自心本來在神通大光明藏中，也就找到自己的自心本性了。不只是心要寂滅，身也要寂滅。縱然你修到心能寂滅，但是身未必能夠如此。所以，我近年要各位遵照釋迦牟尼佛的指示，趕緊修不淨觀、白骨觀。必須走這條路，「**身**」才能得寂滅。否則，無論什麼氣脈、明點，單身法、雙身法都沒有用。因為末世的眾生業力重，哪有可能修成這些法門？非修不淨觀、白骨觀不可，千萬注意。

「**平等本際**」，修持達到「**身心寂滅**」以後，更進一步就是平等本際。西方希臘哲學亦提倡政治人權之平等，釋迦牟尼佛則更徹底提出一切眾生平等，不管你有地位沒地位，有錢沒錢，受教育沒受教育，四肢五官健全不健全，都一律平等。連狗呀，貓呀，牛呀，豬呀，也都和人一樣平等。甚至連諸佛菩薩也一律平等，如文殊師利菩薩及觀世音菩薩早就成佛了，仍現菩薩相度眾生。文殊師利菩薩是七佛之師，早遠劫前即已成佛，他的徒弟當教主，他化身為菩薩，輔助徒弟教化眾生。無論是過去佛、現在佛、未來佛，只要達到身心寂滅，清淨覺地，一念圓覺以後，都一律平等。沒有說過去佛比我早在幾千億劫前成佛，我現在成佛，工夫不及他吧！沒有這回事，只要你悟了道，與釋迦牟尼佛、阿彌陀佛一律平等，這是形而上道體的平等。什麼是「**本際**」？此際不是國際，不是人際，這是一切眾生自性根本，一切佛法根本，「**本**」是指形而上的道體，任何三世諸佛與一切六道眾生在形而上的道體上，是完全平等沒有差別的。

修持做到了「**身心寂滅**」以後，才能達到「**平等本際**」。到了「**平等本際**」，自然是「**圓滿十方**」。在諸佛菩薩自性「**平等本際**」裡，沒有一處不清淨，沒有一處不圓滿。圓滿就是沒有缺陷，沒有滲漏，不生不滅，不增不減，不垢不淨。充滿十方，無所不在。東西南北上下謂之十方，充滿整個空間，超乎空間，不是局限於某一方隅，不是固定於某一處所。

「**不二隨順**」，不二就是唯一，一真法界，也即是圓覺境界，乾淨處有佛，不淨處有佛；天堂有佛，地獄有佛；善人心中有佛，惡人心中有佛；一切眾生性相平等，此謂不二法門。出世是圓覺，入世亦是圓覺；成佛是圓覺，眾生亦是圓覺；無處不圓覺。

「**於不二境現諸淨土**」，到此不二境界，自然就是淨土。既不散亂，亦不昏沉，一念清淨，真正淨土現前。

《圓覺經》的十二位菩薩

與大菩薩摩訶薩十萬人俱，其名曰文殊師利菩薩，普賢菩薩，普眼菩薩，金剛藏菩薩，彌勒菩薩，清淨慧菩薩，威德自在菩薩，辯音菩薩，淨諸業障菩薩，普覺菩薩，圓覺菩薩，賢善首菩薩等而為上首，與諸眷屬皆入三昧，同住如來平等法會。

這部經是大經，佛說此經時，與十萬個大菩薩在一起，此十萬大菩薩不一一列舉，在此僅舉出十二位菩薩名號，《圓覺經》是釋迦牟尼佛答覆此十二位菩薩所提問題的經典，所以大陸上的圓覺寺，一進門便供著這十二位大菩薩。這些大菩薩與其眷屬小菩薩們都同樣進入三昧，進入神通大光明藏三昧中，同住如來平等法會。大小菩薩都一律平等，都無我相。無我才能平等，大家無我，同一法界。

現在各位看看這十二位菩薩的排列有沒有道理？讀經要用第三隻眼——

慧眼，用腦筋想想看，此為思惟修。《圓覺經》這十二位菩薩的排列，已經告訴我們佛法大乘道的修法。第一位大智文殊師利菩薩代表智慧成就，悟了道，智慧成就以後，就要起「行」。光想自己修，不入世，不修菩薩行，那是不對的，所以古人罵禪宗容易流入小乘偏空之果，非菩薩道也，這罵得也不無道理。但是，達摩祖師的禪不同，有理入及行入，理入智慧成就以後，須入世修菩薩行。所以文殊師利菩薩以後，接著便是大行大願普賢菩薩。

但是入世可不容易，必須手眼通天，千手千眼，手是手段方法，眼是智慧方便，所謂「歸元性無二，方便有多門。」所以大乘菩薩無論魔道、妖道、鬼道、外道、小乘道無所不通，法門無量誓願學，因此才能有很多的方便，才足以攝受折服各種不同的眾生。這就是普眼菩薩的道理。

有了普眼菩薩的境界以後，修持才能達到金剛藏菩薩顛撲不破的境界。金剛藏的意思一是不為外界所迷惑動搖，再則是粉碎外界的邪魔歪道。

再以後是未來繼承佛位的彌勒菩薩，彌勒菩薩現在在欲界天的中心——兜率天為天主。兜率天與我們一樣聲色犬馬，五欲俱全，吃喝玩樂樣樣都來，並不清淨。但是，其中有座內院，摒除一切聲色犬馬，彌勒菩薩在此說法，《瑜伽師地論》便是彌勒菩薩在此內院說的。印度的無著菩薩夜晚入定上兜率天，聽彌勒菩薩說法，早晨出定，作記錄，如此寫成一百卷之《瑜伽師地論》。彌勒菩薩下一生就要像釋迦牟尼佛一樣，剃光頭，以出世法表相，現出家相成佛。

要如何成佛呢？必須先得到清淨智慧，有了清淨智慧，才能威德自在。如迦葉尊者於釋迦牟尼佛上座即將說法時，引磬一敲說「說法竟」。釋迦牟尼佛一句話未說，又進去了。釋迦牟尼佛曾說過兩句話，「我為法王，於法自在。」這就是大威德大自在，然後就是辯音菩薩，辯才無礙，法音清淨。辯才無礙，必須深入經藏，智慧如海，這是由多生累世說法之功德而來。並且還要淨諸業障，我們的業障可並不那麼容易消除，《楞嚴經》說：「理則頓悟，乘悟併銷，事非頓除，因次第盡。」業障不是一下子去得掉的，要慢慢一步一步地消。業障除淨以後，才能普覺圓覺等妙二覺，等同於佛。成了佛之後如何？是否就不來了呢？不，還是「諸惡莫作，眾善奉行。」像賢善

第一章 文殊師利菩薩

內容提要

什麼是成佛的本起因地
如何發起清淨心
發了清淨心有什麼好處
如何不墮入邪見
什麼是無明
什麼是空
無明妄想如何斷

於是文殊師利菩薩在大眾中，即從座起，頂禮佛足，右繞三匝，長跪叉手而白佛言：

第一位出場代表問法的是文殊菩薩，文殊菩薩乃七佛之師，又名諸佛之師。在佛教造像上，文殊菩薩騎著獅子，獅子代表百獸之王，獅子吼，百獸腦裂，威猛無比。在密教的塑像上，文殊菩薩則是一手拿寶劍，一手拿經典，此劍乃智慧之劍，拔開慧劍，斬斷情絲，代表著智慧成就。如何成就智慧？《金剛經》告訴我們，必定要福德夠了，智慧才得以開發，也是自求多福，自我解脫的道理。學佛是靠自己，不是靠別人幫忙，也不是靠佛菩薩保佑。世界上最大的福報就是智慧，縱然當上皇帝，或是財富多得足以買下整個地球，仍然買不到智慧；智慧不是權力金錢所能換取得來的。成佛是福德夠了，智慧到了，不是工夫問題。以上是對文殊菩薩簡單的介紹，也點出學佛首重智慧。

「**頂禮佛足，右繞三匝，長跪叉手。**」這些是印度的禮節，如同中國古禮的打躬作揖，三跪九叩。頂禮要五體投地，兩手兩足著地，額頭要碰到長輩的腳。右繞三匝，合掌向右繞三圈，口中還要讚歎一番。叉手不是兩手插腰，是合掌的意思。

大悲世尊，願為此會諸來法眾，說於如來本起清淨，因地法行，及諸菩薩於大乘中發清淨心，遠離諸病，能使未來末世眾生求大乘者，不墮邪見。

「**大悲世尊**」就是說大慈大悲天上天下最值得我們尊敬的佛啊！世尊是對佛的尊稱，「**世**」不只指我們人世間，包括天上天下，「**尊**」即人天師表。「**願為此會諸來法眾**」，希望您為這裡在座那麼多從各處來求佛法的大眾們解說。說什麼呢？「**說於如來本起清淨，因地法行**」。如來就是佛，自覺覺他，覺行圓滿，謂之佛，大澈大悟成佛之後，就稱如來。《金剛經》上說無所從來，亦無所去，故名如來。所謂「**如來**」指什麼呢？什麼東西無所從來，亦無所去？我們拿《金剛經》來註解《圓覺經》，或以《圓覺經》來註解《金剛經》，就很清楚了。無所從來，亦無所去，指的就是「**如來本起清淨因地法行**」。本起是成佛的根本，如做生意要以鈔票做本錢，寫字總得拿支筆，成佛靠什麼呢？——清淨，清淨是成佛的第一步，成佛的基因、因地。法行是法門，如何能做到清淨？達到清淨的法門是什麼？清淨的反面就是不清淨，也就是煩惱、散亂、妄想。我們要求得身心清淨很難，人心都不清淨，是不是？

以上是文殊菩薩所問的主題，接下來還有副題。「**及諸菩薩於大乘中發清淨心**」。菩薩等於中國文化中聖賢裡的賢人，如孔子、老子、釋迦牟尼佛等有大成就者就是聖人；那些正在進德修業，尚未達到圓滿境地，而小有成就者是賢人，如子思、曾子。菩薩是梵文「菩提薩埵」翻譯的簡化，中文有時翻譯為大士或開士，然而大士或開士尚不足以概括菩薩的意義。菩薩有覺悟有情之義，覺悟是自己已經悟道，但是功德沒有圓滿，世界上最多情的人便是佛菩薩，大慈大悲度盡一切眾生，眾生那麼多，怎麼度得完？你的痛苦我來挑，你的煩惱我來解決，你的困難我來幫忙，你說多情不多情？這就是菩薩行為，中國文學裡有兩句詩：「不俗即仙骨，多情乃佛心。」

文殊菩薩所問的第一個主題，是如何成佛？文殊菩薩也在此點出了問題的答案，要想成佛，就是要得到「**本起清淨因地法行**」，身心隨時都在清淨中，如此修行就可以成佛。假使心中有所求，有修道之念，想圖個清淨，那就不清淨了，必須擺脫這一念，才是畢竟清淨。不過，這個境界太高了，不容易達到，因此，文殊菩薩退而求其次，而問大菩薩如何發起清淨心？

我們經常聽到佛教的朋友們說發心，一般所說的發心，不外乎出點錢出點力，這是發小的心。經典上說發菩提心，什麼是發菩提心？大澈大悟而成佛，這是真發心。發菩提心又叫發大悲心，真開悟成道的人沒有不大慈大悲的。真開悟了，才可以無我，才可以犧牲自我度一切眾生。大悲心是菩提心的行用，菩提心是大悲心的體，那麼，菩提心的相呢？就是《圓覺經》此處所講的清淨心。諸大菩薩雖然在大慈大悲中，自性卻清清淨淨。菩提者覺悟也，悟了道，得了清淨心，才進入大慈大悲菩薩道。

發了清淨心有什麼好處？可以「**遠離諸病**」。什麼病？頭痛、牙痛、胃痛、心臟病、肝臟病、腎臟病，這些是肉體地水火風四大不調所引起有形的病，還有屬於心理無形的病，諸如一切煩惱，一切希求，一切妄念，貪、瞋、癡、慢、疑等等都是病。

佛眼看世間，一切眾生皆在病中。病從何來？病從業生。每個人的因果報應不同，身體健康情況都不同，有些人天生身體健康，到了七八十歲，還步履輕便，精神奕奕；有的人一年三百六十五天，不在病中即愁中；另有些業力重的人，沒病還自認為有病，到處求神問卜找藥吃。業從哪裡來？業由心造。換句話說，要如何才能身心無病呢？很簡單，發清淨心，就可以遠離諸病。

講到「**發清淨心，遠離諸病**」，中國禪宗有個故事。禪宗的教育法很特殊，如德山棒、臨濟喝、雲門餅、趙州茶，再加上慈明罵。宋代慈明禪師喜歡呵佛罵祖，罵人是他的教育法，他的罵是出了名的，他的佛法可也了不起。當時的駙馬爺是他的同參道友，也參禪開悟了的，臨死前，寫封信給慈明，告訴他要走了。慈明乘船趕去，駙馬等他一到，兩人談了幾句就走了。慈明禪師在回程的船上，突然中風，嘴巴歪斜。

他的徒弟急得不得了，說：「師父啊！您是悟了道的一代大師，現在嘴巴歪了，回去怎麼見人？」

這位師父平日愛罵人，呵佛罵祖慣了，現在果報來了，嘴巴都罵歪了，這怎麼辦？

慈明禪師說：「別急！不用擔心！」然後雙手托住下巴，用力一扭，說：「你看！這不就好了！」果然嘴就不歪了。大家想一想慈明何以有此本事？

還有一位天王道悟禪師，整天打坐，節使來訪，亦不加理會，把節使惹惱了，叫人把這個和尚丟到河裡，但這和尚的衣服一點也沒有濕，這下子把這些人嚇住了，因此感化了這位節使，成為他的皈依徒弟。天王道悟後來生病躺在床上，疼痛難過得哎喲哎喲地叫。

旁邊服侍的徒弟說：「師父！您叫輕一點好不好？您是悟了道的大和

尚，叫那麼大聲，讓人聽見，多丟臉！師父啊！您當年的威風哪裡去了？」悟了道的師父生病還哎喲哎喲地叫，這像什麼話？他的道悟到哪裡去了？天王道悟一聽不再叫了，說：「哦！不對呀？我痛得叫哎喲哎喲裡，有個不痛的，你們知道不知道？」這幾個徒弟都說不知道。

師父說：「我傳給你們要不要？」

「當然要，求之不得。」

「好！喔喲！這個是不痛的！」然後，兩腿一盤，走了。

各位參參看！哎喲哎喲叫的是痛的，喔喲喔喲叫的是不痛的，這到底是怎麼一回事？

文殊菩薩問了菩薩如何「**發清淨心，遠離諸病**」的問題後，還問了另一個副題，如何「**能使未來末世眾生求大乘者，不墮邪見**」。我們現在還沒有到末世，到了末世末法時代，連佛像、經典都沒有，只剩一句——南無阿彌陀佛。我們現在是像法時代，還有佛像、經典流傳，還算是好的時代。到了末法時代，那就很慘了，人類互相殘殺，連草木都可殺人。文殊菩薩的慈悲心顧慮很周到，請求釋迦牟尼佛，設法使未來末法時代有善根求大乘菩薩道的眾生，不墮入邪見中。此所謂邪見，是指不正，歪了、偏了，凡是偏離了佛法的正知正見，都屬邪見；也可以說，凡是學佛修道離開了此清淨心，都是邪見。

作是語已，五體投地，如是三請，終而復始。

這是印度禮儀對師道佛法的尊重。文殊菩薩說完了這些話之後，「**五體投地**」，行大禮，如同中國傳統禮節的頓首稽顙。頓首，把頭叩在地上；稽顙，額頭碰到地。

講到頓首稽顙，在此順便提一提中國的喪禮。像我現在年紀大了，看報紙所關心的不是紅字的喜事，而是黑字的訃文，看看哪位朋友又走了。看這些訃文，經常笑話百出，死在醫院裡，也稱壽終正寢。正寢是指家裡的主臥室，我們以前都是把家裡最好最大最主要的房子給父母住。子女無論官做得多大，地位多高，也不敢睡正寢。壽終正寢是說死在家裡的主臥室裡。

人死以後，等屍體完全冷卻，再移到大廳，經過小殮大殮，讓大家看清楚是清清白白死的，不是被謀害死的，然後下葬。不像現在人死不到五分鐘，立刻送到殯儀館，往池子一丟，泡在冰水裡。然後跑到別人家裡，坐在大廳，嚎啕大哭，這些都不合中國古禮。報喪是不准進人家家門的，只能站在門外，對方出來，無論大人小孩，孝子都要跪下。所以訃文裡頓首稽顙是向大家跪下磕頭的意思。現代的中國人已經沒有中國文化了。

「**如是三請，終而復始**」。同樣的話重複講三次，表示慎重。如同國家的法律條文，在立法院裡要三讀才能通過。這是印度古禮，表示對老師對真理的尊重。

爾時世尊告文殊師利菩薩言：善哉！善哉！善男子，汝等乃能為諸菩薩諮詢如來因地法行，及為末世一切眾生求大乘者，得正住持，不墮邪見。汝今諦聽，當為汝說。

此時釋迦牟尼佛告訴文殊菩薩說：好的！好的！善男子（尊稱也），你們能夠為諸菩薩，詢問如何成佛的基本修行法門，以及為末世一切求大乘道的眾生，得到正確的認識，使得正法保持在世間，使眾生不墮入邪見之中。你現在仔細地聽，我為你說。

時文殊師利菩薩奉教歡喜，及諸大眾默然而聽。

文殊師利菩薩聽到了釋迦牟尼佛答應說法之後，心裡很喜歡，退回到自己的座位，其他大眾也靜靜地洗耳恭聽。

善男子，無上法王有大陀羅尼門名為圓覺，流出一切清淨、真如、菩提、涅槃及波羅蜜，教授菩薩，一切如來本起因地，皆依圓照清淨覺相，永斷無明，方成佛道。

「**善男子**」，等於說諸位同學、各位女士、各位先生。由此可見，釋迦牟尼佛很客氣很謙虛，慈愛而謙和，有如《論語》中孔子的學生形容孔子，「望之儼然，即之也溫。」看起來好像很威嚴，跟他一接近，就覺得他和藹慈祥。

「**無上法王**」，成了佛才有資格稱無上法王。佛是至高無上的萬法之王，超乎一切羣眾之上，超乎一切國土之上，他是人類精神的皈依。釋迦牟尼佛亦稱為空王，如同中國稱孔子為素王，素王是純淨的意思。西藏密宗有位大寶法王，是密宗花教的發思巴，年十五歲即六通具足，當忽必烈征服西藏時，拜他為師，奉為大元帝國國師，並封為大寶法王。後來代代相傳，襲稱此號，但是也只敢稱為大寶法王，不敢稱無上法王，只有佛才有資格稱無上法王。

「**陀羅尼**」是梵語，總持、總綱的意思，它是八萬四千法門的根本總法。密宗稱一切咒語為陀羅尼，陀羅尼還含有能持能遮的意思，能持是使善法不退，能遮是使惡法不生。

成了佛的無上法王，有個大總持的法門叫作「**圓覺**」，圓代表圓滿，沒有缺陷，沒有滲漏，圓也包括了一切時間，包括了一切空間，無時不在，無所不在，任何時間任何地點都可以成佛，隨時隨地可以圓滿覺性，隨時隨地可以悟道。

此圓覺「**流出一切清淨、真如、菩提、涅槃及波羅蜜**」。「**清淨**」在中國文化講來，就是齋戒沐浴，洗頭洗澡，把身體從頭到腳洗得乾乾淨淨，然後心裡不敢胡思亂想，不敢隨意動念，這叫持齋。持齋乃指齋心，內心清清淨淨。持齋不是吃素，一般把吃素叫作持齋，這是不對的。不吃葱、蒜、韮、薤、興渠等五葷叫吃素，後來人搞錯了，便將錯就錯。

流出一切「**真如**」，什麼是真如？真如乃道體也，真心之體，禪宗所謂明心見性，就是要見到此真如道體。淨土宗的三經一論——《阿彌陀經》《無量壽經》《觀無量壽經》《大乘起信論》，其中馬鳴菩薩著的《大乘起信論》所講的，便是真如門與生滅門。煩惱妄想是一切眾生造業的根本，煩惱妄想清淨了，證得真如，即便成佛。真如翻譯得極妙極佳，真如，如真，好像真的。

「菩提」是覺悟的意思，前面已經解釋過了，不再重複。《金剛經》的重點，在強調如何證得阿耨多羅三藐三菩提，就是如何悟道成佛。西藏密宗宗喀巴大師寫了一本《菩提道次第廣論》，敘述成佛的次第方法。

釋迦牟尼佛臨走前，講了一部《涅槃經》，「**涅槃**」就是如來自性的別名。涅槃也是寂滅的意思，寂滅不是什麼都沒有了，而是本來清淨，本來寂靜。涅槃不是死亡，而是永遠存在。所以，釋迦牟尼佛臨走前說「常」、「樂」、「我」、「淨」，把以往所說的「無常」、「苦」、「空」、「無我」全都推翻了，不要以為他真的走了，沒有，佛無所從來，亦無所去。

「**波羅蜜**」就是到彼岸，學菩薩道，要修六波羅蜜：布施波羅蜜，持戒波羅蜜，忍辱波羅蜜，精進波羅蜜，禪定波羅蜜，般若波羅蜜，修此六種波羅蜜，到達彼岸。彼岸指哪個岸？成佛之岸，脫離苦海之岸。

圓覺含蓋了此「**一切清淨、真如、菩提、涅槃及波羅蜜**」，乃一切大法之總法，一切大法之總源。讀《圓覺經》，不得不令人肅然起敬。

所有佛都是依此圓覺法門教授歷代菩薩，此圓覺法門是佛法之根本大法。

「一切如來本起因地，皆依圓照清淨覺相，永斷無明，方成佛道」。凡是想要成佛，都必須根據此圓覺修法，才能成佛。

「本起因地」——成佛的工具從哪裡找？在我們自己這裡找。在我們普通凡夫裡有個東西，就是會思想，會起煩惱的東西，人的一切活動都依靠他，要把他找出來，他是成佛的本起因地。

這又如何找呢？很簡單，就在人的一念之間。什麼是我們的第一念？當我們覺得這個問題很稀奇的時候，已經是第二念了。各位能不能記得，早晨起來第一個念頭想的是什麼？想不起來，好，沒關係，那麼，你有沒有把握知道，明天早上醒來第一個念頭會想什麼？**「本起因地」**要在這個地方去找。

你說我還是找不到，怎麼辦呢？**「皆依圓照清淨覺相」**，這就是傳法了，把修行的方法也告訴你了。隨時圓滿觀照，照什麼呢？迴照自己的起心動念，自己的思想念頭怎麼來怎麼去，要清清楚楚。記住，要圓照，不是偏照。打坐的時候觀照很清楚，下了座就亂了、迷糊了，那不叫圓照。要在忙中亂中，隨時隨地觀照自己的念頭。

觀照念頭並不是要你不想，唉喲！我怎麼又去想？好像「想」與你是冤家似的。有念頭來，不用怕，要知道人的思想念頭是留不住的，不信，你留留看！留得住嗎？人的思想妄念留不住，但是，要送也送不走。你不去想它，它偏要想，很可惡！對不對？人的思想就那麼怪，注意，這就是無明。例如念佛，阿彌陀佛、阿彌陀佛……咦？外面下雨了！門不曉得有沒有關？糟糕！妄想又來了，不應該！不應該！我們一天到晚就在後悔妄想裡轉，如此妄想無明如何清淨得了？

那麼，有些人打坐，靜靜地坐在那裡不動，是否就「**圓照清淨**」了呢？一點也不，忙得很，心裡想的可多呢！我坐了那麼久，氣怎麼還沒有動？是不是上了當？我怎麼還沒有開悟？如來大法難道是這樣嗎？那不叫圓照，換一個字，叫怨照，各位想想看，是不是這樣？

當你察覺妄想來的時候，就是清淨，因為妄想早已跑掉了，當下清淨，本來清淨，不用再去想把妄想空掉，妄想不空而自空。如此一念清淨下去，圓照下去，慢慢修下去，便可以「**永斷無明**」，便可以成佛。

云何無明？

什麼是「**無明**」？無明是佛學的名辭。在小乘佛法裡，無明是十二因緣的起首，無明緣行，行緣識，識緣名色，名色緣六入，六入緣觸，觸緣受，受緣愛，愛緣取，取緣有，有緣生，生緣老死。我們的思想情緒都是無明，生從哪裡來？死向何處去？父母未生前，我究竟是誰？死後是否真有輪迴？有沒有我？這些一概不知，皆在無明中。大無明就是一切的大疑問，學佛不從這裡入手，一切都是空事，沒有用，不識本心，學法無益，此是因地法門。

其次，我們心念的來去，以及思想情緒控制不住，自己作不了主，反而做了思想情緒的奴隸，這些妄想煩惱從哪裡來？是唯心？是唯物？是生理？

是心理？自己永遠搞不清楚，這就是無明。假如這個因地法門認識不清，只求佛保佑，求佛加庇，說老實話，這正是無明煩惱。

佛說「**永斷無明，方成佛道**」。文殊菩薩擔心我們不但無明斷不掉，連無明是什麼東西都莫名其妙，所以，特別代我們提出問題：「**云何無明？**」

下面是佛對無明所作的回答。

善男子，一切眾生從無始來，種種顛倒，猶如迷人四方易處，妄認四大為自身相，六塵緣影為自心相，譬彼病目見空中華及第二月。

什麼是無明？實在很難作答。我們知道凡是善於說法者，都善用比喻。人的思想與感情經常無法用語言來表達，人世間的語言文字有限，所以，人與人交談，要面對面，看表情、手勢、動作才能瞭解得清楚。

其實，語言加上這些表情動作，還無法真正完全明瞭，否則，人與人之間，不會有那麼多誤會。要想以世間的文字語言，來表示形而上的道，非常困難。因此，大教主都善於用比喻，佛經裡比喻最多，故事也最多，基督教的新舊約《聖經》裡比喻也特別多，猶太人的法典裡比喻也是一樣多。比喻是語意表達最好的方式，但是，我們人反而受比喻的影響，抓住比喻當真話，例如問說：月亮在哪裡？便用手指一指，月亮在那裡，結果，把手指當作月亮了！這是很可憐的事。現在，釋迦牟尼佛也只好用比喻來解釋。

「**善男子，一切眾生從無始來，種種顛倒**」。無明就是顛倒，顛倒乃佛經所提出，意義特別深遠。佛說「**一切眾生從無始來，種種顛倒**」，其實這句話已經把一切佛法都講完了。我經常說個笑話，人本來就顛倒了。你看！上帝造人就造顛倒了。兩隻眼睛都長在前面，後面什麼都看不見，所以走路會被車子撞倒，假如眼睛一隻長在前面，一隻長在後面，就不會有那麼多車禍了。眉毛長在手指頭上的話，早晨起來當牙刷用，多方便。鼻子倒過來，吃完飯，把筷子往鼻子一插；下雨打傘也方便，往鼻子上一插，不用手撐著。嘴巴假如長在頭頂上，吃飯往頭上一倒，免得浪費時間。口袋裡的鈔

的人說這是密宗啊！空手把鋤頭，打坐陽氣一動，兩手趕緊結個手印。步行騎水牛，哦！任督二脈通了。人從橋上過，橋流水不流，口水是甜的，趕緊嚥下去。這樣講真是亂七八糟，顛倒中的顛倒。我當年的禪宗老師說：這首偈子永遠參不透的。我說先生（我們以前稱老師為先生），您露一點消息給我們好不好？「好呀！」他說：

半夜起來賊咬狗　撿個狗來打石頭
從來不說顛倒話　陽溝踏在腳裡頭

哈！更顛倒！

如何才不顛倒呢？古德有首詩：

南台靜坐一爐香　終日凝然萬慮亡
不是息心除妄想　只緣無事可思量

這才不顛倒！這才有資格參禪。

所有眾生一動思想，一有情緒就是顛倒。世法與佛法是同樣的道理，我常常鼓勵出家的同學要懂世法，世法懂了，佛法就通了。《紅樓夢》裡有句話：「世事洞明皆學問，人情練達即文章。」賈寶玉一輩子最討厭這兩句話，這兩句是賈寶玉的父親親自所寫，掛在賈寶玉的書房裡，藉此教育他，後來，賈寶玉懂了這兩句話，也就出家當和尚去了。其實，什麼是世間法？什麼是出世法？《紅樓夢》全都給你點出來了，只是一般人看不懂罷了。我們從顛倒的觀念來看世間，很多人作人處事，無一不顛倒，時時顛倒，處處顛倒。本來很簡單的一件事，好好的一件事，搞到後來，吵起架來，大家弄得不愉快，就是因為世事不能洞明，人情不夠練達，把事情搞顛倒了。

再說，人們不只是世間法顛倒，嚴格說來，念佛打坐想成佛，是不是也顛倒？這是個大問題，因為佛不在念中求，佛不在坐中求，更不在拜拜中求。那麼，佛究竟從何處求？假如這個問題沒有搞清楚，目標都迷迷糊糊，你說你學佛，豈不顛倒焉哉？

下面佛再解釋什麼是顛倒，「**猶如迷人四方易處**」。釋迦牟尼佛在此作了一個比喻，如同我們走路，走到一個地方，突然迷失了方向，一時迷糊，東西南北分不出。地球是圓的，本來沒有方位，東西南北是人定出來的，根據太陽及地球磁場定出來的。那麼，誰令你迷失方向呢？無主宰，不是鬼，不是神，也不是上帝，而是你自己迷掉了。

如何「**四方易處**」呢？如何迷掉的呢？學佛必須要把這個原因找出來，學佛第一步必須先認識清楚什麼是不顛倒的，什麼是正的，不過，佛沒有講，他說「**妄認四大為自身相**」，他說我們搞錯了，弄顛倒了，把肉體當成我，肉體是四大合成，地水火風四大和合而成。堅固的物質謂之地大，如石頭、土地、高山，在人體說來就是骨頭肌肉。水大，地球上的雨水、冰雪，人體上的血液、膿痰、尿、汗都屬水大。火大，外界的太陽能，人體內的體溫都屬於火大。風大，大自然的氣流，人體裡的呼吸謂之風大。我們的身體是由這些四大合成的機器，但是，這些不是我，只是我之所屬，我只是擁有幾十年的使用權，走的時候要交還給大地。我們住的大地對我們太好了，給我們吃，給我們住，給我們用，我們還給它什麼呢？吐口水，拉大便，倒垃圾，空氣污染，水污染，髒的都給它，最後死的時候，臭的還歸還給它。它也不生氣，照單全收。所以，道家教我們作人要效法天地，只有布施出來，不想回收。佛說一切眾生把這個肉體認作是我，顛倒了，所以，很多人學道打坐儘在身上搞，氣脈通到這裡囉！身體搖起來囉！又通到那裡囉！最後全通到殯儀館去！身體四大是假的嘛！你把它當真的我，是不是顛倒？

再來呢？妄認「**六塵緣影為自心相**」。什麼是六塵？色，外面的光，眼睛看得見的東西。聲，耳朵聽得見的聲音。香，鼻子聞得到的氣味。味，舌頭嚐得到的味道。觸，身體感受得到的感覺。法，意識想得到的思惟。四大所合成的肉體則有六根，眼、耳、鼻、舌、身、意六種機能。外界的六塵，六種物理現象，與肉體的六根相互作用，產生了影像，謂之六塵緣影。例如，照片、電影、電視都是緣影，都是假象，可是，這些緣影很厲害唷！都會引動我們的喜怒哀樂。看到它們痛苦，我們也痛苦；看到它們高興，我們也高興。你看！我們人多麼顛倒！明明知道是假的，還是要受它影響。

想想我們的思想，都在六塵緣影中顛倒。例如最近流行的電影《甘地傳》，看完回到家，還在感嘆甘地真偉大。其實，甘地已死了好久，電影中的甘地又是假的，可是，這部電影就是那麼感動人，感動得當場掉眼淚，為什麼呢？就是因為被六塵緣影所欺騙。人生的一切事物都是六塵緣影，昨天所發生的事情能留得住嗎？能再把它擺在眼前嗎？不能，這些都過去了，都是六塵緣影。可是，我們經常想起昨天的事，還會氣憤得不得了，難過得不得了，一切眾生都在六塵緣影裡玩，把六塵緣影當作自己的心。

好，現在釋迦牟尼佛把這一切都否定了，教導我們四大合成的身體不是真的我，六塵緣影也不是真的我。再深入探究，如果這身心不是我，那麼，什麼才是真正的我？這是很嚴重的問題。

下面佛又用了一個比喻，他說「**譬彼病目見空中華及第二月**」。我們現有的身心不是我，但是，並沒有離開我，它是我們真正生命的反映，如空中花，空中哪有花？把眼睛揉一揉，在空中出現一點一點的，或者頭發昏，看到眼前一點一點的小星星。又如你們打坐看到亮光，看到佛菩薩，對不起，「**譬彼病目見空中華**」，不能認真，當真你就錯了。「**及第二月**」，各位有沒有看到過第二個月亮？月亮只有一個，對不對？可是，月亮多得很，古人有句詩：「千江有水千江月」，只要有水的地方，就出現一個月亮。水中的月亮是不是真的月亮？不是，是天上月亮的反映。

到這裡，各位看，佛經寫得多美。《圓覺經》《楞嚴經》《維摩經》這三部經典的文字，真的美到極點。透過這美麗的文字，我們要瞭解到這個身心不是真我。

學佛的第一步就是破除無明，不要弄顛倒了，不要把這個假的身心當成真我，把它看得牢牢的。想想看！我們一生時間中百分之九十五都在為這個軀體而忙。它需要睡覺，躺在床上，人生已去了一大半。它會餓，吃三餐飯，可有得忙了，買菜、洗菜，要煮、要炒，吃完了，還要洗，吃下去也挺麻煩，又要排洩出來。早晨起來，還要洗臉；冷了要加衣服，熱了要脫衣服。為了生活奔波，要工作，要受氣，忙了一輩子，結果，它還是不屬於我的，最後屬於殯儀館的焚化爐。你看！我們被它騙得多苦！眾生顛倒！除此之外，又是名，又是利，那更有得忙了，忙了一輩子，結果如何呢？人真是可憐啊！

要透過這些假象來尋求真正的生命，不要被這些六塵緣影騙住了。其實，大家念佛打坐也是在玩自己的六塵緣影，尤其是學道學密宗最喜歡講夢，跑到我這裡來，老師啊！我昨天做了一個夢……如何如何，唉呀！我聽了一個頭三個大，明明是夢，明明是假的，偏偏講了又講，最後還說這個夢是真的，你說眾生顛倒不顛倒？

善男子，空實無華，病者妄執，由妄執故，非唯惑此虛空自性，亦復迷彼實花生處，由此妄有，輪轉生死，故名無明。

釋迦牟尼佛告訴文殊菩薩說：虛空中實際並沒有花，虛空就是空的，沒有東西，因為眼睛有病，所以看起來有花。如精神分裂症的人看到鬼看到神，在他腦海裡、眼睛裡的確有鬼。

說到精神病，誰有病？誰沒病？很難判定。絕對沒病正常的只有兩個人，一個是已經圓寂的釋迦牟尼佛，一個是還未出生的彌勒佛。每個人都有病，因為都在顛倒妄執之中。以前我到精神病院看那些病人，待久了，我就發覺不對勁，全體都是病人，你說他們不正常，他們才覺得你不正常呢！後來我對兩位精神病科的醫師說：你們小心唷！搞久了，你們也會變精神病。結果，不出所料，幾年以後真的也都變成精神病。因為眾生顛倒，誰對，誰錯，搞不清楚。

「**病者妄執**」，妄執就是把假的抓住當真的。眼睛病了，看到虛空裡花朵的存在，就是妄執。因為這樣搞久了搞習慣了，不但迷惑了虛空的樣子，連真的花的樣子也忘記了，都把假的當成真的了。

「**由此妄有，輪轉生死，故名無明**」，我們生了又死，死了再來投生，如此生生死死，輪轉不停，就是因為妄執的緣故，就是因為把假的當真的緣故。此「**妄執**」就是其他經典所講的「業」。

我以前經常和幾位神父說笑話，我說你們的《聖經》內容涵意很好，可惜，翻譯得很糟，那種白話文是明朝時代翻譯的，沒有文學價值，所以，在中國弘揚不開。佛教之所以在中國能生根發展，佛經翻譯文字優美，具有高度的文學價值，折服了中國的知識份子，這點是很大的原因。《聖經》中譯不但文字不美，說理也有問題。你說人生來就有罪，令人聽起來就反感，老子我生來就沒有罪，我媽媽也沒有罪，我爸爸也沒有罪，我的老祖宗也沒有罪，為什麼上帝說我有罪？不通嘛！但是，上帝說的沒有錯，只是你們不懂，你們沒有辦法依文化背景適當翻譯。人生來不是有罪，而是有缺憾，不完美，不圓滿，也就是說人生來就有業，有善業、惡業，以及不善不惡的無記業，這個業不是罪，而是一股力量，牽著你跑。

我們在大顛倒之中，什麼是對的，什麼是錯的，搞不清楚，一切都在妄執，都受業力影響，都被錯誤的思想左右。為什麼有煩惱？為什麼有痛苦？因為自己妄執。所以中國禪宗說到所有的佛法，只有一句話：「放下」。但是，人就是那麼可憐！偏偏放不下。聽了禪宗的放下，天天坐在那裡，放下！放下！如此又多了一個妄執——「放下」。

唐代白居易學禪，寫了一首詩，這首詩等於把《圓覺經》的開頭講完了。

須知諸相皆非相　若住無餘卻有餘
言下忘言一時了　夢中說夢兩重虛
空花那得兼求果　陽燄如何更覓魚
攝動是禪禪是動　不禪不動即如如

《金剛經》所講我相、人相、眾生相、壽者相，一切皆空，一切諸相皆非相。有餘無餘是佛學的名稱，得了道的境界是無餘涅槃，也叫作無為。有餘涅槃是小乘境界的道果，無餘涅槃是大乘境界的道果。言下頓悟，一切解脫，謂之「言下忘言一時了」。人生本來是夢，我們的所作所為，都是夢中之夢，都是妄執，都是假的。佛告訴我們自性本來空，既然是空，還要求個果位？還想得個道？所以，「空花那得兼求果」。陽燄就是光影，夏天在高速公路上，就可以看到前面路上漂浮著水，這就是陽燄，這是假的光影幻境，怎麼會是水呢？「攝動是禪禪是動」，把兩條腿盤起來，把心裡的念頭拚命壓下去，以為這就是學佛，以為這就是靜，其實，這才動得厲害。假如你不求清淨不求空，「只緣無事可思量」，自然而然，這就對了，「不禪不動即如如」。

懂了白居易這首詩，才能瞭解《圓覺經》這一節，佛所告訴文殊菩薩的話，一切眾生皆因妄執而生，人都把假的當成真的。

善男子，此無明者，非實有體。如夢中人，夢時非無，及至於醒，了無所得。如眾空華滅於虛空，不可說言有定滅處。何以故？無生處故。一切眾生於無生中，妄見生滅，是故說名輪轉生死。

接下來，佛再進一步解釋什麼是無明，無明並沒有一個真東西。例如我們閉起眼睛靜坐，眼睛好像不在看，其實，有沒有看？早就在看。看什麼？

看到前面黑洞洞，空空的，看這空空的正是無明。再如我們靜靜坐在那裡，好像什麼都不想，心中一念，若有若無，似想非想，此正是無明。但是，你再一尋找，這個東西在哪裡？它沒有體，假的，所以說，「**此無明者，非實有體**」。

「**如夢中人，夢時非無。**」佛在此又作了一個比方，例如人在做夢的時候，夢中的境界都是真的，並非沒有。我常告訴人家，當一個人在做夢的時候，不要去叫醒他，叫醒他是罪過，很殘忍。你看有些人做夢時，笑得多甜！他在夢裡多享受！多舒服！這種經驗大家都有過吧！

可是，人很可憐，古人有兩句詩：「多情自古空遺恨，好夢由來最易醒」。這就是人生。好夢最容易醒，醒來想再接下去，接不下去，所以，不要去叫醒夢中人，讓他多做做好夢。我有時在想，佛說喚醒夢中人，到底是慈悲？還是狠心？我覺得一切眾生讓他做做夢，蠻舒服的！何必去叫醒他呢？

「**及至於醒，了無所得。**」等到夢醒的時候，才曉得剛才在做夢，什麼都是假的，什麼都沒有。注意！現在我們正在做夢哦！等到大澈大悟，就會發覺我們白天睜著眼睛做夢，與夜晚閉著眼睛做夢，沒有兩樣。晚上做夢是幻，白天做事一樣是幻。可是，我們凡夫眾生夢中認為是有，醒來還不願意承認它是假的，還想繼續夢下去；明知現在是在夢中，還是願意沉迷下去。

「**如眾空華滅於虛空，不可說言有定滅處**。」例如我們眼睛生病，看到虛空中有花朵；眼病醫好了，花沒有了，這些亮光哪裡去了？從哪裡消失的呢？不，不可以這麼說。它本來就是沒有的，它本來就是虛幻的，它是空生空滅，它不在虛空中生，而是在你這裡生。「**何以故？**」為什麼呢？「**無生處故**。」空中的花本來是假的，因為我們以病態的眼睛去看虛空，虛空才出現花影，虛空還是虛空，虛空中並沒有多出花朵來，當然也就沒有生處，也沒有滅處。

「**一切眾生於無生中，妄見生滅，是故說名輪轉生死**。」其實，我們真正的生命是無生的，是生而不生的。什麼是生滅呢？例如我現在講話，各位在聆聽抄寫，動一下，顯出一個現象來，經過一段時間空間，又消滅了，一生一滅，一來一往，我們眼睛所看到的，耳朵所聽到的，乃至心裡所想的，這一切的一切都是生滅法。假如我們被這些生滅的現象所轉，就是凡夫。假如能夠發覺在這生生滅滅之中，有個不生不滅的，生而不生，滅而不滅，動而不動，無形無相，就可以如佛經所說「證無生法忍，登菩薩地」，就可以不須斷除生滅，就不在生死之中。

由此可見，宇宙萬有的現象都是相對的，有生就有滅，有來就有去，有善就有惡，有是就有非，有動就有靜，這是生滅法，現象界兩邊相對，是靠不住的，能生能滅的，而不生不滅的才是佛道。所以，打坐念佛求靜，靜也是生滅法。靜久了，也坐不住，要下來走走，定久了要出定，靜極思動，動極思靜。為什麼凡夫想打坐求靜？動久了，煩了，所以想圖個清淨。但是，真讓你靜下來，卻又靜不了。我有幾個朋友很羨慕出家同學的清淨，想退休，我都勸他們不要，為什麼？因為很多人一旦退休，沒事做，靜不下來，結果，退到「陰」國去了。所以，學佛的第一步要先能享受寂寞，沒有這種修養，不要談學佛。

想當年我在峨眉山頂閉關的時候，山峯頂上，不要說人影沒有，連鬼影子都沒有。萬山冰雪，孤伶伶一個我，所謂：

千山鳥飛絕　萬徑人蹤滅
孤舟蓑笠翁　獨釣寒江雪

就是如此境界。有時夜晚看經，一盞油燈，一燈如豆，孤燈獨影，那才清淨！那才享受！這才真是享盡清福，是人生一大享受。你們學佛修道，回去看到老婆孩子，抱一抱，然後就走開去打坐，偶爾清淨一下，老婆孩子還是在旁邊，假如真把你丟到人煙絕跡的地方去，保證你嚇都嚇死。

以上是講到「**妄見生滅**」，「**輪轉生死**」，順便提起。我們繼續看下去。

善男子，如來因地修圓覺者，知是空華，即無輪轉，亦無身心受彼生死，非作故無，本性無故。

佛告訴文殊菩薩成佛的第一步怎麼走，我們都有資格成佛，誰都一樣，包括蟑螂、螞蟻一切眾生。第一步因地怎麼修呢？「**知是空華，即無輪轉**」，要曉得所有的一切都是虛空中的花朵，今天我們講的，聽的，一切所作所為都是假的。人生如戲，要曉得我們現在是在唱戲，演父親的就要像個父親，演兒女的就要像兒女，演丈夫的就要像個丈夫，演妻子的就要像妻子，要演得大家都叫好。但是，不要忘了你是在唱戲，唱完戲，卸了妝，都到殯儀館報到去了，這一切都是假的。但是，一般人唱戲都唱昏了頭，上了台就下不來，上台容易下台難。

同時要認識清楚，「**亦無身心受彼生死**」。生生死死是現象的變化，我們那不生不死的真我，並不在此生死上，你要能找到這真生命，才可以了生死。注意，我們那不生不死的道，「**非作故無**」，不是造出來的，也不是修出來的。你說我敲了好多木魚，打了好多坐，唸了好多咒語，大概可以成佛了吧？哈！那是你妄想！觀自在菩薩在《心經》中不是也告訴我們「不生不滅，不垢不淨，不增不減」。你修它沒有多，你不修它也沒有少，它不是造作出來的。空本來就是空，不是你修出來的。

你們平常打坐覺得空空的，唷！好舒服！好清淨！我見到了空性！不要自欺欺人，那是你自己身心造出來的一種感受。甚至，有的人跑到我這裡來說：老師，糟了！掉了！我說：「什麼掉了？」「那個空空洞洞的掉了！」你們說好不好笑？空不是你修出來的，不是你不修就不空，它不用你修，本來就空。我常常講，不要去空妄想，怎麼那麼多事？是妄想來空你啊！妄想本來是空，你想留它也留不住，用不著你去空它，所謂：

秋風落葉亂為堆　掃盡還來千百回
一笑罷休閒處坐　任他著地自成灰

懂了這個道理，就可以開始修行了，這是如來因地。我此話不會騙你們，講錯了，下地獄，到地藏王菩薩那裡第四層地下室，地獄本來十八層，現在時代進步了，又加了四層地下室。（眾笑）

彼知覺者，猶如虛空，知虛空者，即空華相。亦不可說，無知覺性。有無俱遣，是則名為淨覺隨順。

我們再來體會空。空，是學佛的第一步，也是學佛的最後一步。各位注意！「空！」我剛才說空，有沒有一個空？什麼都沒有了對不對？即有即空，即空即有。那麼，你說空，現在有沒有知覺？有，有知覺。那知覺不空？不！「**彼知覺者，猶如虛空**」，因為空，所以有知覺。如果沒有知覺，就不叫空。

「**知虛空者，即空華相。**」我知道現在空，那個能知之性本來就是空的，你又何必再去空它？妄想來了何必害怕？因為空，所以什麼都知道。「**亦不可說，無知覺性**」，你不要認為空就無知覺，越空越清楚，越清楚越空。不要認為空是什麼都不知道，不要以為什麼都不知道就是入定，千萬不要搞錯了。「**有無俱遣**」，說有也不對，說空也不對，不是息心除妄想，只緣無事可思量，不抓住一個有，不抓住一個空，不空而自空，不定而自定，即空即有，即有即空，如是！如是！「**是則名為淨覺隨順**」，此即是唯心淨土，此即是覺性，順此而行，即是正路。

何以故？虛空性故，常不動故。如來藏中無起滅故，無知見故，如法界性，究竟圓滿徧十方故，是則名為因地法行。

什麼理由呢？「**虛空性故**」。虛空是個形容辭，我們往往有一個錯誤的觀念，把自然界的空間當成虛空，所以，在心理上自己造就一個空空洞洞的境界，以為這就是虛空，實際上，有個空空洞洞的境界存在，已經不是空了。這是第六意識有個虛空的觀念，是造就出來的，在唯識的道理講來，就是作意。自然界的虛空其實並不空，裡面含有空氣、水分、灰塵、細菌等等。佛法所講的虛空是個名辭的引用，虛空既不是有，也不是沒有，無以名之，名之曰虛空。千萬不要抓住一個虛空的境界，當作虛空。

其次，我們的無明妄想究竟如何去斷？佛說無明如虛空之花，無生處，無滅處，不了自了，了而不了。這個道理聽起來好像很玄妙，其實很平凡。《心經》裡說「無無明，亦無無明盡」，無所謂了或不了，因為它本身是虛空性。例如我們聽的、看的、想的、講的，都是無明所起的作用，你說它有嗎？沒有，用過便休，沒有嗎？當場就能夠用，它本身自性是虛空。

「**常不動故**」，我們也經常誤以為修道修到最後不動，以為不動念，或者什麼都不知道，就是定。這樣的話，何必學佛？學石頭，學死人多好！所謂不動是形容辭，它是動而不動，例如我講話，諸位聽見了沒有？聽見了，這不是動嗎？各位聽到我講話的聲音，乃至聽到外面的車聲，這是動相。假如你到了高山頂上，聽不到任何聲音，那時你聽見了沒有？聽見了，聽見了一個沒有聲音的，這是靜相。動相你聽到了，靜相你也聽到了，動相與靜相，你都清清楚楚，此時念頭沒有動過，動靜二相，了然不生。動來知道動，靜來知道靜，能夠知道動靜的那個不在動靜上面，與動靜毫不相干，它是永恆不變的，所以用常不動來形容它，它是不生不滅，不增不減，不垢不淨。

「**如來藏中無起滅故，無知見故**」，如來藏是佛法的名辭，所謂如來是悟了道、成了佛的稱呼。如來也是形容辭，好像來了，其實沒有來，也不能說完全沒有來，如同我們的思想念頭好像來了，來了又去，自性空故，常不動故。那麼，何以謂之「藏」？因為他能生萬法，含藏一切萬有。所謂如來藏，即是一切眾生自性之別稱也。「**如來藏中無起滅**」，在我們的自性中無所謂起滅，例如我們研究《圓覺經》，我講了一大堆話，各位也聽了一大堆，所有生起滅了，聽過了都不相干，無生亦無滅。話也聽懂了，書也看到了，但是，用過了便休，自體上都沒有了。看了，懂了，印象馬上過去，無知見故，在自性中都不執著，無知亦無見。何以如此呢？

「**如法界性，究竟圓滿徧十方故，是則名為因地法行**」。如法界性，此話怎講？我們初步學佛，一定說無明妄想是罪孽，一點都沒錯，無明妄想為什麼那麼難除去呢？如來藏性微妙不可思議，一切眾生妄想業力亦微妙不可思議，轉了此業力就是佛。「**如法界性**」如何解釋？我們引用《楞嚴經》上所說：「清淨本然，周徧法界，隨眾生心，應所知量，循業發現。」清淨本然就是《圓覺經》所講的如來藏性，周徧法界。法界是佛學名稱，比宇宙還廣大，普徧充滿一切時空，此法界超越了我們觀念中的時間、空間。隨眾生之心量大小而大小。應所知量，循業發現，看你的智慧到達什麼境界，隨你的業力而發現。《圓覺經》在此講得比較簡化，如法界性，隨你的心量有多大，就有多大。我們的心有多大？大得很呢！阿彌陀佛！阿彌陀佛！乾叫兩聲，就想往生西方極樂世界，你說大不大？但是，如此專心念下去，會不會到呢？會到，「**如法界性**」。我們的自性有沒有邊際可量？沒有。「**究竟圓滿徧十方**」，不是修了就會比較大，不修就比較小，他本來圓滿，徧滿十方，沒有時間空間的阻礙。懂了這個道理，才能開始學佛，

「**是則名為因地法行。**」

《圓覺經》一開始，文殊菩薩提出問題，問學佛從哪裡開始？什麼是如來因地法行？等於蓋房子的地基在哪裡？佛答覆要斷無明。文殊菩薩又再進一步問：什麼是無明？無明有如病目見虛空之花朵，虛幻不實。

講到無明，給各位說一個近代的故事。此事距離現在大約一百二十年，清末時代，一個貴州人在四川犯法，判死刑，要殺頭。很巧，執刑的劊子手剛好是這名死刑犯最要好的朋友。死刑犯對這位朋友說：「你是我最好的朋友，總要幫我一下。」

劊子手說：「你是死罪，我怎麼幫得了呢？怎麼辦？這樣好了，到了刑場，我幫你。」

「到刑場？你要殺我了，你怎麼幫我？」

「我教你，當我的刀一下之後，我喊走，你就拚命跑。」這位劊子手朋友不得已，只好如此哄騙他。其實，刀一下，頭就斷了，哪裡逃得了？

但是，這個死刑犯求生欲望強烈，把他的話當真，深深記在心裡。行刑當天，死刑犯很有信心，也不難過。難過的倒是他那位劊子手朋友，曉得非殺頭不可。行刑時，犯人跪下，劊子手準備下刀，先拍一下他朋友的頭說：「注意唷！」然後刀一下，喝道：「走！」頭就掉下來了。

此時，這個死刑犯記住劊子手的話，就拚命跑，一路跑，由西川跑到東川，在那個地方還做個小生意，更妙的是，還娶了老婆，生了幾個孩子。

事隔二十年，這位劊子手因公事到東川，調查一件刑案。來到一家酒店吃飯，一看這位店老闆不是被我殺了頭的朋友嗎？還有老婆、孩子？真是嚇住了。這位店老闆看到劊子手也愣住了，也認得這位救了他的老朋友，不過，不敢打招呼，他是逃出來的犯人，想辦法請到裡面，然後跪下來向這位劊子手道謝：「多謝當年幫忙，現在我在這裡成家了，開了店，做個小生意，謝謝救命大恩！」搞得劊子手莫名其妙，不曉得這是怎麼一回事？也不敢說你的頭已經被我砍下來了呀！

劊子手很納悶地回到成都，向朋友提起這件怪事，再去墳場把屍體挖出來看，沒錯，都已化成白骨了，真是咄咄怪事！這件事就慢慢傳揚開來，結果，最後傳到這位死刑犯那裡。他聽到此事一愣，曉得自己真被殺死，完了，整個人化作一灘血水。

這個故事說明人的無明業力有那麼厲害，這也是有些修行人可修到身外有身的道理。另外還有一個故事，也在此講給各位聽。

這個故事發生在川東萬縣，也是有一位牢裡的犯人，也是想逃。這個人沒唸過書，只聽過《西遊記》裡有個孫悟空本事很大，上天下地，變來變去，所以，他在牢裡，天天就唸齊天大聖孫悟空，求你救救我，傳我一點本事，讓我逃出來，天天唸，天天求。

怪了，結果夜裡做夢，孫悟空來了，教他打猴拳。坐了七八年牢，練了七八年猴拳，猴拳練得出神入化，手一撥，鐵條就彎了，他大搖大擺地從牢裡出來。

逃出來以後，就靠教拳維生，同時也做了很多好事悔過。

有一天夜晚，看到一位穿白衣服的女孩，匆匆忙忙地鑽進一座宅院裡去。他好奇，運用他猴拳的工夫，也跟了進去。可是，進去以後，看不到人。

再仔細一瞧，有個房間露出微微的燈光，裡面一個年輕女子準備上吊，那個穿白衣服的女人也出現了。那個年輕女子的頭往繩子裡套，那位白衣女人就在地上拜了拜。他懂了，在牢裡，他聽過凡是人想自殺，都有鬼在作祟，便趕緊一個箭步上去，把那個上吊的女子救下來，那個女鬼也跑掉。家裡人都出來謝他，不在話下。

他回家後，女鬼也跟來了，睡覺的時候，女鬼找上他了，女鬼說你壞了我的事，你非死不可。他說我是孫悟空的徒弟，你這一套對我沒有用。女鬼說不行，你非死不可。好吧！你來吧！他就把繩子拿來掛上，脖子一運氣，當然吊不死。女鬼跪下一拜，他馬上感受到一股無形的重力從肩上壓下來；女鬼第二拜下來，力量更大，繩子也斷了。

這個女鬼奈何不了他，結果就哭起來了，因為找不到替身，無法再投胎，很傷心。他看這個女鬼也蠻可憐的，他說這樣子好了，我們兩個合作，你是鬼，哪一家出事，你比我清楚，我會武功，我們去救人，功德做滿了，你好去投胎，我也好贖罪。女鬼也就答應了，不再去害人。

好了，這兩個——一個自稱為孫悟空徒弟的逃犯，一個女鬼，就合作起來。經過了五、六年，做了很多好事。

有一天，女鬼向他跪下來。他一看感到奇怪，說：「唷？怎麼了？又來了？」

「不，我感謝你，這幾年跟著你，做了很多功德，現在，閻王那邊通知我，可以不用找替身直接投胎了。」女鬼還告訴他到哪裡投胎，而且是個男孩，請他一百天後去看。

他說：「好啊！恭喜你！不過，你走了，沒有人給我打聽消息了。」兩人互道珍重，就此告別。

但是，女鬼出了門，又走回來。「怎麼？還有什麼事？」

「我忘了告訴你一個咒子，你再幫我做功德。要是有人受了氣，傷心想投水、想上吊、想自殺，都有鬼跟著，告訴他只要這個咒子一唸，就沒事了。」

「什麼咒子？」

「大千世界，無罣無礙。自去自來，自由自在。要生便生，莫找替代。」

這個咒子很靈哦！我碰到過幾個人，告訴我心裡煩悶想自殺，我叫他趕快唸。嘿！靈得很！一唸就沒事。有時我看到這個人眼神不對，我就講這個故事給他聽，當然，他心裡有數。因為有時候有些話不能明講，你越勸他不要自殺，他偏要死給你看，那就糟糕了。告訴他這個故事，回去一唸，自殺的心理就去掉了。你們回去也多講一講這個故事，替那位女鬼做做功德。

不要小看這個咒子，這是有道理的，這幾句話等於是《圓覺經》的第一部，雖然是無明，也是無罣無礙，來去自在。好了，鬼故事講完，我們回轉來講佛經。

菩薩因此於大乘中，發清淨心。末世眾生依此修行，不墮邪見。

佛告訴文殊菩薩，要修行大乘菩薩道，要發清淨心，要懂得自性本來清淨的道理，妄想念頭用不著去空它，自去自來，自由自在，無罣無礙。發清淨心是屬於因位，果位則是發菩提心。如何能清淨呢？自性本來清淨，不用你來清淨。懂了這個道理，才是學佛的第一步。

末世眾生依照這樣修行，才不至於墮入邪見，才不至於走岔了路。假如沒有認清這個目標，對不起！根據《圓覺經》來說，都是邪見。不過，萬一走了歪路，也沒有關係，慢慢再繞回來，只是繞了一大圈，走了很多冤枉路而已。

爾時，世尊欲重宣此義，而說偈言：

以上是釋迦牟尼佛講道的記錄，以三藏十二部分類，謂之長行。後面是偈頌，偈頌的作用是把前面所講的道理加以歸納。在印度來說，這些偈頌是最美麗的詩歌，可以配合音樂唱誦。

文殊汝當知　一切諸如來　從於本因地　皆以智慧覺
了達於無明　知彼如空華　即能免流轉　又如夢中人
醒時不可得　覺者如虛空　平等不動轉　覺徧十方界
即得成佛道　眾幻滅無處　成道亦無得　本性圓滿故
菩薩於此中　能發菩提心　末世諸眾生　修此免邪見

文殊汝當知　文殊菩薩你要知道，

一切諸如來　所有一切過去、現在、未來諸佛，

從於本因地　修行的基礎，開始的第一步，

皆以智慧覺　都是從自己的內心，求得般若智慧覺悟。

了達於無明　覺悟通達無明自性本來空，

知彼如空華　無明妄想業力有如空花，自生自滅，你不用去空它，

即能免流轉　瞭解無明本空，就可以免除在生死中流轉。

又如夢中人　又像做夢的時候，喜怒哀樂樣樣俱全，

醒時不可得

醒的時候，什麼都沒有了。無明也是如此，如同我們要發脾氣，忽然一想，不值得，氣死了才划不來，笑一笑，不氣了。這時候，氣憤哪裡去了？無所來去，等於醒時不可得。因此，永嘉大師在他的〈證道歌〉裡告訴我們，「無明實性即佛性，幻化空身即法身，法身覺了無一物，本源自性天真佛。」

覺者如虛空

悟了道如何呢？溈山禪師說：「悟了同未悟。」得了道的人與沒有得道的人一樣。什麼是佛？禪宗祖師說是：無事的凡夫。

平等不動轉

平等就是不二法門，空與有，善與惡，是與非，一切平等，自性本空，所以「**平等不動轉**」。假如需要你去空它，就不平等，就動轉了。

覺徧十方界

覺悟了以後，瞭解自性徧滿十方，無所不在。

即得成佛道

這樣就可以成佛了。

眾幻滅無處　妄想空了到哪裡去了？難道找個倉庫裝起來不成？妄想自性本空，滅了無處所。

成道亦無得　《心經》上說「無智亦無得」。假如一副道貌岸然的樣子，一看就知道是半吊子，絕對無道。真有道的人，不會告訴你有道，很平凡，你看不出來。你看真有錢的人，裝起一副窮相，決不會告訴你有錢，對不對？

本性圓滿故　為什麼？本性圓滿。若認為自己有所得，傲慢自大，那就不圓滿了。自性不增不減，得個什麼？

菩薩於此中　大乘菩薩們瞭解了這個道理，

能發菩提心　能夠發起菩提心，菩提心就是清淨心，一體之兩面。

末世諸眾生　未來末世的一切眾生，

修此免邪見　依照如此修行，就不會走錯了路。

以上是大智慧的文殊菩薩提問題，佛加以解答。學佛的第一步是智慧，最後成佛的也是智慧。佛法是智慧的成就，不是盲目的迷信。

文殊菩薩代替我們問無明妄想如何了斷？佛答覆說無明煩惱自性本空，不用你去空它，如空中之虛花，自來自去，自生自滅。能起煩惱妄想的，他本來沒有動搖過，用不著去除他。懂了這個，當下一念清淨，有何放下不放下?!若說放下，放下是他；若說提起，提起也是他，自性本空如夢幻。

懂了這個道理就成了嗎？千萬不可狂妄。縱然見了空性，得了清淨，正好修行。禪宗五祖告訴六祖，「不識本心，學法無益」，所謂「見性起修」。這個道理從《圓覺經》裡，看得很明白。文殊菩薩代表智慧，這是第一步；見道以後修道，修普賢菩薩行。普賢菩薩代表行願，萬德莊嚴，萬行莊嚴。所以，接下來是普賢菩薩登場。

第二章　普賢菩薩

內容提要

初見本性如何起修
如何以幻還修於幻
一切皆幻誰來修行
如何使妄想心得到解脫

於是普賢菩薩在大眾中，即從座起，頂禮佛足，右繞三匝，長跪叉手而白佛言：

這些文字我們不重複解釋了。

大悲世尊，願為此會諸菩薩眾，及為末世一切眾生修大乘者，聞此圓覺清淨境界，云何修行？

大慈大悲的世尊，希望您為此會諸菩薩眾，及為末世一切眾生修大乘菩薩道的人說明，當聽到了此圓覺清淨法門，初見本性，應如何起修？

世尊，若彼眾生知如幻者，身心亦幻，云何以幻還修於幻？

這個問題我們也要問，對不對？他說世尊剛才答覆文殊菩薩，一切都是幻化，身體是幻，身體是假的，我們的思想念頭也是假的，身心都是假的，既然一切如夢如幻，那還修什麼呢？不修行也幻，換句話說，我殺生也是幻，我不是殺生，我殺幻呀！反正他早死晚死一樣要死，我給他一刀，早點解脫嘛！既然一切是幻，為什麼還要念佛、打坐、守戒呢？為什麼要以幻還修於幻？這個問題的確要問。

若諸幻性一切盡滅，則無有心，誰為修行？云何復說修行如幻？

第二個問題，一切皆是虛幻，虛幻就是空，什麼都沒有，都滅掉了。既然一切都是虛幻，也就是說，一切眾生本來無心，既然無心，何必修行？誰來修行？修個什麼東西呢？另外還附帶一個小題，「**云何復說修行如幻？**」為什麼您老人家還說修行如幻？

講到修行亦如夢如幻，有位禪宗祖師，也是淨土宗的大祖師——永明壽禪師，他原是將軍，後來出家，大澈大悟以後，提倡淨土念佛法門，禪淨四料簡中「有禪有淨土，猶如戴角虎，今世為人師，來生作佛祖」，就是他的偈子。他規定自己一天要唸一萬聲佛，每天要做一百零八件佛事，他一生的行徑與西藏黃教的宗喀巴大師頗多類似。像他已經大澈大悟的人，每天兢兢業業積極修行佛事，卻說是「宴坐水月道場，修習空花佛事」，也就是說所有修行皆是如夢如幻，這是什麼道理呢？

其次，在密宗裡有個幻網法門，此幻網法門乃普賢如來化身為金剛薩埵所傳，而其原理就是此處普賢菩薩所提修行如幻的道理。

若諸眾生本不修行，於生死中常居幻化，曾不了知如幻境界，令妄想心云何解脫？

各位有沒有注意到，普賢菩薩所提的問題，分三種層次，我們不要被經文美麗的文字所迷惑，而忽略過去。第一，佛所說一切法如夢如幻，身心皆幻，那又何必修行呢？修假法有什麼意思呢？第二，既然一切皆幻，誰來修行呢？第三，就是修行既然如幻，那麼，一切眾生本來沒有修行，雖然在生死輪迴中，也是幻化。可是他並不知道自己這個生死是假的，他把生死看得很認真，所以，想到死亡感到痛苦，失去東西覺得悲哀，把假的抓住當真的在玩，這樣如何使妄想心得到解脫？

普賢菩薩把一個問題，分成了三個層次，我們要搞清楚。接著，他對所提問題，在下面作了結論。

願為末世一切眾生，作何方便，漸次修習，令諸眾生永離諸幻。

普賢菩薩發大願，懇求佛告訴將來末世一切眾生，有什麼方法可讓他們一步一步修行，而證得如夢如幻的境界。這麼一來，使將來的眾生不被幻化所騙，永離種種幻境。

作是語已，五體投地，如是三請，終而復始。

講完了，跪下來，五體投地，行禮如儀，懇求三次。

爾時世尊告普賢菩薩言：善哉！善哉！善男子，汝等乃能為諸菩薩及末世眾生，修習菩薩如幻三昧，方便漸次，令諸眾生得離諸幻，汝今諦聽，當為汝說。

佛說：好！你們能夠為了一般大乘菩薩以及將來的末世眾生，懇求我來講——如何修行大乘菩薩道的如幻三昧法門（西藏密宗謂之幻網法門，幻網乃根據《華嚴經》法界重重無盡而來）。「**方便漸次**」，一切方法都叫作方便，一切有為法皆是方便，換句話說，沒有證道以前，無為也是方便，無一不是方便。悟了道以後，方便都沒有了，那是實相般若。這種修行的方法其程序是如何？你問這個問題，並不是為了自己，而是發心為了將來一切眾生，如何能夠脫離迷幻？好，你現在仔細聽，當為你說。

時普賢菩薩奉教歡喜，及諸大眾默然而聽。

當時普賢菩薩聽到佛要說法很歡喜，在座大眾都專心靜默而聽。現在講夢幻修法，實際上，顯教就是密教，經典上的每一句話都是修法。那麼，現在所講乃融會顯密教法，要靠自己的智慧去理解。若真要傳幻網法門，那可嚴重了。你們要先登記，然後，好好拿紅包，多多益善，這叫作供養。拿了供養之後，我要先關起門來修法，要有高一點的道場，一千杯水，一千盞燈，晝夜點著檀香，香煙瀰漫，還要做一套衣服，戴上高帽子，鋃鋃鐺鐺掛上一大堆，口裡嗡隆嗡隆地唸，進入夢幻三昧，一一為你們消災免難，要修到護法神現身，然後，告訴你哪一天傳法，你要在下面跪半天，傳法要傳半個多月，一天要四個小時，不要說我說法很累，你聽法就夠你受了。

假如現代要傳這個法門，有個好辦法，擺上許多鏡子，加上科學燈光設計，一進壇場就看到千百萬個自己，哪個是真的你都分不清楚，那真是如夢如幻，不用我傳，普賢如來就來傳你了。我講的不是笑話，是真的唷！現代修法適當地配合科學，修持起來快得很。

現在把密法都傳給你們了，這是夢幻修法，給你們露一點消息，你們不要當笑話聽。你若以恭敬心聽我說笑話，你就得到普賢菩薩的感應。你如果當笑話聽，那就可惜了。不過，我不搞這一套，我這個人講好聽，平常解脫慣了，對於要穿上法衣，戴上帽子，道貌岸然扮起一副上師的模樣，總是能免則免。

好，現在我們來看佛所傳的夢幻修法。

善男子，一切眾生種種幻化，皆生如來圓覺妙心，猶如空華從空而有，幻華雖滅，空性不壞。眾生幻心，還依幻滅，諸幻盡滅，覺心不動。

佛所說這一段真是大法，也是無上的密法，只要你好好依靠文殊菩薩的帶領，能以智慧進入就到了。下面我們再引申說明。

「**善男子**」，等於說你們諸位仔細聽著，「**一切眾生種種幻化**」，沒有哪一樣不是假的。現在你們所看到的我是真的嗎？是假的。不相信，那麼你眼睛直瞪著看我，多看一會兒，我的臉就不是這個臉了。愈注意看，你就愈可以看出假的來，一切非真。各位注視著這個佛像看，眼睛不要動，你看！佛像不像佛像了，夢幻出來了，旁邊周遭一切也夢幻，眼睜開著，看而不看，如此便進入夢幻境界了，就這麼簡單。

平常我們所看到的東西不是都很實在嗎？不，那是眾生沒有定力，被自己的眼睛所騙了。現在讓你注意看，就是五徧行的作意，你注意看，那些東西原來是假的，種種皆幻。像眼前的茶杯、桌子這些都是假的，它本身遲早都會毀壞，都會變去了的。連我們的身體也是假的，當初爸爸媽媽生我們的時候，一入胎就抓個假東西，生出來以後，越看自己越漂亮。世界上誰最漂亮？每個人自己看自己最漂亮，鏡子照了又照，百看不厭，看到年老，還是喜歡，哈！都被幻化所騙。

那麼，「**一切眾生種種幻化**」，我們所看到的都是幻化，那又如何修行呢？別急，佛說這個幻化的本身「**皆生如來圓覺妙心**」，在此夢幻境界中即是自心自性圓覺妙心，一切幻化都是自心本體功能變化出來的。這裡我再說個幻網法門，現在不用眼睛，改用耳朵。請各位把眼睛閉起來，我現在講話的聲音各位都聽到了吧！這個聲音是幻化的，沒有了，「**猶如空華從空而有，幻華雖滅，空性不壞**」，你不須用心聽，自然就聽到了。一切如夢如幻，但是，你那能聽的空性沒有壞，不生不滅，不增不減。「**眾生幻心，還依幻滅**」，此幻化之心從哪裡來？到哪裡去？你要是去追他，你不是傻瓜嗎？知道他是幻，來也是幻，去也是幻，《金剛經》說「無所從來，亦無所去」，一切都是幻起幻滅。「**諸幻盡滅，覺心不動**」，你們所聽到的聲音是幻化，能聽的是幻，所聽的也是幻，幻來幻去，幻化滅了，你那能聽的覺心沒有動過，本來如如不動，不須你去造就一個，不須你去打坐才有，本來不動，本來如是。請記住佛說的「**諸幻盡滅，覺心不動**」，依此修行，就可成就了。

注意！普賢菩薩是講修行的，如何去修呢？不要以為修行就是找個茅棚，找個清靜的地方，或者說我要閉關。閉關是享受，閉關從某一方面來講是世界上最大的偷懶，住在裡面，什麼事情都不做，茶來伸手，飯來張口，這種修行好辦。大菩薩的入世修行才難，你要在人世間做個賢妻良母或者是做個盡責的好父親好丈夫，這就不容易了。這是擔負妻子兒女的痛苦，而且要咬緊牙根有苦都不說，一切如夢如幻，於此痛苦中，一心清淨，不起惡念，處處利他利人，這才是真修行，這才是普賢菩薩的「**諸幻盡滅，覺心不動**」修行法門。可不是吃完飯把碗筷一丟，什麼事都不做，跑到這裡來打坐、聽經。

依幻說覺，亦名為幻，若說有覺，猶未離幻，說無覺者，亦復如是，是故幻滅名為不動。

你說我悟了，悟個什麼？假使有所悟，此悟亦是幻，譬如說你來聽經，跑到九樓去，九樓的人告訴你不對，在十一樓。好了，你悟了，知道在十一樓，到了十一樓，就無所謂悟不悟了，就不管有沒有搞錯了。所以，悟了道，還有一個「悟」放在心裡，那就「誤」了。因此，「**若說有覺，猶未離幻**」，還在迷惑中，這樣不對。那麼，你說我的悟也沒有了，這又是夢話，說有說無都不對，空也不是，有也不是，「**是故幻滅名為不動**」，幻起幻滅，本來清淨，如如不動。

善男子，一切菩薩及末世眾生，應當遠離一切幻化虛妄境界，由堅執持遠離心故，心如幻者，亦復遠離。

佛告訴普賢菩薩，一切修大乘道的菩薩們以及末世眾生如何修行呢？「**應當遠離一切幻化虛妄境界**」。講到這裡，我們的修行對不對呢？我們的修行都在造業，不過，造的是善業，沒有錯。若論悟道，那差得遠。我經常說你們修行啊！這一生種一種善根，他生來世再說囉！若真正瞭解的話，所有一切修行，包括持戒、修定、修慧，這些都是虛妄境界。一切眾生本來在定，本來清淨，有什麼戒呢？本來不動，有什麼定呢？本來如夢如幻，有什麼慧呢？還說這個如法，那個不如法。你本來無法，一切皆空，還需要什麼法？假如你還裝模作樣修個什麼法，都在虛妄境界，自己欺騙自己。

你若懂得這個道理，「**由堅執持遠離心故**」，一切都丟！丟！丟！都遠離。你說丟了就放下，放下就是道，不對！「**心如幻者，亦復遠離**」，你覺得放下那個空的境界的想法，也要放下。剛才你們瞪著眼睛看，那個如夢如幻的境界也要丟掉，一切遠離。

我們看到佛經的夢幻、空花等名辭，往往當成是文學境界的比喻，沒有實際予以求證。我們只覺得晚上做夢是虛妄的，沒有警覺到日常生活也是夢，假如能夠體驗到現在目前的生活也是虛幻的，那麼，學佛才有點像樣。否則，把佛經的夢幻、空花當成是文學的修飾形容辭，或者將佛學當作理論來研究，則對我們實際的人生毫無用處。

換句話說，我們學佛要現實一點。無論是世間或出世間的學問，假如與我們的身心性命不相關，沒有利益，這個學問是不會恆久存在的。世間一切之學問及宗教，都與我們生活密切相關，尤其是佛法，可說是最現實，專為度脫我們的煩惱而存在。假使研究佛經，只瞭解其中道理，口口聲聲都是佛學專有名辭，學問也很高深，而沒有從自己的身心之中去求證，沒有在日常作人之間去體會，那麼，學佛可以說一點也沒有用。

這一節提到不只是末世眾生，包括一切菩薩「**應當遠離一切幻化虛妄境界**」。此一切菩薩乃指初地、二地……到十地菩薩，假如沒有達到夢幻空花境界，那都不是真菩薩，都還須修夢幻觀。從這段經文我們應當警惕到一切眾生以及菩薩都在求幻象，也可以說沒有大澈大悟以前，都在玩弄幻象，在沒有證得自性本來是佛以前，都落在幻象中。

遠離為幻，亦復遠離，離遠離幻，亦復遠離。

即使達到夢幻虛妄境界，此夢幻虛妄境界亦當遠離，全部要拋掉，連此拋掉放下之念，也要遠離。若有一絲一毫放下遠離之念，都成障礙，還是幻化。如果想遠離塵世，求個清淨之地，有此出離心也不對，你要遠離到哪裡去，所以也要拋掉。

得無所離，即除諸幻。

這八個字是離幻境界的結論。最後達到「**無所離**」，放下放到無所放，空到無所空，再也空不掉，「**即除諸幻**」，而到了真實不壞的金剛般若波羅蜜。

在《楞嚴經》上也有一段與此同樣的道理，阿難與佛研究討論心在哪裡？七處徵心，八還辨見。心在身內？身外？在生理神經裡？在見明見暗的作用上？在思惟上？心在身體中間？或說一切無著就是心？這些都被佛所否定，如此反覆辯論了七次。最後，佛罵了阿難，佛在教育的時候也同樣發脾氣，不過，佛經裡形容得漂亮，「咄哉阿難」只此四個字，實際上佛是瞪起眼睛，拍了桌子，大罵：「阿難，你好笨！」

七處徵心以後是八還辨見，再一次尋找心性在哪裡？例如我們張開眼睛能夠看見東西是什麼道理呢？原因之一是因為有陽光，所以我們看見光明。夜裡沒有陽光，我們看見什麼？看見黑暗。門窗因有空隙，所以看見內外通達的空間。因為有牆壁的阻擋，所以看見障礙。能夠觀察環境，分辨各種現象的是思想分別的作用。我們也可看見渺茫虛無的虛空，塵霧濃時，則見昏暗，塵霧消散，視線又為之清明。佛說把光明還給陽光，把黑暗還給夜色，通達還給門窗，障礙還給牆壁，觀察還給意識思想，空間還給虛空，昏暗還給塵霧，清明還給晴朗。把這些都還掉了，但是，有一個還不掉的。

現在，我們做個試驗，說不定各位因此悟道，我們把眼睛張開，看見光明。眼睛閉起來，看見什麼？看見個看不見的，一片黑洞洞的。再張開，又看見了。再閉起來，又看不見了。見明見暗，看到光明，看到黑暗，這些是相。光明來了，黑暗跑了；黑暗來了，光明跑了，兩者互相交換。我們那個能夠見明見暗的，不在光明上，也不在黑暗裡，明暗有代謝，那個能見之性不受影響，沒有動過。注意，這個能夠看見的不是指眼睛，例如我們把眼睛挖出來捐給人家，這個挖出來的眼球本身能不能看見東西？不能。這個能見之性乃是我們的心性，這個是還不掉的，這個還不掉的是什麼？就是自己，所以《楞嚴經》上講「諸可還者，自然非汝。不汝還者，非汝而誰？」這個還不掉的就是你的自性，明心見性就是這麼容易。

我們在座的諸位，包括年紀輕的二十幾歲，以及年紀大的六七十歲，用了一輩子的幻想，我們都被自己的思想、感覺、情緒等所欺騙了，這些都是虛幻不實的，其中唯有一個東西是始終沒有變易或衰老的。你現在坐在這裡，心中沒有煩惱，沒有思想，知道自己本來清淨的這個東西沒有動過，這是「不汝還者」，你先認得這個。如此認定之後，至於煩惱思想，你不要去除掉他，那是幻境，你不理他，他自然會澄清下去，如此清淨下去，偶而又飄來妄想，那怎麼辦？沒關係，飛來飛去還是在那個境界裡。

譬如鑽火，兩木相因，火出木盡，灰飛煙滅，以幻修幻，亦復如是，諸幻滅盡，不入斷滅。

鑽木取火是我們上古時代的老祖宗燧人氏所發明，這個發明改變了以往人類茹毛飲血生食的生活方式，從此以後才有熟食烤食，有了火以後，才有現在各種煎、煮、炒、炸等等不同的吃法。

以一個木頭在另一個木頭上快速轉動，可以鑽出火來，火再引燃木頭，木頭燒完了，火也沒有了，「**火出木盡，灰飛煙滅**」。這是佛的比方，比喻得恰當，文學境界又美。

我們研究自己，不是都怕妄想怕煩惱嗎？所以拚命打坐來空妄想，但是又空不掉，那就念佛嘛！南無阿彌陀佛，南無阿彌陀佛，不行的話，那麼去唸個咒子，吽啊吽的！哈拉、哈拉，唏嚦、唏嚦，呼嚕、呼嚕！——娑哈！什麼理由？不知道！咒子是祕密，不要問，儘管唸，越唸越靈。密宗的喇嘛還不只如此，手上還拿個鼓，拿個鈴子，左邊叮、叮、叮！右邊咚、咚、咚！嘴裡嗡隆！嗡隆！佛菩薩這個供養你唷！這些都給你唷！如此忙了三四個鐘頭，然後圓滿吉祥。假如這樣忙一輩子還不成佛的話，那真是可憐！這就是鑽木取火，灰飛煙滅。你愛妄想，就讓你想個夠，這個菩薩十二個頭，一千隻手，每一隻手上一隻眼睛，每一隻眼睛又出一隻手，你去想！慢慢想！想夠、想累了以後，最後嗡阿吽——娑哈！所有拜佛、唸經、行香、念佛這些修行方法都是鑽木取火，都是以楔出楔。楔是木頭釘子，木頭釘子拔不出來，以另一個楔子把它打出來，叫作以楔出楔。

所有一切的修法，包括觀想、氣功、念佛、唸咒、夢幻觀等等八萬四千法門，這些都是「**以幻修幻**」，都是幻法，都是加法，給你加些東西上去。那麼，你說有一個法門不是假的——空，空也是幻，空是本來空，不是你去空它，而是它來空你，學佛的人拚命空呀！空！放下！放下！你放不下，它也不會為你留著。我講了那麼多話，諸位也聽了那麼多，有哪一句話停留住？留不住！空的嘛！這一切聲音都是夢幻，我在說夢話，你做夢在聽，這一切都是以幻修幻。

「**諸幻滅盡，不入斷滅**」，這一切夢幻都空完了，你怕都沒有了？例如我講了四十分鐘，各位也聽了四十分鐘，一句話都留不住，是不是真的什麼都沒有？不，你想一想，它又浮現出來，所以，並沒有滅掉，沒有死亡，不入斷滅。那你說它永恆存在嗎？又不是，一句話聽過了就沒有，所以說是不斷不常，非斷非常，因為非斷非常，所以不生不滅，生而不生。

善男子，知幻即離，不作方便，離幻即覺，亦無漸次。

注意！這一段非常重要，此是禪宗心印，也是密宗的大手印，普賢如來、金剛薩埵心法。

我們現在把眼睛閉起來體會，一切的思想感覺都是假的，這些來來往往的妄念都是假的。你會發覺心中有妄念，可是當你發覺的時候，妄念已經跑掉了。「**知幻即離**」，妄念自己走掉了，不用你再去除妄想，不必再用個什麼方法去除他，「**不作方便**」，不必再另用方法了，所謂念佛、唸咒都是多加的方便，念佛也是生滅法，也是夢幻空花，這些一概不用。

「**離幻即覺**」，離開了妄念幻想，知道現在清淨了，這就是如來覺性。

例如我現在講話，各位閉著眼睛聽，耳朵聽到了聲音，這個聲音是幻的，已經沒有了，用不著再用個方法去掉聲音，它自然就空掉了。但是，知道聲音的知性不空，本來就在，「**亦無漸次**」，不管你修不修，他還是一樣聽到，這個東西沒有什麼初地二地三地……十地，也沒有什麼初果二果三果四果，本來一切眾生自性是佛，此即是佛，此即是淨土。

有些人跑來告訴我，老師，那個道理我懂，不過，還要慢慢修。對這些人，我怎麼辦呢？我只好說你講得對，完全對，慢慢修，修到天邊與海角，總歸有一天修到啊！因為他沒有氣派，說到了就到了嘛，對自己有信心就到了呀！信什麼？信我這個我，清淨圓覺，天上天下唯我獨尊，所以釋迦牟尼佛一生下來，就把佛法說完了。

一切菩薩及末世眾生，依此修行，如是乃能永離諸幻。

佛又重新吩咐，告訴一切菩薩及末世眾生，要依此修行，要懂得「**知幻即離，不作方便，離幻即覺，亦無漸次**」這四句話，這樣才能永離顛倒妄想夢幻空花。

到這裡，佛已經傳完了法，把金剛薩埵之心法傳給了普賢菩薩。

現在，我們再回轉過來，討論普賢菩薩的坐騎——白象所代表的意義。普賢菩薩在佛法中代表行願，學佛容易行願難，悟了道以後，要去修行，所謂修行是修正自己的行為，從內在起心動念的心行，到外在的行為。所謂發起慈悲心，必須要實際做到，天天坐在家裡的佛堂裡講慈悲，你慈悲了誰？那是人家慈悲了你。行菩薩道要具備大願力，所以普賢菩薩所代表的坐騎是象，印度的象等於是沙漠中的駱駝，背負一切重擔，替人類做最勞累的工作，行菩薩道乃是為眾生挑起他們的苦難。

慈悲行願是很痛苦的，發心做好事，要先準備挨罵，事情做好了，人家還誹謗你，說你是為了名為了利，你聽到這些，心裡要像吃冰糖一樣的舒服，管你怎麼誤會都可以，我都不在乎。我們常說任勞任怨，任勞容易，任怨則難，請你幫忙勞苦一天，累死了都願意，假如你聽到說這件事就是你幫忙幫壞了，這下子你受不了了，老子非揍你不可。任勞容易任怨難，行菩薩道要任勞任怨。

那麼，普賢菩薩何以能夠做到？因為他曉得埋怨也好，恭維也好，一切如夢如幻。他不受騙，罵我，誤會我，我不生氣；讚美我，恭維我，我也不會高興，這些都如夢如幻。所以，佛對代表大行大願的普賢菩薩傳夢幻法門，其用意即在此。

爾時，世尊欲重宣此義，而說偈言：

普賢汝當知　一切諸眾生　無始幻無明　皆從諸如來
圓覺心建立　猶如虛空華　依空而有相　空華若復滅
虛空本不動　幻從諸覺生　幻滅覺圓滿　覺心不動故
若彼諸菩薩　及末世眾生　常應遠離幻　諸幻悉皆離
如木中生火　木盡火還滅　覺則無漸次　方便亦如是

這時佛講完了夢幻法門，再做一次整理歸納，將重點以詩歌的形式表達出來，在印度是可以唱出來的，翻譯成中文後，因為無法顧慮到平仄押韻，所以便形成偈頌這種新的文體。

普賢汝當知　佛告訴普賢菩薩，你應該瞭解，

一切諸眾生　所有一切眾生，

無始幻無明　無始長久以來的無明，此無明是煩惱的根本，無明本身也是幻的，所以說幻無明。無明不用怕它，無明的體性就是佛性，此一念無明，悟了就是佛性。沒有悟，不懂得這個道理，此煩惱無明始終去不掉。這無明怎麼來的呢？

皆從諸如來　此如來不是指釋迦牟尼佛或阿彌陀佛，而是總代號，依《華嚴經》，釋迦牟尼佛是化身佛，我們一切眾生與十方三世諸佛都是化身佛，不是本尊，本尊是毗盧遮那佛，毗盧遮那還只是代號，宇宙萬有只有一個根源，哲學稱之為

本體，佛法稱之為如來。

圓覺心建立

我們一切眾生本來是佛，為什麼我們不是佛？自己被自己欺騙了。我們痛苦煩惱的時候，都埋怨別人，都是別人欺騙你，別人對不起你，其實，世界上沒有誰對不起誰，都是自己被自己所騙了。無明從哪裡來？其實是本來圓滿清淨，由自心所發生所建立。

猶如虛空華

就像虛空中的花朵，虛空本無花，因為眼睛生病，才看到虛空中有花朵。

依空而有相

無明的本身自性是空的，感覺上是有相，其實沒有。

空華若復滅

我們的思想念頭就像虛空中的花朵一樣，自生自滅，自來自去，它本來空，不用你去空它。

虛空本不動

你那個知道生滅的始終沒有動過，始終清清淨淨，不要受自己欺騙就好了。

幻從諸覺生

自己的情緒思想都如做夢一樣，自己起的煩惱就是做惡夢，碰到如意的事情很痛快，那是做好夢。我們經常提到「多情自古空遺恨，好夢由來最易醒。」多情乃是以自我為中心，自己欺騙自己，自己在那裡騙來騙去。

「好夢由來最易醒」，好的事情一下子就沒有了，尤其做好夢醒來以後，還希望再接下去，可是卻不再來。壞夢則老是不醒，覺得被壓住了，想叫又叫不出來。醒來以後，出一身冷汗，喔！還好是夢，真的話不得了。你看！這又在說夢話。在夢中感覺都是真的，也真的感到恐怖。但是，誰來壓你？是不是真有鬼來壓你？魔從心造，妖由人興，都是自己心理作用，都是飲食消化不良引起，感覺被壓住了。夢到起火，可能身體內臟發炎了。夢到大水，也許是風濕的關係。夢到飛昇，那是氣不歸元。這些都是身心病態所引起的幻覺。

幻滅覺圓滿

這些夢幻境界，只要你清醒了就沒事，以前我在大學上課，有一次偶然提到「多情自古空遺恨，好夢由來最易醒。」有一個學生下了課跟在我後面，問我這二句詩出在哪裡，他找了好久，找不到是誰作的？我說你查不到，這是一本小說《花月痕》裡面的詩句，《花月痕》是講男女之間愛情的故事。接著他又說：老師，這兩句詩後一句不好。我覺得很稀奇，問他怎麼不好？你改改看。他說我早就改好了，老師不要罵我。我說你改呀！他說「好夢由來最易醒」應改為「好夢由來不願醒」，我一聽，好！真好！改得好！真的，世界上許多人學佛學道，道理都懂了，明知是夢，他不願意醒，你有什麼辦法呢？

這等於古人講觀世音菩薩，「慈航本是渡人舟，爭奈眾生不上船」，觀世音菩薩在苦海中作慈航渡人，但是眾生不願上船，你一點辦法都沒有，好夢由來不願醒啊！真願意醒的話，那就是「**幻滅覺圓滿**」。在座諸位都是來學佛的，至少表示願意醒，對嗎？你們諸位菩薩，不要客氣，不要謙虛，你們真是菩薩，一念動機學佛，就是因地菩薩，只是沒有證果位，等於我們的法律規定只要年滿二十歲就有選舉權及被選舉權，有被選任公職的可能，只是功德沒有圓滿，不出來競選。像你們諸位菩薩個個學佛，研究佛學那麼久，佛說一切皆空，道理你都懂，為什麼做不到？因為你認為一切皆空，我則不屬於這一切裡面，一切皆空，唯獨我不空，對不對？

覺心不動故

為什麼「**幻滅覺圓滿**」呢？因為「**覺心不動故**」，我們的覺心佛性，本來就沒有動搖過，你不修它，它也沒有減少，你修了半天，它也沒有增加。你回轉過來尋找自己本覺之心，當下就悟道了。

若彼諸菩薩
及末世眾生

佛再吩咐，你們學大乘菩薩道的人，以及末世一切眾生，

常應遠離幻
諸幻悉皆離

常常記住一個法門，什麼呢？唉！一切都在騙人，一切都是夢幻，自己不要受騙就對了。

你要曉得所有一切都是自己給自己找麻煩，以前年輕的時候，人家問我，奇怪！你怎麼學佛？我眼睛一瞪，奇怪！你怎麼不學佛？他們被我這麼一問，都啞口無言答不出來，勉強才說：「哎呀！學佛多可惜！」我說：「天下可惜的事情很多，就是因為你不學佛，所以更可惜。」幾句話就把他整昏頭了。

怎麼學佛呢？很簡單，「天下本無事，庸人自擾之。」你不要自擾，不要作個庸人，就是學佛法門。你說我心裡放不下，怎麼放不下？這話中已經有答案，是你心裡放不下，找我有什麼辦法？佛也沒有辦法。聰明的人一聽就懂了，放下就沒事了嘛！對不對？什麼是用功最好的辦法？提得起，放得下，就行了。你們啊！提又提不起，放又放不下，一灘死水。學佛乃大丈夫事，說放下，就放下，你們還問如何放下？多笨啊！說不想就不想了嘛！還求個不想的辦法，那不是又在想了，對不對？諸位大菩薩！學佛就這麼簡單，所以佛說「**諸幻悉皆離**」啊！

如木中生火
木盡火還滅

火從哪裡來？從木頭來，沒有木頭就沒有火。等到木頭燒完了，火也沒有了。你說我脾氣大，脾氣從哪裡來？脾氣乃是從你自己那裡來的呀！有人說你好，你福氣大，有福就有氣，子女一大堆，兒孫滿堂，有夠你受的氣，若能無福也無氣，那是圓滿清淨，不過，不容易做得到。

我經常說一個故事，這個故事我已經講了三次。距離現在大約四百年，明朝有個讀書人，每天半夜起來，到天井，燒天香。

像我家的祖母就是每天燒天香，每天早晚點根香，到門口拜一拜，插到竹筒裡。我小時候，有一天好奇，問祖母燒香幹什麼？她說：燒香就是燒香，還問幹什麼？那時候我已經讀書了，我覺得祖母很糊塗。燒香就燒香，還要問幹什麼？我現在想起來，那個時候她答覆我，大概是禪宗，（眾笑）對呀！燒香就燒香，就那麼簡單，你還問幹什麼。

這個讀書人每天燒天香，燒了四十年。結果，有一天夜裡感應了，天神下來。注意哦！你們修這個法那個法，真修到護法神現身，那會把你嚇死，那個威猛的樣子會把你嚇昏。不過，這個讀書人沒有被嚇住。天神就問他，看你燒香燒了四十年，都很誠懇，你求什麼？

這個讀書人說，我什麼都不求，只求「衣食無虧」，不愁吃，不愁穿，不求發財，也不缺錢用。「遊偏名山勝水」，要想去看你家那塊破布（尼加拉瀑布），買張飛機票就到了，要去看迪斯奈樂園，管他死呢活呢，也就去了，一輩子優哉遊哉。

天神一聽，就說老兄啊！此乃上界神仙之福，我都做不到，何況你呀！你要功名富貴，我可以幫忙你，至於你說的一大堆，我做不到。

你看這是多平凡的願望，但是，平凡不容易啊！所以說平安就是福，平安平凡最難。就拿我們學佛來說，叫你念佛，唉呀！恐怕太簡單了吧？不相信，要去參參禪看，聽說禪宗可以頓悟成佛，這個念頭就很饞（禪之諧音）。搞了半天，摸不通，聽說密宗有無上大祕密，即身成就，好啊！又去摸密。最後，覺得密也不過如此，自己在那裡轉來轉去，如果放不下來，一口阿彌陀佛，乃至不念佛，「**諸幻悉皆離，如木中生火，木盡火還滅。**」如同古德所謂：「南台靜坐一爐香，終日凝然萬慮亡，不是息心除妄想，只緣無事可思量。」此乃真正學佛也。

覺則無漸次

覺悟是沒有等第漸次的，悟了，一步就到了。不是今天悟一點，明天又悟一點，不是今天用功就進步一點，明天不用功就退步了。

方便亦如是

一切修行的法門沒有這個高那個低，只要一門深入，都一樣可以到達，若能「**諸幻悉皆離**」，不求成佛，也不當凡夫，當下即是，那就大事了畢。

第三章　普眼菩薩

內容提要

如何正思惟修

如何住持

修行的程序如何

如何才能開悟

於是普眼菩薩在大眾中即從座起，頂禮佛足，右繞三匝，長跪叉手而白佛言：

代表大智慧成就的文殊菩薩已經講過了。悟了道以後，如何修行？代表大行大願的普賢菩薩也講過了。現在是第三位——「**普眼菩薩**」。什麼叫普眼菩薩呢？千手千眼。一千隻手中，每一隻手心有一隻眼睛，每一隻眼睛裡又出來一隻手，每一隻伸出來的手中又各有一隻眼，如此層層呈現，重重無盡。

請問諸位道友，當你打坐、燒香、拜佛的時候，看見這模樣的菩薩，你害怕不害怕？一定嚇得半死，怎麼出現這樣的一個怪人？所以，我們學佛的人就那麼顛倒，真菩薩現身，你還會害怕呢！而假菩薩現身，你反而會高興。

眼睛無所不在叫作「**普眼**」。手就是手段、方法。眼乃擇法之眼，叫作法眼。哪一位是真有成就的明師？哪一位是真通佛法的大善知識？你有能力辨別嗎？你有此擇法之眼嗎？普眼乃是法眼通天，手段通天。千手千眼是代表菩薩的教授法，沒有一定的方法，他隨便用哪個方法，都可以把你救起來，他一切都把你看清楚了，他可以以種種方便把你引度過來。

佛法真正的法眼在哪裡？有些菩薩在雙眉間嵌一隻豎眼；還有十眼觀音，前面三隻，後面三隻，兩邊耳上各一隻，頭頂一隻看天，心中一隻看地。咦？我又把密宗修天眼的法門告訴你們了。真正的法眼乃是智慧之眼，沒有形相。

現在普眼菩薩登場，他問什麼問題呢？

大悲世尊，願為此會諸菩薩眾，及為末世一切眾生演說菩薩修行漸次，云何思惟？云何住持？眾生未悟，作何方便普令開悟？

前面兩位菩薩問的是立地成佛法門，太高了，恐怕眾生不懂，普眼菩薩問的是第二號問題。如何正思惟修？正思惟修一般翻譯叫禪那、禪定，由中國傳到日本，再從日本傳到此間台灣，便叫坐禪。好了，現在我們大家要高興了，文殊和普賢提的問題太大了，普眼菩薩所提的小一點，這正是我們要的。「**云何思惟？**」如何坐禪？如何念佛？如何唸咒？如何觀想？「**云何住持？**」如果修行得到一點境界，如何保持，如何使正法住持世間？佛啊！您老人家慈悲啊！眾生還沒有開悟，有什麼方法能使他們很快就悟道呢？

世尊，若彼眾生無正方便及正思惟，聞佛如來說此三昧，心生迷悶，即於圓覺不能悟入，願興慈悲，為我等輩及末世眾生假說方便。

各位回去之後要點一根香，拜拜這位普眼菩薩，他為我們這些笨人帶路，他真慈悲啊！他說：佛啊！未來的眾生智慧低，假如沒有給他一個正當的修行方法並告訴他如何用心去思惟研究，只聽到佛所開示的圓覺法門，不用修就可以悟道的圓覺三昧，眾生愈聽愈糊塗，對於圓滿覺悟的境界不能悟入，希望您老人家大慈大悲，為我們以及將來的眾生「**假說方便**」，這個假就是借的意思，求佛指點我們一個方法，作為修行的下手處。

作是語已，五體投地，如是三請，終而復始。

普眼菩薩講完之後，跪在地上磕頭，依據印度的禮儀，五體投地，如此三拜，終而復始。普眼菩薩多慈悲！為我們請問佛法，還為我們跪在地上磕頭。

爾時，世尊告普眼菩薩言：善哉！善哉！善男子，汝等乃能為諸菩薩及末世眾生問於如來修行漸次，思惟住持乃至假說種種方便，汝今諦聽，當為汝說。

這個時候，佛就告訴普眼菩薩說：好的！好的！你們能夠為諸菩薩及末世眾生問學佛開始應如何修行，如何一步一步修，修行的程序是如何，又如何用心而悟道，如何定住如來之境界，乃至借用各種方法，使一切眾生容易悟道。佛答應說：你現在好好注意仔細聽，我應該告訴你。

時普眼菩薩奉教歡喜，及諸大眾默然而聽。

普眼菩薩聽到佛答應說法，心裡很歡喜。在座大眾也很高興，都靜默聆聽。

善男子，彼新學菩薩及末世眾生，欲求如來淨圓覺心，應當正念，遠離諸幻。

佛說那些剛學佛的菩薩以及末世眾生要想求得「**如來淨圓覺心**」，此「**如來淨圓覺心**」乃是真正佛的淨土，唯心圓滿的淨土，不是東方淨土或西方淨土，而是自己的唯心淨土。如何修持才能達到此唯心淨土呢？應當正念，不要亂想，只有一個念頭，這個念頭要不著邪見。如何不著邪見呢？這要先瞭解《圓覺經》。

《圓覺經》告訴我們一切眾生本來就是佛，但是我們現在不是佛，為什麼呢？因為我們自性的光明受了蒙蔽，等於一面光明的銅鏡埋在泥土裡，埋久了，把銅鏡的光明遮掉了。我們的自性光明被自己的煩惱妄想遮蔽，若將這些塵渣、污染除掉，就恢復了自性光明——淨圓覺心，就成佛了。首先，要先瞭解我們就是佛，再修行做工夫，把那些髒東西洗乾淨，以此正念遠離諸幻，一切的知覺、思想、感情、煩惱等等都是夢幻空花，一切有為法、無為法、所有現象、所有境界都是虛幻不實，不要受騙就是了。那麼，要證得真實之境，應如何修行呢？

先依如來奢摩他行，堅持禁戒，安處徒眾，宴坐靜室。

必須「**先依如來奢摩他行**」，此如來是指十方三世一切諸佛，不是單指一個世尊。「**奢摩他**」是梵音，翻成中文是「止」的意思，止是修定之因，得定是修止之果。「**奢摩他行**」修止的法門是共法。修止、修定不是佛法所專有之法。任何外道、任何宗教、任何教派都必須修止，才能夠有所成就，即使是畫符、唸咒，乃至邪門外道還是一樣要修止。

止是把心專一起來，止又稱專一瑜珈，瑜珈是身心互相感應諧調而達到專一。不談學佛學道，世間上的任何一件事，如學問、事業、技術、武術、藝術，若不專一，也不會有成就。

但是，專一很難，譬如讀書或看小說，看完了一篇，卻忘了前一篇，看書看到一半，突然發現自己在胡思亂想，又從頭再看起，是不是這樣？若真達到專一，則記憶力非常強，每一個字、每一句話都很清楚地印進腦海裡，永遠記住。如果我們覺得自己很容易忘記，過去的事情記不起來，或者常常忘了東西放哪裡，或是到處掉東西，這是心不能專一，散亂的緣故。有些人外表看起來很寧靜，其實他腦子裡思想沒有停過，所以，奢摩他行之專一對一般人而言非常困難。釋迦牟尼佛說過「制心一處，無事不辦」，只要把心集中於一點，沒有做不成功的事，想要修成佛，就會修成佛。佛說的話那麼簡單，可是誰都做不到，心不能專一，因此又說了很多方法，如念佛、持咒、觀想等等各種工夫，其目的乃在於求得專一。

中國四書中的《大學》提到：「大學之道，在明明德，在親民，在止於至善。知止而后有定，定而后能靜，靜而后能安，安而后能慮，慮而后能得。」以前我們小時候讀書，老師教我們把這一段背誦下來，至於什麼意思則不懂，老師說不要問，記下來，將來有一天你們自然會懂。那時候心裡覺得很不服氣，這是什麼老師嘛！等到了中年以後，真的自然就懂了。所謂「明明德」就是指明心見性，大澈大悟。如何明心見性呢？「知止而后有定」，止的工夫達到之後才會有定，定下來之後才能夠真正靜，「靜而后能安，安而后能慮」，此慮非指憂慮，而是思惟的意思，經過思惟才能達到智慧的成就，才能夠明明德而明心見性。這個戒定慧的程序講得非常清楚。

這一段「大學之道，在明明德……」還有一個更妙的用處。以前在大陸上有一個教派，信徒很多，他們拿一杯水，口裡咒子一唸，手指一畫，便可以替人治病，而且很靈。我們小時候也覺得很稀奇，怎麼嘴裡唸一唸就可以治病？想辦法找人去拜門。學這些要賭咒的，嚴禁洩露，否則天打雷劈，五馬分屍。結果，學回來了，什麼咒呢？就是這一段「大學之道，在明明德，在親民，在止於至善，知止而后有定……。」可惜我們一用就不靈了，為什麼呢？不信。從這裡各位就可以明白咒語的道理，佛在密宗的《大神變經》有云：「一切音聲皆是陀羅尼」，咒語靈不靈不在咒語，而在專一不專一。還有道家的止血咒也很靈，一唸，血就止住了。當年我也去學，「東方一個紅孩兒，頭戴紅纓帽，身穿大紅袍，足穿紅鞋子，一來血就止。」同樣到了我身上就不靈了，這樣唸兩下就會止血？不信，所以不靈。一切都是精神的力量，但是，首先必須得止，才能發揮心念的力量。

佛經形容人的思想念頭如同一條急流，人往往被自己的思想情緒這條急流所淹沒。學佛要像「香象渡河」截流而過，不管河水多急多深，從中截斷水流，就是說把前念停掉，把所有的思想煩惱都停掉，後念不讓它起來，中間就空靈了，這才叫作修止。

中國文化裡形容一個人有偉大的力量、偉大的人格，處在時代的浪潮裡凝然不動，叫作「中流砥柱」，不管時代如何亂，他本身始終不為所動，他的人格永遠是大眾的標竿，如釋迦牟尼佛、孔子、耶穌，這種人格的養成靠「止」。

我們學佛學了許多法門，為什麼沒有效果呢？乃至於學個招鬼的咒，都招不動，為什麼呢？就是因為心行不能得止。不管是出世法或是入世法，沒有不修止而能成就，修止是共法，沒有做到「止」這一步，學佛都是白費工夫。所以佛告訴我們，如果要想成佛，先要修如來奢摩他行。

佛學稱「戒」「定」「慧」為三無漏學，由嚴持戒律而得定，由定力而生發智慧。戒律是為了防範自己行為（包括心念）的錯誤，由外而內，先把外在的行為防守穩固，進而檢點自己的起心動念。以前我在大學教書的時候，班上的學生裡有幾位天主教的修士和修女，他們上課都很守規矩，修女的穿著一身淨素，頗富仙味。有一次上課，我一看，平常上課的二位修女怎麼不見了？是不是出會了？佛教叫還俗，後來上課再一看，看到她們兩位不穿修女裝，穿一般普通的衣服。下了課向助教打聽，那二位修女並沒有出會，那麼，怎麼穿普通的衣服？原來是那個教派改服裝，教皇同意試驗三年。我請助教把她們兩位找來，我問她們現在服裝改成這樣？她們說是呀！老師覺得如何？我說好是好，不過會給你們帶來困擾和麻煩，你們以前所穿的制服，等於是軍隊門口的衛兵，人家知道你是修女，不敢隨便亂碰，現在你們穿得和普通人一樣，你不侵犯別人，別人可要侵犯你，她們說目前還很好，還沒有什麼事，自己還是覺得自己是修女。我說不行啊！等到人家追你，你說我是修女，不要追，到了那個時候就來不及了，不能碰的呀！所以說那件衣服等於是戒，戒是給自己築一條防線，不能越過這條線，把自己困住，限制在一個範圍裡，以此漸修而得定。

那麼《圓覺經》在此處為什麼不先堅持禁戒，再來談奢摩他行？而是「**先依如來奢摩他行**」，再「**堅持禁戒，安處徒眾，宴坐靜室**」，這是什麼道理呢？真正的大乘佛法，心專一得定就是戒，沒有起心動念，何須有戒？不得定，不是真正守戒；不得定，不是真智慧，那是散心、妄想。得了定，妄想即可轉成般若智慧，其行為自然中規中矩，自然在戒中。所以，佛說「**先依如來奢摩他行**」，先求止，心定之後，再談戒。戒不只是指外在的行為，起心動念都是戒。得定之後會不會犯戒？也會唷！稍稍失念，離開定一下子就是犯戒。因此，得定之後，要「**堅持禁戒**」。

菩薩有很多跟著他學的徒子徒孫，所以講到這裡要「**安處徒眾**」，要帶領徒眾修行打坐，「**宴坐靜室**」。身心寂靜叫宴坐，龍樹菩薩在《大智度論》中提到宴坐，「不依身，不依心，不依三界，於三界中不得身心，是名宴坐。」這是大菩薩境界，身體感覺空了，心裡沒有任何雜念妄想，最後連空也空了，這不是止、觀、定、慧所能範圍。到達這個境界已經很高了，不過，還有更奧妙的。須菩提尊者乃佛十大弟子之一，解空第一，他有一天在山洞中宴坐，天空中忽然散落許多鮮花下來，須菩提便問是誰散花？所為何事？空中聲音回說：我是梵天，因為尊者善說般若法門，所以雨花讚歎。須菩提說：我坐此，一字未說，何有說法？梵天回說：尊者以不說而說，我以不聽而聽。這就是無上大法。所以天人要散花供養，這位天人也是悟了道的，與須菩提唱雙簧演了這一幕，這是宴坐的典故。

記住學佛的第一步就是修奢摩他行——修止。後世持名念佛，必須念到一心不亂——得止，此是淨土法門最初一步，最基本的一步，也可說是最後一步。任何法門都必須先修止，才會成就。這個道理在《圓覺經》這一段用很簡單幾個字便交代過去。在這裡，佛沒有告訴我們應該修哪一個止法，其實，隨便哪一個止的法門都可以，「處處洛陽皆繫馬，家家有路到長安。」無所謂好壞、高低，只要你「**先依如來奢摩他行，堅持禁戒，安處徒眾，宴坐靜室**」，就可以了。

那麼，是否修止、得定就究竟了呢？是否打坐能夠入定，坐上幾十天，佛法就不得了呢？不，定只是共法，即使能坐上一萬年也沒有用。佛法還有不共法，此為其他宗教及一切外道所無，那就是般若智慧——性空緣起，緣起性空。成佛是智慧的成就，不是盲目的迷信，也不是工夫的累積。由修止以後再修觀，由觀而成就慧，觀是慧之因，慧是觀之果。證得菩提，覺悟道體，這叫般若。佛告訴我們先要得止，然後起觀，如何觀呢？

> 恆作是念，我今此身四大和合，所謂髮、毛、爪、齒、皮、肉、筋、骨、髓、腦、垢、色，皆歸於地；唾、涕、膿、血、津、液、涎、沫、痰、淚、精、氣、大小便利，皆歸於水；煖氣歸火；動轉歸風，四大各離，今者妄身當在何處？即知此身畢竟無體，和合為相，實同幻化，四緣假合，妄有六根。

得了止之後，在止的境界裡起觀想。佛在這裡教白骨觀，所以，我一直告訴你們趕緊修白骨觀啊！好好修白骨觀才是正路，可是，你們始終不懂。得止以後，作白骨觀，觀現有的肉體是假的，由地、水、火、風四大湊合而成。哪四大呢？頭髮、毛、指甲、牙齒、皮膚、肌肉、筋、骨頭、髓、腦、污垢、色這些屬於固體的地大；口水、鼻涕、膿、血、津、液、涎、沫、痰、淚、精液、尿、屎這些屬於液體的水大；體溫和熱量屬於火大；身體的活動、呼吸則屬於風大。只要把「白骨觀」修好，身體內部的各種結構都清清楚楚。佛在此說「**四大各離**」，各有各的單元，譬如腎臟不好，割掉一個也無妨，因為「**四大各離**」。人是由骨骼、肌肉、五臟六腑等等拼湊而成，等於由各種不同的器官組合而成的機器人。「**今者妄身當在何處？**」在這得止的境界中，看看我的身體到底在哪裡？哪一樣是我？心臟？腦？都不是，這只是零件，暫時讓我使用而已，以上所說的四大沒有一樣是真正的我。

注意！我們不要忽略了第一句「**恆作是念**」幾個字，恆作是念並不是說懂得了這個道理，有了這個觀念想法之後就可以了事，須有實際的工夫。恆作是念的「念」等於念佛的念，心中始終牽掛、惦記著一件事情，例如自己的父母親快要死了，可是，還必須要在外面辦公、應酬，儘管在處理事情或者講話，而心中則惦念著家裡的親人，沒有刻意去想他，念頭卻始終在心中掛著，這叫作「念」。念佛是要在心裡念著、止住，並不是嘴巴乾叫阿彌陀佛、阿彌陀佛，心裡想著股票，那是念念在股票，不是念佛。

「**恆作是念**」是止以後，觀行的開始。觀此身乃「**四大和合**」，而達到「**四大各離**」，肌肉、骨骼、心、肝、肺等等樣樣都觀清楚了，然後，接下來就是內觀、反觀，道家稱之為「內視」。「**今者妄身當在何處？**」現在再看看我真正的身體在哪裡？「**即知此身畢竟無體**」，沒有一樣是我真正的身體，都是零件組合而成的，變成現在如此一個人相，而實際上則同幻化，幻化並非沒有，現在是有，如同做夢，在夢中的種種感受不能說它沒有，做夢時感覺很真實，夢醒以後才知是假。其實，我們現在也在做夢，只要內觀成就了，看自己，看別人，一切都是假的。

我當年修持這個法門的時候，很怕看見兩件事，一是怕看到人家笑，一笑，露出白色牙齒，整個白色骷髏的影像就出來了，很可怕。第二我怕看人家吃飯，每個人有一個洞，什麼東西都往洞裡面塞，而且塞得很快，拚命地塞進去，這個動作也讓我感到很害怕。所以，那段時間很怕看到人，尤其怕看見女人，因為女孩子嘴上擦口紅，白色的牙齒加上紅色的嘴唇，馬上想到白骨觀裡白色的骨頭和紅色的血，那是什麼滋味？各位可以想想看。白骨觀觀成之後，看到人都是一堆堆的白骨，一堆堆的血，只要你修白骨觀，都會有以上的經驗。

我們的身體乃是幻軀，由地、水、火、風四種因緣假合而成，在這假合的身體上「**妄有六根**」，六根是指眼、耳、鼻、舌、身、意，意是意識思想。

六根四大中外合成，妄有緣氣於中積聚，似有緣相，假名為心。

眼、耳、鼻、舌、身、意等六根及地、水、火、風四大，內外湊和而成此身——這部機器。這部機器靠什麼活著呢？「**妄有緣氣於中積聚**」，靠一口氣活著。釋迦牟尼佛有一次問弟子們，生命短暫快速到什麼程度？有位弟子答說：今晚睡前卸衣、脫鞋，放在床前，明朝能否起來再穿上則不得而知。當然還有其他許多的答案，不過都不切題，只有一位弟子答對，他說：生命在呼吸間。這口氣呼出去，不再吸進來，就死了；生命之短暫無常就在這一來一往的呼吸之間。我們活著就靠這股氣維繫著。一口氣不來，就死了。

嚴格講來，人的呼吸不只是鼻子在呼吸，九竅都在呼吸，甚至包括全身的皮膚都在呼吸。空氣由鼻子經氣管吸入肺裡，經過新陳代謝作用，提煉氧氣，排出二氧化碳。近來醫生喜歡給將死的病人上氧氣，一上氧氣後，全身都死了，就是腦細胞不死，拖延時日，那多痛苦啊！

「**妄有緣氣於中積聚**」，一般人所謂氣脈通了，看到光，看到種種境界，說穿了，不過是氣的作用，而且氣與心是合一的，心動，氣就動；氣動，心就動，剛才講過修止要截斷眾流，把一切思想雜念停掉。若想真正做到這一步，必須把氣也停掉，那才真得奢摩他。所以，修禪定，務要達到「氣住脈停」。「**似有緣相，假名為心**」，這個「似」字用得好極了，好像有個生命的作用在身體裡面，它能思想，能感覺，凡夫稱之為心。

善男子，此虛妄心若無六塵，則不能有，四大分解，無塵可得，於中緣塵各歸散滅，畢竟無有緣心可見。

善男子啊！這個思想、感覺的心理狀態，不是真心，叫妄想心，此心與氣有關，有呼吸之氣存在，則有此心，稱為虛妄心。「**若無六塵，則不能有**」，塵是指外在的物質世界，六塵是色、聲、香、味、觸、法，若無此六塵，此虛妄心便沒有了。「**此虛妄心若無六塵，則不能有。**」這句話看起來像唯物論對不對？不是的，這還有更深一層的心物一元的道理存在。心是物理世界六根六塵的緣影作用，是物理世界的反映現象，此心不是真心，真心是形而上的本體，佛會慢慢講出來。

「**四大分解，無塵可得**」，將地、水、火、風四大再分解，將物質分析到最後的分子、原子、電子、質子、中子，最後是空的，因為空，所以有爆破的力量。釋迦牟尼佛說過微塵尚有七分，哪七分呢？色、聲、香、味、觸、法、覺。此覺不是知覺，是指感受。所以，原子彈、核子彈爆破的時候會發光，有聲音。「**於中緣塵各歸散滅，畢竟無有緣心可見**」，學佛修道在理論上容易，但是，打坐要達到真正的空很難。假如合成此身之地、水、火、風這四種元素各歸散滅，呼吸停止，心臟不跳，體溫也沒有了，最後腦細胞死亡，整個人就死了，思想也沒有了，到此「**畢竟無有緣心可見**」。現在，我們可再問一個問題，此分散的地、水、火、風，究竟散到哪裡去呢？是否完全毀滅了？其實，物與心是一樣的，非空非有，沒有完全散滅，它由質轉換成能，質能互變，能量還是存在。

善男子，彼之眾生，幻身滅故，幻心亦滅；幻心滅故，幻塵亦滅；幻塵滅故，幻滅亦滅；幻滅滅故，非幻不滅；譬如磨鏡，垢盡明現。

這是由止而修觀的境界，剛才再三講過，必須先修止，得止得定後再修觀，不要以為道理懂了就忽略過去，否則成為虛妄觀，《楞嚴經》上稱為乾慧。假的智慧，沒有定水滋潤，不能發芽結果。

在此觀中，「**彼之眾生，幻身滅故，幻心亦滅**」。把物質的肉身空掉了，在《禪祕要法》中，最後也把白骨化為流光空掉了，初步只能做到自己感覺此身沒有了，別人看你仍是存在的；真正修成的話，別人看不見你，整個都空掉了。這是空幻成就，不是理論上的；這才是「**幻身滅故，幻心亦滅**」，幻身滅了之後，虛幻的心態作用也跟著消滅了。

「**幻心滅故，幻塵亦滅**」。身體空掉，心也空掉，但是，物質世界還有。再進一步，身心外面的塵世界也把它空掉，這才是佛法一切唯心的道理。佛在《楞嚴經》上說，「若能轉物，則同如來。」這不只是理論，要確實做到才行。不然，只是心理意識上覺得一切如夢如幻，這不算是求證。所謂證是把整個身心投進去，徹底做到空掉身心；外面的物質世界也空掉，一步一步空下去。大家千萬不要認為這是理論，做不到，而忽略了此心不可思議的力量，這在諸佛菩薩而言，謂之心力；在凡夫而言，謂之業力。諸佛菩薩的智慧神通有多大，一切凡夫的業力也有多大。業力把它轉過來，則是神通功德，它是同樣的東西。像最近發射的先鋒十號，已經脫離地球到太空去了，但是電訊仍然傳回來，這是人的幻想業力造成的，此幻想業力就有如此之大。

「**幻塵滅故，幻滅亦滅**」。到了這裡，已不是科學，而到了形而上的哲學境界。外界的物質世界也空掉之後，我們那個能空的東西還是假象，最後，要把法執空掉，能空的也空掉。至此，「**幻滅滅故，非幻不滅**」，有個東西不是物，也不是心，非空非有，這個東西不生不滅，這才是明心見性、得道。佛怕我們這些沒有修持過的人不懂，作了一個比喻，「**譬如磨鏡，垢盡明現**」。我們的心性本來像明鏡一樣，光明潔淨，可是卻被自己的業力障礙了，無始劫來蒙上了無數層的污垢，必須靠修行把這些污垢一層一層地擦拭乾淨，像磨鏡一樣，垢盡明現。

善男子，當知身心皆為幻垢，垢相永滅，十方清淨。

佛告訴普眼菩薩說，應當知道生理、心理都是自性上的塵垢與假象，塵垢就是假象，所以洗得掉。可是，要洗掉這些塵垢，也要有很好的清潔劑，否則，洗也洗不乾淨。眾生有種種不同的塵垢，所以，佛提供了八萬四千種不同的修行法門，每個人的根性、業力不同，所用的方法也不同。我們的身體以及能夠感覺思想的心，在形而上的本體來說，皆是附著其上的塵渣而已。假如把這些塵渣洗乾淨的話，便「**十方清淨**」。注意！《圓覺經》在這裡說是「**十方清淨**」，十方包括所有空間。而《楞嚴經》講的則是「圓明清淨」，此二者差別在哪裡？理由何在？各位想想看！

善男子，譬如清淨摩尼寶珠映於五色，隨方各現，諸愚癡者見彼摩尼實有五色。

摩尼珠是無價之神珠，它本身沒有顏色；什麼顏色的光照射，它就顯現什麼顏色來。佛以摩尼珠比喻我們的生命，本來是清淨的，因為無始劫來的習氣造成我們現在思想不同，感情不同，遭遇不同，呈現出各種不同的現象，好像我們這些愚癡的眾生看到摩尼珠上的五光十色，誤以為摩尼珠上的顏色是實有的。

善男子，圓覺淨性現於身心，隨類各應，彼愚癡者，說淨圓覺實有如是身心自相，亦復如是。

佛又進一步說，我們眾生的圓滿覺性，與諸佛菩薩的圓滿覺性一樣，絕對潔淨的自性，它到底在哪裡呢？各位不要到外面去找，就在我們自己的身心上面；就在我們的生命裡——「**現於身心**」。我們的眼睛能夠看，耳朵能夠聽，腦子能夠思想，無非是它的作用所呈現。我們那麼多人，每人的個性不同，可是，本性是不是相同呢？相同，但「**隨類各應**」而已。每個人多生累劫以來的習氣、業力不同，所以個性不同，思想不同，長相不同，但是，圓滿覺性還是相同，絲毫不受影響。然而沒有智慧的愚癡眾生找不到本來的淨圓覺性，如同惑於摩尼寶珠上的光色，執為實有，把自己的思想或者身體當作自性，錯了。

由此不能遠於幻化，是故我說身心幻垢，對離幻垢，說名菩薩，垢

盡對除，即無對垢及說名者。

因為沒有明心見性，所以不能明瞭身心都是幻化，不能脫離幻化。我們的身體雖是幻化、虛假，然而，跟著我們幾十年可真實得很，想丟還丟不掉呢！佛說：我要告訴你們，我們現在的身體以及能思想的心理作用，皆是本性上的塵垢，是幻化假有。但是，真與假，實與幻全是對立的，能夠脫離這些虛假的塵垢，我們稱之為菩薩。把髒的洗乾淨，即無所謂淨垢，「**垢盡對除**」，也無所謂凡夫與菩薩，「**即無對垢及說名者**」。那叫什麼？到此不須有什麼名稱了，稱為得道、成佛都是多餘。

善男子，此菩薩及末世眾生證得諸幻滅影像故，爾時便得無方清淨，無邊虛空，覺所顯發，覺圓明故，顯心清淨。

現在請大家特別注意！釋迦牟尼佛在此告訴我們修行的程序。第一步是要擺脫身心的虛幻，我們學佛修道都知道身體是假的，可是每個人都放不下、空不了。打坐坐久了，兩腿發麻脹痛，你說兩腿是假的，把它空掉，空得掉嗎？阿彌陀佛！阿彌陀佛！不要痛，佛號唸歸唸，痛還是痛，或者你唸《圓覺經》，說自己是幻化，是塵垢，他也照痛不誤。你若真能把痛的感覺空掉，脫離幻化，那是菩薩境界。

佛法與科學一樣，講究求證，你說一切皆空，那麼你空給我看看！三天不吃飯，你試試看！餓的感覺能不能空掉？做不到，不要隨便吹牛。道理會說，經典會講，到時候空不了，一點用也沒有。要「**證得諸幻滅影像**」，世間的一切都是幻化才行。我們現在的長相都只不過是影像而已，都是自己業力的反映，人心不同各如其面，每人有每人不同的業力，所以每人的長相也都不同。

假如能夠滅掉這些影像，佛說「**爾時便得無方清淨，無邊虛空**」，無方則不限於西方極樂淨土，每一方都清淨。東、西、南、北、上、下無論哪一方，處處清淨，處處都是淨土。宋朝道家張紫陽真人說「不移一步到西天，端坐諸方在眼前，頂後有光猶是幻，雲生足下未為仙。」修道修到頭頂放光，這只是虛幻影像，算不了什麼，即使能騰雲駕霧，那也只是神通不是道。那麼，要怎麼樣才算成道呢？段真人說「心內觀心覓本心，心心俱絕見真心，真心明徹通三界，外道天魔不敢侵。」這個道理與剛才佛所說的是不是一樣？你說他是道家？是佛家？

證得「**無邊虛空**」，這才是真正的空，這才是真正的悟，覺性現前，「**覺所顯發**」，大澈大悟，此時，心才能真正清淨。所以，在沒有悟道以前，想要煩惱不生，妄念頓斷，對不起！做不到，雖然明知是假，但是去不掉。

心清淨故，見塵清淨；見清淨故，眼根清淨；根清淨故，眼識清淨；識清淨故，聞塵清淨；聞清淨故，耳根清淨；根清淨故，耳識清淨；識清淨故，覺塵清淨；如是乃至鼻舌身意亦復如是。

悟了道以後，心清淨了，眼睛所看到的物質世界都是乾淨的，此地就是淨土，內心沒有煩惱，跟著肉體的眼根也轉過來，「**眼根清淨**」。再進一步，眼睛內在的知覺——眼識也清淨，再接著耳根、耳識……乃至鼻舌身意六根、六識都清淨了，將整個肉體都轉成清淨之身。

密宗標榜即身成佛，或說報身成就，想辦法修通氣脈，把有形的身體業力轉化，脫胎換骨，將凡夫身上的幾十斤臭肉變成佛身三十二相八十種好。老實說，你轉得了嗎？你變得了嗎？如何轉？如何變？《圓覺經》在這裡都告訴你了，從「**心清淨**」開始，「**見塵清淨；見清淨故，眼根清淨……如是乃至鼻舌身意亦復如是**」，連意根也清淨。那麼諸佛菩薩有思想嗎？有意念嗎？有啊！但所起的作用都是至善，沒有一點惡，沒有一點無記，也沒有一點無明。

善男子，根清淨故，色塵清淨，色清淨故，聲塵清淨，香味觸法亦復如是。

佛再說，「**根清淨故**」，根是指生命的機器，六根——眼耳鼻舌身意六件機器，外界的物質世界則有色聲香味觸法與之相應。因為由心清淨，人體的六根清淨了，人體的六根清淨，外界物質世界的六塵也清淨了。所以要注意看清楚第一步，須先從智慧上悟，心念轉變，再修持轉化肉體，因為肉體轉化了，才影響到物質世界的環境也跟著轉化，一步一步秩序井然，多圓滿！

善男子，六塵清淨故，地大清淨；地清淨故，水大清淨；火大風大亦復如是。

接下來，地大、水大、火大、風大四大物理世界全都清淨。

善男子，四大清淨故，十二處、十八界、二十五有清淨。

地水火風四大清淨故，眼耳鼻舌身意六根以及色聲香味觸法六塵共十二處，加上六識所構成的十八界，處處清淨。二十五有乃指欲界十四種層次、色界七種層次、無色界四種層次，也無處不清淨。

彼清淨故，十力、四無所畏、四無礙智、佛十八不共法、三十七助道品清淨。如是乃至八萬四千陀羅尼門一切清淨。

「**十力**」是：（一）知覺處非處智力。（二）知三世業報智力。（三）知諸禪解脫三昧智力。（四）知諸根勝劣智力。（五）知種種解智力。（六）知種種界智力。（七）知一切至所道智力。（八）知天眼無礙智力。（九）知宿命無漏智力。（十）知永斷習氣智力。

「**四無所畏**」是：（一）一切智無所畏。（二）漏盡無所畏。（三）說障道無所畏。（四）說盡苦道無所畏。

「**四無礙智**」是：（一）法無礙。（二）義無礙。（三）辭無礙。

（四）樂說無礙。

「**佛十八不共法**」是：（一）身無失。（二）口無失。（三）念無失。（四）無異想。（五）無不定心：佛之行住坐臥常不離甚深禪定。（六）無不知已捨：佛於一切諸法，皆悉照知而方捨，無有了知一法而不捨者。（七）欲無減：佛常欲度諸眾生心無厭足，是名欲無退。（八）精進無減。（九）念無減：三世諸佛之法，一切智慧相應滿足，無有退轉，是名念無減。（十）慧無減。（十一）解脫無減。（十二）解脫知見無減。（十三）一切身業隨智慧行。（十四）一切口業隨智慧行。（十五）一切意業隨智慧行。（十六）智慧知過去世無礙。（十七）智慧知未來世無礙。（十八）智慧知現在世無礙。

「**三十七助道品**」為：

（一）四念處：觀身不淨，觀受是苦，觀心無常，觀法無我。

（二）四正勤：1.對已生之惡為除斷而勤精進，2.對未生之惡使不生而勤精進，3.對未生之善為生而勤精進，對已生之善使增長而勤精進。

（三）四如意足：1.欲神足（欲於加行位起此定，依欲之力，故定引發而起）。2.勤神足（於加行位勤修此定，依勤之力，故定引發而起）。3.心神足（於加行位一心專注，依心之力，故定引發而起）。4.觀神足（於加行位觀察理，依觀之力，故定引發而起）。

（四）五根：信根，精進根，念根，定根，慧根。

（五）五力：1.信力（信根增長，能破諸邪信）。2.精進力（精進根增長，能破身之懈怠）。3.念力（念根增長，能破諸邪念）。4.定力（定根增長，能破諸亂想）5.慧力（慧根增長，能破三界諸惑）。

（六）七覺支：1.擇法覺支。2.精進覺支。3.喜覺支。4.輕安覺支。5.念覺支。6.定覺支。7.行捨覺支。

（七）八正道：1.正見。2.正思惟。3.正語。4.正業。5.正命。6.正精進。7.正念。8.正定。（上解可查《佛學辭典》，並仔細思惟體會）

以上所有一切佛法悉皆清淨。

「**如是乃至八萬四千陀羅尼門一切清淨**」，陀羅尼為梵音，翻成中文是總持的意思，一切的大總綱。密宗把咒語都稱為陀羅尼，因為每一咒語所包含的意義太多，一時解釋不完。咒語能不能解釋呢？可以。將咒語解釋出來，就成為經典。咒語一般均不解釋。為什麼呢？免得你胡思亂想，自行推理，亂加註解。為什麼有八萬四千陀羅尼呢？因為眾生有八萬四千煩惱，每一煩惱就有一對治之陀羅尼。悟了道之後，就可把八萬四千煩惱轉為八萬四千陀羅尼，前面提過佛在《大神變經》說「一切音聲皆是陀羅尼」，就是這個道理，煩惱即是菩提，一切清淨。

善男子，一切實相性清淨故，一身清淨；一身清淨故，多身清淨；多身清淨故，如是乃至十方眾生圓覺清淨。

何謂「**一切實相**」？凡夫的一切境界都是佛的境界。實相者無相也，一切心性本體本自清淨。所以，「**一身清淨**」，一人自身清淨，「**多身清淨**」，許多眾生也跟著清淨，如是乃至十方所有一切眾生都清淨了。那麼，我們看看哪一位法師最用功，我們大家投資，請他好好修行，只要他圓覺清淨，我們也就跟著清淨了，我們就不用修了，是不是？這是什麼道理？大家參究看看。佛不僅在此經典這麼說，在《楞嚴經》上也說：「汝等一人發真歸元，此十方空皆悉銷殞。」一人悟道回到本來面目，十方虛空都銷毀了。甚至道家也說過得道的境界是「虛空粉碎，大地平沉」，與此是同樣的意思，整個十方虛空皆是自性淨土。

善男子，一世界清淨故，多世界清淨；多世界清淨故，如是乃至盡於虛空，圓裹三世，一切平等，清淨不動。

到最後不只是十方所有一切眾生清淨，連眾生所住的地球、太陽系的星球也都清淨，乃至於整個宇宙，擴展到無邊無際的整個虛空都清淨，不僅現在的虛空清淨，還包涵過去和未來的一切空間，超越了時間和空間，一切平等，都一樣清淨不動。

各位看看！這是何等偉大的境界，從顯心清淨開始，六根清淨，六識清淨，六塵清淨，四大清淨……一路清淨下來，到此所有盡虛空徧法界一切清淨，什麼都空了。

善男子，虛空如是平等不動，當知覺性平等不動。四大不動故，當知覺性平等不動。如是乃至八萬四千陀羅尼門平等不動，當知覺性平等不動。

所有都空了，空到哪裡去？都沒有空，都擺在那裡，「**虛空如是平等不動**」，它本來就是空，不是你有意去空它才空。它本來是平靜的、平安的、平凡的、等持的、叫作平等。空與不空都一樣叫平等，來與不來都一樣叫平等，虛空本來就是如此平等不動。如何證到虛空平等不動呢？美國的虛空與中國的虛空是否一樣？台中的虛空與台北的虛空是否一樣？都一樣對不對？只要你心不動念，在哪裡都一樣。

不僅是物質的虛空平等不動，心理的覺性也平等不動。知覺自性的空不是物質的虛空，這是兩層意義，要搞清楚。有人看到眼前的虛空，愣住了，認為這樣已經空了，這是物理世界的虛空，這虛空裡還有東西。心理覺性的空與此物質的空有所不同，這是兩種空、兩重空。佛在這個地方交代得很清楚，所以，不要把有相的虛空，當成自性的虛空。

佛又說「**四大不動故，當知覺性平等不動**」，最後又回到「心物一元」的道理。物質的空與心理的空有所不同，現象不同，但是，本質相同，實際上是一體。

「**如是乃至八萬四千陀羅尼門平等不動**」，所有八萬四千法門都無差別，平等相同，到此，才真正進入圓覺境界。現代人喜歡講禪，到此地步才算是禪宗的開悟。

善男子！覺性徧滿清淨不動圓無際故，當知六根徧滿法界。根徧滿故，當知六塵徧滿法界。塵徧滿故，當知四大徧滿法界。如是乃至陀羅

尼門徧滿法界。

覺性無所不在，在佛堂裡有佛性，在廁所裡也有佛性，一切處皆有佛。覺性清淨不動，不垢不淨，不增不減，而且圓滿沒有邊際。「**當知六根徧滿法界**」，佛說眼、耳、鼻、舌、身、意六根徧滿整個虛空，這就更稀奇了。我們的眼睛、耳朵平常被牆擋住，所看有限，所聽也有限。然而到此圓覺境界，眼則無所不見，耳則無所不聽，六根可以相互為用，這不是工夫，一切眾生本自具足。

「**根徧滿故，當知六塵徧滿法界……，如是乃至陀羅尼門徧滿法界**」，任何一點就是總綱，總綱就是一點，那一點悟到了，整體都通達了，一通一切通，這不是理論，還要實證。

善男子！由彼妙覺性徧滿故，根性塵性無壞無雜。根塵無壞故，如是乃至陀羅尼門無壞無雜。如百千燈，光照一室，其光徧滿無壞無雜。

我們修行須修到這樣的境界才叫妙覺，妙覺即是佛。由於大澈大悟到達妙覺以後，才曉得徹底的心物一元。我們的六根與外界的六塵本來就沒有毀壞過，不死亦不生，亦無雜亂。如是乃至所有一切陀羅尼門均無壞無雜。這個道理就如同室內點一百只、一千只燈，每一只均發光，各有各的範圍，但是，彼此均沒有妨礙，此光與彼光均可互照互入，一切眾生與一切諸佛菩薩之性靈都像這樣彼此相通，連物質世界與心靈世界亦無阻礙。

善男子！覺成就故，當知菩薩不與法縛，不求法脫；不厭生死，不愛涅槃；不敬持戒，不憎毀禁；不重久習，不輕初學。何以故？一切覺故，譬如眼光曉了前境，其光圓滿，得無憎愛，何以故？光體無二，無憎愛故。

由於大澈大悟的緣故，菩薩不會被世法或出世法所束縛，也不去求一個解脫的方法。本來無縛，何須解脫？若有一法可修，若有一法可得，則法執猶在，被佛法困住，不算真解脫。

悟了道的菩薩「**不厭生死，不愛涅槃**」。我們凡夫都怕生死，所以趕緊學佛修道，想求涅槃而不死，對不對？其實，我們人類很有趣，你為什麼怕死？你死過？沒有！既然沒有，那有什麼好怕呢？莊子說過一個很滑稽的比喻，以前鄭國（山西、陝西一帶）有一位美女，皇帝想娶她當妃子。這位美女聽說要離開家鄉到皇宮，痛哭不絕，擔心害怕不知到皇宮要過什麼樣的日子。結果，進了國都，當了皇妃以後，日子過得舒適無比，想起當年痛哭，實在沒有道理。同樣的道理，我們今天害怕死亡，萬一死後，比現在更舒服，那麼，現在的害怕不是多餘嗎？我們學佛修道都怕生死，想求涅槃。什麼是涅槃？涅槃很難解釋，有翻譯成寂滅，不很恰當，有翻譯為圓寂，也不很適宜。佛在《涅槃經》說是「常樂我淨」，這還是一面，再加上「清淨圓明」，這便是涅槃的境界，也是悟道成佛的境界，也就是一切眾生自性的境界。菩薩「**不厭生死，不愛涅槃**」。若厭生死，則尚未解脫；若愛涅槃，則法執猶存。

「**不敬持戒，不憎毀禁**」。我們學佛的人特別「敬持戒，憎毀禁」，每人都拿一把尺去衡量別人，都拿道德標準去要求別人，從來不反省自己，從不要求自己，是不是這樣？然後，聽到某人學佛吃素，好！有善根！好像不信佛就是壞人、魔鬼，不屑與之為伍。這些都不是學佛者所持的態度，真正的學佛是「**不敬持戒，不憎毀禁**」。作人本來就應該道德好，道德不好的人更值得同情，更應該幫助他，這才是慈悲的精神。

「**不重久習，不輕初學**」。我們經常聽到人家問：你學佛多久了？二十年，呵！馬上肅然起敬。其實，二十年有什麼了不起，學了二十年還沒有成就，那不是很糟糕？對於剛學佛的人也用不著看不起他，一切眾生平等。

何以故？菩薩為什麼可以達到這樣的修養見地呢？因為大澈大悟的人，看一切眾生一體平等，誠誠懇懇、自自然然尊重每一個人。佛在此作了一個比方，譬如眼睛看見前面的東西，不管美醜淨穢均一一映入眼簾，任何事物均可看見，光體本身普照一切，無選擇，無憎愛，悟道之人視眾生均與佛同等，無二無別。

善男子！此菩薩及末世眾生，修習此心得成就者，於此無修，亦無成就。圓覺普照，寂滅無二。於中百千萬億阿僧祇不可說恒河沙諸佛世界，猶如空華，亂起亂滅，不即不離，無縛無脫。始知眾生本來成佛，生死涅槃猶如昨夢。

佛再度告訴吩咐普眼菩薩，以及未來末世的眾生，如何才能達到圓滿覺性呢？很簡單——觀心。修習此心就可以有所成就，而最後明心見性以後，則無修亦無成就，一切眾生本來就是佛，無所謂修與不修。亦無所謂得道與不得道，無所謂成佛或不成佛。「**圓覺普照，寂滅無二**」，此時到處都清淨，處處圓融無礙。

悟了道以後，才知道一百、一千、一萬、一億，乃至不可說不可數等一切佛都在玩花樣、玩把戲，示現種種方便。阿彌陀佛或是藥師佛都如空中之花朵，「**亂起亂滅**」，此時，才有資格可以呵佛罵祖。但是，你可不要亂罵唷！你罵的話，嘴巴立刻長瘡。以前有位禪宗祖師把八十八佛寫在褲襠裡，他的徒弟也學他，結果，下半身都爛了。那麼，這位祖師為什麼把八十八佛的名字寫在褲襠裡呢？因為他看到這些人太著相了，一身佛味，滿臉佛氣，太令人受不了。他為了破這些人的執著，他可以這麼做。但是，你沒有到達這個地步，不要說得尊敬佛菩薩，連一個護法或者是鬼神、土地公都要尊敬，甚至任何人、任何小孩，都得尊重。

對於一切事物及佛法，不去追求，也不刻意擺脫，「緣起性空，性空緣起」，當體即真。沒有人綁住你，也不需要解脫。

到了這個時候，才知道「**眾生本來成佛，生死涅槃猶如昨夢**」。但是，你看了這段《圓覺經》，可不要亂來，以為自己本來就是佛，就不用修了，那你就大錯特錯。注意！普眼菩薩問佛如何修行？如何思惟？如何住持？如何開悟？佛則從應當正念，遠離諸幻開始，然後心清淨，一身清淨，多身清淨，一世界清淨，多世界清淨，一路下來，到最後才說眾生本來成佛。

各位！如何解脫生死？生死不須解脫。什麼是涅槃？涅槃只不過是昨夜的一場夢。

> **善男子！如昨夢故，當知生死及與涅槃，無起無滅，無來無去。其所證者，無得無失，無取無捨。其能證者，無作無止，無任無滅。於此證中，無能無所，畢竟無證，亦無證者，一切法性，平等不壞。**

這一切皆如昨夜之夢，所以應當知道生命無所謂生死，亦無涅槃可得，「**無起無滅，無來無去**」。《金剛經》說：「無所從來，亦無所去，故名如來。」

一般所謂證道，證個什麼呢？是不是有個什麼境界可得呢？是不是要抓住一個境界呢？佛在此說：「**無得無失，無取無捨。**」《心經》上亦說「無智亦無得」。有人打完坐，哭喪著臉跑來向我說：老師，境界掉了。好不好笑？注意！「**無得無失**」，有得有失就不對了，表示你還沒有悟。「**無取無捨**」，一般人學佛都想抓住一個境界，想抓住一個空或清淨，這些都是有取，都是貪。很多人學佛越學越煩惱，為什麼？我的妄念好多好可怕，拚命想要去除妄念，但是又去不掉，所以煩惱不已，痛苦不堪。佛在此告訴你，「**無取無捨**」，妄念本來就留不住，何必去捨呢？

「**其能證者，無作無止，無任無滅**」。無所謂修行，亦無所謂得定，亦無所謂任運自在，亦無所謂生生滅滅。

「**無能無所**」，能證者是道體，所證者是境界。於此真正的證悟之中，無能證者，亦無所證者，所以說「**畢竟無證，亦無證者**」。上面所講的是無修，這裡所講的是無證。佛講到無修的結論是什麼？無證的結論又是什麼？這非常重要，這是點睛之處，不可忽略過去。我在這裡把這個祕密告訴各位，千萬記住。佛講到無修的結論是「**生死涅槃，猶如昨夢**」，無證的結論是：「**一切法性，平等不壞**」。

善男子，彼諸菩薩如是修行，如是漸次，如是思惟，如是住持，如是方便，如是開悟，求如是法，亦不迷悶。

好！你們就按照上面所講的如是修行，就這樣修行，這樣一步一步有秩序有層次地修行，要如此反觀思惟，要這樣保持定在那個境界上，這個方便、方法都告訴你了，什麼方法？觀心，就這樣開悟。

假如這樣還不開悟，怎麼辦呢？不必著急，不必害怕，「**求如是法，亦不迷悶**」，只要依照這個方法，慢慢行去，細水長流，總有一天會開悟的。你看佛多麼慈悲！多麼會安慰人！多麼會鼓勵人！

到此，釋迦牟尼佛對普眼菩薩所提的問題，全都答覆完了，最後再作一個偈子總結。

爾時，世尊欲重宣此義，而說偈言：

普眼汝當知　一切諸眾生　身心皆如幻　身相屬四大

心性歸六塵　四大體各離　誰為和合者　如是漸修行
一切悉清淨　不動徧法界　無作止任滅　亦無能證者
一切佛世界　猶如虛空華　三世悉平等　畢竟無來去
初發心菩薩　及末世眾生　欲求入佛道　應如是修習

普眼汝當知　普眼菩薩你應當知道，
一切諸眾生　十方所有一切的眾生，
身心皆如幻　生理心理皆如幻化。
身相屬四大　身體乃四大和合而成，
心性歸六塵　心理精神乃六根六塵相互為緣所起的作用。
四大體各離　地水火風四大體性各自分離，
誰為和合者　生命的主宰到底是誰呢？
如是漸修行　如是漸漸修行，
一切悉清淨　一切心、身、世界都清淨，

不動徧法界　自性不動徧滿法界，
無作止任滅　無作無止無任無滅，
亦無能證者　亦無悟道能證的人。
一切佛世界　所有一切諸佛世界，
猶如虛空華　猶如虛空中的花朵。
三世悉平等　過去現在未來所有一切佛與眾生悉皆平等，
畢竟無來去　到最後的境界是無來亦無去。
初發心菩薩　剛發心學佛的人，
及末世眾生　以及末世的眾生，
欲求入佛道　想要修行有所成就，
應如是修習　應按照這個方法順序去修習。

諸位有心學佛的人士，若能把普眼菩薩這一段多多反覆參研，深入細心體會，一定修證成功，圓成佛道。

第四章　金剛藏菩薩

內容提要

眾生本來是佛，為何生起無明

無明眾生本有，何故復說本來成佛

一切如來何時復生一切煩惱

能以有思惟心測度如來圓覺境界嗎

於是金剛藏菩薩在大眾中，即從座起，頂禮佛足，右繞三匝，長跪叉手而白佛言：

接下來由金剛藏菩薩提出問題。金剛藏菩薩在密宗是很重要的一位菩薩。

顧名思義，所謂金剛是無始以來永恆不變、顛撲不破之意。藏者大倉庫也，含藏萬物。

每位菩薩起來問問題的儀式都一樣，在此省略，不再重複解釋。

大悲世尊，善為一切諸菩薩眾，宣揚如來圓覺清淨大陀羅尼因地法行，漸次方便，與諸眾生開發蒙昧；在會法眾，承佛慈誨，幻翳朗然，慧目清淨。

大慈大悲的世尊啊！您剛才已經為眾菩薩們解說闡揚如何成佛的基本因

素，以及修行的順序和方法，替我們這些眾生開啟蒙昧迷糊的心智。與會大眾承蒙佛的慈悲教誨，「**幻翳朗然**」，有如眼睛生病模糊一片，現在病好了，眼睛看清楚了。「**慧目清淨**」，頭腦明明白白，對於如何修習圓覺成佛的方法，都清晰明瞭。

世尊，若諸眾生本來成佛，何故復有一切無明？若諸無明眾生本有，何因緣故如來復說本來成佛？十方異生本成佛道，後起無明，一切如來何時復生一切煩惱？

接著，金剛藏菩薩把他的問題提出來了。他問世尊，假如每一個眾生本來都是佛，自性本來圓覺清淨，為什麼還會有無明呢？這個問題在《楞嚴經》上也提到過，眾生本來是佛，這一念無明如何生起來的呢？

假如眾生有生命以來就有無明，那麼，為什麼說眾生本來成佛呢？這是邏輯上同一問題的反問。

再來是綜合性的問題，十方三世一切不同的眾生本來成佛，那麼，為什麼有我們這些眾生呢？為什麼我們現在是眾生，而不是佛呢？假如說一切眾生本來是佛，後來才生起無明，那麼，一切如來什麼時候又生出一切煩惱呢？這裡所說的煩惱就是無明，或稱惑業。

惟願不捨無遮大慈，為諸菩薩開祕密藏，及為末世一切眾生得聞如是修多羅教了義法門，永斷疑悔。

希望如來大慈大悲，不要因為度眾生很辛苦，而捨棄了無遮的大慈悲，「**無遮**」就是廣大沒有遮蓋，大慈大悲是沒有選擇，沒有條件，沒有阻礙，沒有範圍，任何眾生都平等救度。

希望佛大慈大悲為諸菩薩打開「**祕密藏**」，解答這個祕密，此祕密是為菩薩而開，唯有大菩薩才懂得祕密藏，一切眾生本來是佛，為什麼變成凡夫？這是個令人疑惑難解的大祕密。這個大祕密唯有諸大菩薩才懂得，至於其他凡夫眾生，那就疑竇叢生了。所以亟需佛來開顯這「**修多羅教了義法門**」，使之永遠斷離懷疑後悔。修多羅是經藏、經典的意思。了義則是究竟清澈圓滿的意思。

我們知道佛法有四個原則：

第一，依法不依人。依佛的正法，不因為某一位老師、法師、上師或善知識，我特別喜歡他，或者他對我特別鍾愛，而只相信他說的佛法，其他人所說的，我一概不理，不以為然，這不是一個佛弟子所該有的行為。學佛人只問對方所說的是不是正法，而不被個人的喜好愛惡所迷惑困宥。

第二，依經不依論。（編按：依《大般涅槃經》記載為：依義不依語。）一切菩薩的論述以及後世的註解固然高明，但是，真正的佛弟子還是應該以佛經作依據，不應以論藏作依據。所以，我常勸學佛的同學們，不要陷於這一百年來的佛學著作及註解中，昏頭轉向，應該直接研究佛經。至於名辭不懂，則可查《佛學辭典》，乃至於我所寫的及我所說的，只是幫助諸位瞭解研究佛經而已，不要以我的話為標準，要直接以佛經為依歸。

前幾天，我的一位在大學擔任系主任的學生來找我，說最近準備寫一本「XX概論」，問我怎麼寫較為妥當？我說你不要再寫什麼概論了。我向來對學生看什麼概論持保留態度，什麼哲學概論、文學概論、政治學概論、經濟學概論，唉！已經概了幾十年了，還在那裡窮概。一把剪刀，一罐漿糊，東抄一段，西剪一段，就是一本概論。奉勸各位，真要做學問，須直接從原典入手。

最近國外有人寫信問我，想要研究佛學，第一步要從哪一本書入手，我想了一下，還真答不出來，只好回說沒有。但是假如要看佛學概論的話，印度佛教本有的佛學概論有兩本，一是《大智度論》，一是《瑜伽師地論》。中國的佛學概論是智者大師的《摩訶止觀》，以及永明壽禪師的《宗鏡錄》。他說老師，這些概論我看不懂呀！看不懂，我也沒有辦法。

注意！學佛要依經不依論，佛經看不懂的話，一字一字慢慢啃，一字一字慢慢查，下苦工夫，配合日常生活的反省檢點終會有所體會的。

第三，依了義不依不了義。佛經有些是了義經，有些是不了義經。了義是徹頭徹尾的通達圓滿，譬如《楞嚴經》《圓覺經》《華嚴經》《法華經》，這些是了義經。有些是不了義，乃是佛因人因事因時因地對宇宙生命問題的方便說法，雖未直截點出佛法的究竟，但若能將這些道理參照比對、融會貫通，還是有個趨向了義理趣的脈絡可尋。

第四，依智不依識。佛法是智慧之學，不是盲目的迷信，也不是呆板的工夫，真正的智慧不是根據我們的意識妄想去推測。

剛才我們講到了義法門，所以提到了四依四不依，現在我們回到本經，金剛藏菩薩為我們提出問題，希望佛大慈大悲為末世眾生講解經藏中的了義法門，令眾生「**永斷疑悔**」，得到正信。

《華嚴經》提到「信為道源功德母」，基督說信者得救。其實，信很難。諸位真的信佛嗎？如果我說你不是真信、正信，那你一定很生氣。對不起，沒有證得菩提以前，都不能算真信、正信，都是迷信，都是妄情地相信。必須「**永斷疑悔**」，才是真信、正信。疑悔的悔有二層意思，一是後悔的悔；另一層意思是對於自己的思想或行為，不知對或不對，自己不敢確定，有一點懷疑，這就是悔，所以把疑與悔放在一起。

中國佛法中的禪宗要你起疑情，有疑才有悟，何況一切眾生本來就在懷疑中。沒有成佛以前處處是問題，生從哪裡來？死向何處去？佛法說有前生，你見過？死後靈魂究竟存不存在？誰能證實？這些都是問題。禪宗的方法之一就是挑起你的疑情，你說你有痛苦，那麼，痛苦從哪裡來？因為有我，我又是什麼東西？肉體？肉體不是我。真正的我是心，心在哪裡？如此一步一步追問下去，大疑就是大悟，小疑就是小悟。現代青年喜歡學禪，問他有沒有問題呢？半個問題都沒有，不疑就不悟，這樣還學什麼禪呢？禪宗講參話頭，「釋迦拈花，迦葉微笑」，迦葉為何微笑？牙齒白呀？釋迦牟尼佛又為什麼要拈花呢？假如你不去參究這類問題，那就不要學禪了，沒有懷疑，何來開悟？

金剛藏菩薩在此提到「**永斷疑悔**」，寫文章叫破題，問題的主要中心給你點出來了。斷了這個疑悔，你就得到金剛藏顛撲不破的智慧境界，瞭解佛法真正的奧祕。

作是語已，五體投地，如是三請，終而復始。

金剛藏菩薩提完了問題，恭恭敬敬地跪下來磕頭，如是磕三次頭，禮拜三次，虔誠地請佛回答問題。

爾時，世尊告金剛藏菩薩言：善哉！善哉！善男子，汝等乃能為諸菩薩及末世眾生，問於如來甚深祕密究竟方便，是諸菩薩最上教誨了義大乘，能使十方修學菩薩及諸末世一切眾生得決定信，永斷疑悔。汝今諦聽，當為汝說。

這個時候釋迦牟尼佛告訴金剛藏菩薩說：好的！好的！善男子可翻譯為大丈夫，帶有了不起的意思。你們能夠為了諸位菩薩及末世的眾生詢問如來。這裡看經要留意，這個「**如來**」不單指釋迦牟尼佛，而是指一切佛的總稱，金剛藏菩薩問的是一切佛最深最祕密最究竟最根本的方法。「**是諸**

菩薩最上教誨了義大乘」，佛說你問的問題好厲害，真不簡單，是一切菩薩們最高的教育方法，這是大乘道的了義法門。而且這個問題如果懂得的話，「**能使十方修學菩薩及諸末世一切眾生得決定信**」，從此「**永斷疑悔**」，不再有任何懷疑。

請問諸位在家及出家的同學們，我們學佛是否沒有任何懷疑？是否絕對相信？念佛念了幾十年，能不能往生西方？不敢確信。聽說密宗好，趕緊跑去灌頂，好像只要一灌頂，咒子一唸，就可以馬上成佛似的，可是真如此相信嗎？結果學密宗咒子唸了幾十萬遍，沒有什麼感應，好像也靠不住。很多人很用功、很虔誠，天天做早晚課，又拜佛，又吃素，又迴向，到後來想想，這樣是不是真有功德？唸了咒，唸了經，是不是真能消業呀？信了佛教，卻又隨時在疑悔中，每人輕重不一。我幾十年來所看到、所聽到的學佛學道人士大都是如此在疑悔之中，包括我自己當年也是如此。我們不要打妄語，是不是這樣？好好坦白發露懺悔一番。

那麼，怎麼樣才能「**永斷疑悔**」，「**得決定信**」呢？如何才能正信呢？告訴各位，不到八地菩薩做不到，八地以前都還會退轉，何況我們凡夫呢？一般人學佛都是做生意的心理，唸了幾天佛，就開始懷疑，邊唸邊懷疑，又想賺錢，又怕賠錢。

好了，我們現在聽佛答覆。

時金剛藏菩薩奉教歡喜，及諸大眾默然而聽。

這個時候金剛藏菩薩聽到佛肯答覆，非常歡喜，在座大眾都靜默聆聽。

善男子，一切世界始終、生滅、前後、有無、聚散、起止，念念相續，循環往復，種種取捨，皆是輪迴。未出輪迴而辨圓覺，彼圓覺性即同流轉，若免輪迴，無有是處。

一切世界不只是一切眾生，一切世界包括一切物質世界及一切精神世界。而這裡講到的始終、生滅、前後、有無、聚散、起止，都是相對的，這是六個大綱要。讀經要細心，不可忽略過去。

「**始終**」，這個世界如何開始的？先有雞，還是先有蛋？地球怎麼來的？宇宙怎麼開始的？地球何時毀滅？這些都是問題。

「**生滅**」，世界上一切東西和生命如何生起？例如人從哪裡來？無論東西方文化、宗教、哲學、科學，討論了幾千年，也鬧了幾千年，到現在還沒有搞清楚。據說人是上帝創造的，上帝又是誰生的？達爾文進化論說人是從猿猴進化而來，你相信人類的祖先是猿猴嗎？還有現在猿猴為什麼不變成人呢？

在佛經也提到人類的來源，既不是上帝創造的，也不是猴子變的，而是另外一個世界——「光音天」下來的。這地球原來沒有人類，我們的老祖宗從光音天來的時候，起初都會飛，等於有人認為外太空人飛到地球這個星球上來玩，在地球上玩久了以後，喜歡在地上抓些東西吃吃，結果，一吃就吃壞了，飛不起來，便留在地球上。

那麼，我們要追問，光音天的人又是從哪裡來的呢？光音天是色界天中的一個天，以科學來講，那是銀河系統外，另一個外銀河系統。假如說色界天的人是由無色天來的，那麼，無色界天的人又從哪裡來？如此追問下去，問題就大了，沒完沒了。

「**前後**」，時間有沒有前後？愛因斯坦提出相對論，說明時間是相對的，早在二千多年以前，釋迦牟尼佛就說過宇宙間每個不同的世界，對時間長短的感受就不同。月球的一天等於地球的一個月，太陽的一天等於地球的一年。所以，時間前後的問題究竟存不存在？

「**有無**」，這也是哲學、科學所探究的問題，物質究竟滅還是不滅呢？唯物論說物質是萬物的根本，宇宙唯一的實體，那麼物質是絕對不滅的嗎？人的生命是有，沒有？滅，不滅？

「**聚散**」，空中的濕氣遇冷則聚成水滴，地上的水也可因日曬而散發掉，世間的一切無論是物質或生命、人際關係、種族關係等等，均在無常聚散中，你能找到一個永恆不變的嗎？

「**起止**」，這個宇宙世界從哪一天開始？到哪一天停止？我們的生命何時結束？人類的煩惱又何時了結？這些都是問題。

看《圓覺經》不可隨隨便便看過去，這句經文包括了「**世界始終、生滅、前後、有無、聚散、起止**」等等那麼多問題。

「**念念相續，循環往復**」。你看！奇怪啊！剛才提到「**世界始終、生滅……**」這些問題，到此卻歸結到念念相續的心理問題。我們心理的思想，每一念、每一念接連而來，前一個思想過去了，第二個思想你不用想它，它自然會生起來，相續不斷。你說我睡覺就不想了，真的沒有想？不是，還是念念在想，做夢就是想，有些夢自己知道，有很多夢醒來就忘掉了，以為沒有夢，沒有想，不對的。甚至睡覺那個境界就是念，我們一切眾生如果沒有睡眠的習氣，沒有睡覺這個念，就不會有睡覺這個現象出來。睡眠這個現象也是一念，這一念也就是無明來的。所以真正悟道、證道的大阿羅漢、大菩薩們斷除了這一念，自可不必睡覺。你說我們人的心理現象就是念念相續，像流水一樣接連不斷，煩惱也是一樣，想停也停不住，抽刀斷水水更流。如此「**循環往復**」，就像繞圈子似的，來了又去，去了又來。

「**循環往復**」這四個字是從中國的《易經》裡面引用出來的，這個思想觀念是中國文化本有，並非從佛學而得。不僅是人的心理狀態如此，在太空裡的物理現象也是如此，丟出去的東西，繞一圈又可以回到原來的地方。

「**種種取捨，皆是輪迴**」。因為我們有念頭，有貪、瞋、癡、慢、疑等等念頭，所以有所喜好，有所厭惡，有取有捨，有些東西丟得開，有些東西則抓得很牢，「**種種取捨**」，今天這樣，明天那樣，於是就形成了輪迴。輪迴就是在那裡轉圈子，忽東忽西，此上彼下，昏頭轉向，沒完沒了，跳不出來。

「**未出輪迴而辨圓覺，彼圓覺性即同流轉**」。成佛就是跳出這個輪迴，不在這個圈子裡轉了。但是，佛說一切凡夫想瞭解成佛的境界，等於是迷迷糊糊在圈子裡轉，而想要瞭解整個圈子的事，怎麼可能看得清楚？除非你跳出圈子外面來看，才會瞭解。沒有跳出圈子，即使向你解釋，你也無法明白，就如蘇東坡描寫廬山的名詩：

橫看成嶺側成峰　遠近高低各不同
不識廬山真面目　只緣身在此山中

人在廬山裡始終看不清廬山整體的實況。在沒成佛以前，所討論的佛境界，修行的境界，都墮在輪迴中，都是輪迴裡的觀念。

「**若免輪迴，無有是處**」。佛答覆金剛藏菩薩的問題說：你若對眾生本有之圓明覺性認識不清楚，在輪迴流轉中妄測圓明覺性，那麼所有修行永遠是走錯路，想要跳出輪迴，根本不可能。

這個問題很嚴重。假如當時我在場的話，聽了佛這樣的答覆，我一定挾了書包就跑，為什麼？因為不管你修淨土也好，禪宗也好，天台也好，密宗也好，不管你怎麼修，你還是沒有跳出輪迴，你還是凡夫。既然是凡夫，就無法認清楚佛的境界。很多人認為悟了道就有神通，能夠看到什麼光啦！可以聽到什麼聲音啦！甚至打坐會飛起來，乃至認為入定是什麼都不知道，然後可以不吃飯，不喝水，這些都是空話！都是凡夫的臆測、妄想、亂想。你要認得清楚的話，除非成佛。可是我既然成佛，又何必再跟你學？

所以佛講這句話很嚴重，他告訴金剛藏菩薩，這是一個最大的祕密，你懂了這個祕密才可以成佛。佛在這裡講這句話，等於禪宗的祖師們一樣，你一股求道的熱忱進來，一棒子往你頭上劈下去，打得你天旋地轉，打得你不知如何應對。好在金剛藏菩薩打不倒，動都不動，還是求佛繼續說下去。

譬如動目，能搖湛水。又如定眼，由迴轉火。雲駛月運，舟行岸移，亦復如是。

這幾句話多美！散發著高超的文學意境，多少詩人詞家都借用了這些句子。「**雲駛月運，舟行岸移**」這些語句，是否美得又要令一些人懷疑《圓覺經》是假的呢？

什麼是「**湛水**」？就是清水，一清到底，沒有一絲污染，水底的沙子、石頭、游魚等都看得清清楚楚，而且一點波紋都沒有，波平如鏡，清清湛湛。

怎麼「**能搖湛水**」？各位不妨做個實驗，站在清湛的池水前，看著清水，將眼珠左右搖晃，你就會感覺到池水開始搖動了。事實上，水有沒有動呢？沒有，根本是你的眼睛在動，而感覺上是以為水動。這是一個妙不可言的比喻。

佛在說法的時候，用了很多的比喻。你沒有到達那個境地，要告訴你那個道理是很困難的，連對菩薩們都無法講清楚，何況一般凡夫眾生。所以佛說法婆心特切，你沒有辦法懂，還是想盡辦法舉了很多的比喻讓你懂。可是，眾生聽了比喻，懂了沒有？

這裡有一個故事——一個瞎子問人家說，「你們講白，白是什麼樣子？請你告訴我。」那個人告訴他，「白就像冬天的雪一樣。」瞎子沒見過雪，還是不懂白是什麼樣子，又去問人家。另一人告訴他，「白呀！白就像麵粉一樣白啦！」瞎子也沒有見過麵粉是啥樣子，又去問另外一個人。剛好有隻白鵝在那裡，這個人就告訴他，「雪和麵粉像白鵝一樣白。」然後拉著瞎子的手摸摸白鵝的樣子。這個時候白鵝「嘎！嘎！」叫了兩聲，瞎子恍然大悟地說，「哎呀！早不說，白就是『嘎！』『嘎！』嘛！」一切眾生就是如此抓住這個「嘎！嘎！」。

接下來，佛又作了第二個比方。「**又如定眼，由迴轉火**。」不知各位小時候有沒有玩過香？把拜神的香在眼睛前面繞圈圈，就看到前面有個火圈。這個火圈是真的還是假的？學過物理的就曉得這是視覺上的假象，這個道理和看電影的道理一樣。

「**雲駛月運**」，這是第三個比喻。夜裡，我們抬頭望月，看到月亮在動，其實，所看不是月亮動，而是旁邊的雲在飄，感覺上好像是月亮動。現代人把這個道理應用在舞台上，將人物後面的佈景轉動，看起來則像是舞台上的人在動。

「**舟行岸移**」，坐在船上，不感覺船在動，只看到兩岸的樹往後移。大家都有搭火車的經驗，火車剛開動時，沒有感覺火車動，只看到車站及建築物往後移動，甚至看到隔鄰那節火車開了，結果是自己這邊的火車開動。

各位看釋迦牟尼佛的這四個比喻妙不妙？他沒有解釋無明怎麼生起的，眾生本來是佛，又怎麼生起無明變成凡夫，這些他都沒有講，他只講了四個比方，最後加上四個字「**亦復如是**」，說這些事情也是這個樣子。這四個例子可以當禪宗的話頭來參，真的，要好好去參。我經常告訴學科學的青年，先不要學佛法，把科學學通了，等於通於佛法了。這四個例子都是物理科學自然的現象，佛拿來當比喻，比喻得妙極了。

善男子，諸旋未息，彼物先住，尚不可得，何況輪轉生死垢心，曾未清淨，觀佛圓覺而不旋復，是故汝等便生三惑。

因為大家都沒有懂，所以佛又再解釋。他說「**諸旋未息**」，一切的東西，包括物理和心理，都在轉動不停，都在旋轉輪迴，一切都在動，整個世界都在動，有個東西你叫它先停住不要動，做得到？「**尚不可得**」，不可能嘛！

現在我們都坐在這裡，好像都停在這裡沒有動，對不對？不對，地球在動。再說內在，就當作我們打坐入定了，你覺得不動了。不動？身體裡的心臟還在跳動，血液還在流動，細胞還在生滅，胃腸還在蠕動，都在動啊！五陰裡的行陰，你停不了呀！「**諸旋未息，彼物先住**」，這是不可能的！

何況一切眾生都在輪迴當中，生生死死，死死生生，自己作不了主。內心裡面的污垢，髒思想、壞念頭多得不得了，好像台北晚上的垃圾車，播放著「少女的祈禱」美妙悅耳的音樂，裡面則裝一大堆髒東西。我們若未曾清淨過，沒有得到清淨境界，沒有達到佛的境界，怎麼能夠懂得佛的道理呢？

「**觀佛圓覺而不旋復**」，自己沒有達到清淨的心，自己不瞭解一切眾生的清淨本性，如何回到本來清淨的本體就不知道了。

「**旋復**」就是轉回到原來的地方去，譬如門鎖，往右轉是鎖起來，往左一轉回來就打開來，就叫「**旋復**」。地球在轉，太陽也繞著銀河系轉，整個天體都在轉。我有時想大自然轉得很有意思，地球由西向東轉，東方的中國人寫字，從右邊寫到左邊，西方洋人寫字則從左邊寫到右邊。旋復就是要轉回到佛原來的地方。

因為轉不回來，無法認清圓明覺性，所以無法明白為什麼眾生本來成佛又生出無明？假如無明是眾生本有的，如來又為什麼說本來是佛？眾生本來是佛，「**何時**」又「**復生一切煩惱**」？於是產生前文已提到的這三種疑惑。

善男子，譬如幻翳，妄見空華，幻翳若除，不可說言此翳已滅，何時更起一切諸翳。何以故？翳華二法非相待故，亦如空華滅於空時，不可說言虛空何時更起空華。何以故？空本無華，非起滅故。生死涅槃同於起滅，妙覺圓照，離於華翳。

佛在這裡又作比喻，他知道這樣講，這些菩薩大眾們還是沒有懂。你看我們現在聽了，每個人都「入定」，楞在那裡。說不懂嘛，又好像懂一點，說懂嘛，又說不出所以然來，是不是這樣？你看釋迦牟尼佛他老人家真痛苦啊！也真慈悲啊！講了老半天，從學生的眼睛中曉得沒有懂，只好再動腦筋，再舉個例子，想盡辦法讓學生懂。

佛經不可隨便註解，佛法也不要信口亂道，然後自己冠上美麗的名稱叫作「弘法度眾生」。唐代有位南陽慧忠國師，他的一個學生跑來跟他說要註解佛經。慧忠國師說註解佛經必須瞭解佛的意思才可以，於是叫侍者盛了一碗水來，裡面放了七粒米，上面放了一支筷子，問這是什麼意思？這個學生無言以對。這下子南陽慧忠國師瞪起眼睛罵人了，老僧的意思你都不懂，何況是佛的意思？

《圓覺經》的文字很美，不要以為知道辭意這樣就看懂了，或者木魚一敲，「**譬如動目，能搖湛水。又如定眼，由迴轉火。雲駛月運，舟行岸移……**」，磕！磕！磕……就磕過去了，最後也變成呆呆硬硬的木魚。

「**譬如幻翳**」，翳是指眼珠上長出遮蔽瞳孔的薄膜，眼睛患了這種病，就會看到虛空中有花朵出現。「**幻翳若除，不可說言此翳已滅，何時更起一切諸翳。**」等到眼翳去掉了，你不能說這眼翳已經消滅，也更不能說它是什麼時候起這種病？

「**何以故？**」為什麼呢？「**翳華二法非相待故**」。眼睛有病，所以才看到虛空裡有花朵。換句話說，虛空裡的花朵不是真的花朵，那是眼睛有毛病所看到的幻相，所以這個翳，眼睛的病，與病眼所看到的花朵，二者不是相對的。在佛法上這眼翳其實也是「虛幻」的。

「**亦如空華滅於空時，不可說言虛空何時更起空華。**」就像眼病好了，空花自然也就消失了，這個時候，你根本不能說虛空中那假花是什麼時候生起來的。

「**何以故？**」什麼理由？「**空本無華，非起滅故**」。虛空中自始至終本來就沒有花朵，虛空本來就沒有生出花朵來，因此更沒有所謂消滅。本來就是沒有，怎麼能說起滅呢？所以說「**空本無華，非起滅故**」。為什麼虛空中會有花呢？那是你的眼睛出了毛病，無端起了幻相，誤以為虛空有花朵，其實，虛空本來就是虛空，何曾有花？

「**生死涅槃同於起滅**」，一切眾生想修行解決生死，想悟道證得涅槃，是不是？佛在這裡告訴你，生死的現象就如同剛才所說空花的起，涅槃就如同空花的滅，事實上，空花有起有滅嗎？空花根本就是假的，哪有什麼起滅？有滅嗎？空花根本就是假的，哪有什麼涅槃可證？所以《楞伽經》上說「無有佛涅槃，亦無涅槃佛」，一切都是夢幻，一切都是你心中的幻想，只要你病好了，只要你心清淨了，自然無生死可了，亦無涅槃可得。

那你說我生起病來，可真痛啊！感冒流鼻涕又頭疼，頭疼鼻涕等於空花，我空不了呀！對不對？是啊！這是業報，因為我們的業還執著在這上面，我們自己的業把自己困住，把自己綁得牢牢的。因此給你許多方便，修氣呀！修脈呀！修這樣，修那樣，三脈四輪不夠，再加上三脈七輪；念佛不夠，再加上持咒；持咒不夠，再加上觀想，都給你加上去。然後再來個生死、涅槃、菩提、真如等等，這些是不是自己製造出來的幻相？是不是這樣？到底真相如何？那就得靠我們自己去悟去證實了。

「**妙覺圓照，離於華翳**」，在自己的妙覺圓照、清淨性海中都沒有這些花樣。至於大澈大悟以後是什麼境界呢？就像蘇東坡的一首詩：

廬山煙雨浙江潮　未到千般恨未消
及至到來無一事　廬山煙雨浙江潮

廬山在江西九江，風景太美了，浙江省的錢塘潮，非常壯觀，這一輩子沒有去的話，死了都不甘心，非去不可。等到到了廬山，又看到了錢塘潮，好了，沒事了，原來就是這麼一回事。廬山煙雨浙江潮，本地風光，圓滿清淨，悟道以後，就是這樣。

沒有悟道以前，拚命地學佛呀！跑廟子呀！磕頭呀！各種花樣都來唷！只要有功德，要怎麼苦行都無所謂，要怎麼刻薄自己都可以，「未到千般恨未消」啊！「及至到來無一事」，真的大澈大悟了，怎麼樣呢？「廬山煙雨浙江潮」，原來如此。

善男子，當知虛空非是暫有，亦非暫無，況復如來圓覺隨順而為虛空平等本性。

眼前所見無障礙的叫虛空，這個空不是暫時有，也不是暫時沒有。其實，虛空永遠是虛空，雖然有東西障礙顯現，但是這東西一拿走，虛空仍舊是虛空。這是以物理世界的虛空來比喻，你說它是暫時存在，不對；說它暫時不存在，也不對。因為有東西時，虛空仍然存在，只是多個東西，虛空未因而減少；而東西拿掉時，虛空也未因而增加。這個東西的存在與否，皆不礙及虛空的本性。

以上所說是指物理世界的虛空，而每個人本有的涅槃空性、圓覺空性，則比物理世界的空更空靈、更廣大。這一段可參考《楞嚴經》上佛答覆阿難的問題：「虛空生汝心內，猶如片雲點太清裡。」自性圓覺之虛空乃是無量無邊。

善男子，如銷金礦，金非銷有，既已成金，不重為礦，經無窮時，金性不壞，不應說言本非成就，如來圓覺，亦復如是。

接下來，釋迦牟尼佛為了解釋如來圓覺自性，又作了比方。原始金礦含有其他金屬雜質，經過鍛煉，把雜質銷鎔，煉出黃金。黃金本來就存於金礦中，不是經過鍛煉銷熔後，才產生黃金，鍛煉銷鎔只是把雜質去掉，讓純金顯露出來而已。黃金從金礦中鍛煉出來之後，成為純金，此時，純金就不再是金礦了。經過無窮久的時間，黃金的金屬性質永遠不會改變，即使在未鍛煉成純金前，黃金的金屬性質乃是本來就存在於金礦之中，不應說未鍛煉成黃金前的金礦，沒有黃金的金屬成分。

如來圓覺自性，也是同樣的道理。圓覺自性不是修出來的，你本來就是佛，修行只是把金礦中的雜質銷鎔掉而已，只是經過加工鍛煉而已，佛性永遠是佛性，始終沒有改變。

那麼如何修行呢？我們的自性本來空，本來清淨，但是，現在的我們卻空不了，因為現在是金礦，裡面有很多雜質，妄想、煩惱一大堆，所以很多人想用念佛、唸咒來消除這些雜質。那麼，念佛、持咒，修到某一個程度，念不起來了，什麼妄想都沒有了，在這當中，即是念而無念，無念而念，讓它清淨下去，不要一直求空。空真的顯現了，也不要被嚇住，感到恐懼害怕那就顛倒了。如果在這境界相續後，又有念頭飄浮出來，怎麼辦？念頭來了，就又開始念佛、唸咒，念沒多久，念佛念不上來，妄想也沒有了，就又讓它如此靜下去，如果妄念又來了，再念佛。這種方法叫作肉包子打狗，妄念雜想是狗，念佛唸咒是肉包子。到後來，狗也跑了，包子也沒了，一切清淨，此即是唯心淨土，心淨則國土淨。

善男子，一切如來妙圓覺心，本無菩提及與涅槃，亦無成佛及不成佛，無妄輪迴及非輪迴。

《圓覺經》如此直接徹底地點出宇宙生命的究竟，可說是無上大密法。「心佛眾生三無差別」，此心即是佛，佛心即是汝心，所以誠意敬信就感應。在這圓覺心體上，沒有什麼菩提、涅槃，煩惱即是菩提，「無有佛涅槃，亦無涅槃佛」。無所謂成佛不成佛，眾生個個都是佛，本來就是佛。也沒什麼輪迴不輪迴，自性本空，永遠在三界中，在一切有中；如來者，無所從來，亦無所去，不須出三界，亦不須入三界，本來自在。佛在《圓覺經》上，直指人心，見性成佛，這真是禪宗，亦是大密宗。

注意！佛在這裡所講的這幾句話很嚴重。「**本無菩提及與涅槃**」，你學什麼菩提道呀！不是白搞了嗎！「**亦無成佛及不成佛**」，那麼你還學什麼佛？打什麼坐？唸什麼咒？對不對？「**無妄輪迴及非輪迴**」，這是什麼話呢？佛在這裡把一切都化掉了，擺平了，這是真正成佛的境界。

善男子，但諸聲聞所圓境界，身心語言皆悉斷滅，終不能至彼之親證所現涅槃，何況能以有思惟心，測度如來圓覺境界。

那麼，假如沒有到達剛才所說的圓覺境界，但是也證到了空性，只是所證的空性不圓滿，也得了道，得什麼道呢？中、小乘道。中、小乘包括聲聞乘及緣覺乘。聲聞乘偏重出世，不敢入世。緣覺又叫辟支佛，或者獨覺佛，沒有佛出世的末法時代，有些修行人因為過去學佛的種子爆發，因緣成熟，自悟本性，稱為緣覺。佛法或分三乘，或分五乘，其中還有好幾種歸類，一般而言，羅漢屬於小乘道，菩薩屬於大乘道。

佛說：「**善男子，但諸聲聞所圓境界……**」聲聞乘所得的圓覺境界是不是真的圓呢？不太圓，是平面的圓，不是立體的圓。只見到空的一面，禪宗稱之為擔板漢，只看到板子的這一半，另一半看不到。

什麼是羅漢聲聞所證的境界呢？「**身心語言皆悉斷滅**」。這很不容易哦！身體感受空掉了，妄想也不起了，這是小乘偏空之果。一般修行人可不要看不起小乘，很多人動不動就搬出大乘來，中國佛教講究大乘，但是，大乘乃是以小乘做基礎的呀！請問那麼多學禪、學密的人，有哪幾個修到「**身心語言皆悉斷滅**」？既然自己沒有做到，就不要看不起小乘。不過，佛可以罵，我們不可以罵，佛的境界我們實在難以望其項背。有些人皈依了佛教，其他神就不拜了，不過，我照拜不誤，這是對有德者一種純乎自然的尊敬，為什麼呢？聰明正直死而為神，這可不容易，我還不一定做得到。並且對一般凡夫，我們作人都還要尊重他，合乎禮，如果我們一皈依了三寶之後，突然間自己就偉大了起來，那小神拜他做什麼？這都是貢高我慢的心理。皈依佛，我們要懂得自尊自重，而不是反過來貶低別人。不要看不起土地公，做了很多善事，死了之後才有資格當土地公，我們自己要想想，不要說當土地公，當土地公的兒子夠不夠資格？不要傲慢了，對一切眾生都應該恭敬，這才是真正學佛的人。所以，不要看不起小乘羅漢，等你修到了，你再來說這還沒全對，還要再進一步。

釋迦牟尼佛在這裡說「**諸聲聞所圓境界，身心語言皆悉斷滅，終不能至彼之親證所現涅槃**」，換句話說，諸聲聞緣覺乘羅漢所走的路，只走到一半，還沒有到達真正大涅槃的境界。「**何況能以有思惟心，測度如來圓覺境界**」，這是指我們一般凡夫，僅憑自己的想像來推測如來的圓覺境界，那就更相差十萬八千里了。

如取螢火，燒須彌山，終不能著；以輪迴心，生輪迴見，入於如來

大寂滅海，終不能至。是故我說一切菩薩及末世眾生，先斷無始輪迴根本。

這個道理就如拿螢火蟲那點亮光要來燃燒須彌山一樣，永遠點不燃，永遠燒不起來。我們常常看到學佛學道的人，都有個主觀成見，打坐就想入定，自認為入定就是什麼事情都不知道。假如入定是這樣的話，那又何必打坐學佛？學死人，學石頭多好！佛並沒有這麼說，這都是想像的佛法，越走越錯，這是最可怕的。佛說一般人學佛都是「**以輪迴心，生輪迴見**」，例如我經常笑說你們學佛哪算是學佛？那是投資做生意，我學了三年佛，怎麼沒有效果？學佛要什麼效果？佛法講究「空」，「空」有什麼效果？都是以輪迴中的妄想心，生出輪迴中的錯誤知見，就如此在輪迴中轉來轉去，因此，「**入於如來大寂滅海，終不能至**」。什麼是大寂滅海？就是中國禪宗所說的「放下！」在一念之間，全都放下了，連「放下」的念頭也放下了。可是，一般人都求效果，不求放下，唉呀！我學了佛之後，生意越做越失敗，事情越來越不順利，請問我們學佛是學什麼？難道就為了錢越賺越多嗎？「**是故我說一切菩薩及末世眾生，先斷無始輪迴根本**」，學佛首先要切斷世俗的計較心、功利心，先將求功德、求平安之心放下，才可以學佛。

善男子，有作思惟，從有心起，皆是六塵妄想緣氣，非實心體，已如空華。用此思惟，辨於佛境，猶如空華，復結空果，輾轉妄想，無有是處。

我們心裡所產生的思惟從哪裡生起呢？以唯識學來講，是第六意識的作用，受到外界色、聲、香、味、觸、法六塵的影響所起的反應。但是，這些心理反應的思想還得依靠個東西才能存在，什麼東西？氣，你呼吸停止了，就沒有辦法思想了。我見過有些人，學佛學了一輩子，最後躺在醫院裡，呼吸短促，旁人說你趕緊唸佛啊！可是就是唸不出來，沒有氣了。你看人死的時候，呼吸接不過來，上頭嗝一聲，下面肛門一鬆，氣脫開了，沒有辦法。我有很多這樣的朋友，唸佛唸了一輩子，我去看他，叫他唸佛，可是卻很可憐，唸佛唸了幾十年，什麼是念佛法門也不懂，只以為阿彌陀佛、阿彌陀佛，口唸著才叫念佛，最後躺在病床上，嘴巴動不了，一籌莫展。阿彌陀佛、阿彌陀佛，那是唸佛號，不是念佛。真正的念佛，不一定嘴巴唸，心裡面想著佛就可以了，也不一定要想什麼莊嚴的佛像。如同臨終前，想兒子還沒有到，忍著這口氣，心裡頭懸掛著，我們只要把想念著兒子，想念著情人這一念，把對象一換成佛就對了。可惜，多少人念佛念了一輩子，始終沒有搞清楚。你叫他唸佛，他唸不上來，對的呀！因為他的氣散了，阿阿不出來，思惟接不上來。可是我請他念佛，他搖頭意思說唸不出來，這時他不已想到佛了嗎！又怎麼說無法念呢？

我們所以有思想，與這口氣在有關係，我再舉個例子證明。大家有沒有失眠的經驗？我想每個人都有，多少而已。愈是睡不著的時候，呼吸愈快、愈粗，同時脾氣也愈大，越睡不著就越氣，越氣就越睡不著，是不是這樣？

前幾天有個學生來看我，二十年沒見面了，我問他，你現在幹什麼呀？系主任。唷！都幹系主任了，對了，你以前那位老師呢，還在嗎？在呀！八十六歲了。他那位老師曾經在六十幾歲的時候來看我。他來的時候說：實在沒辦法，才來找你。我說什麼事？他說：我失眠三十年，中西醫都治不好，我想學打坐。我說：對不起！為了學佛，打坐可以，為了治失眠，那不行，別人治得好，你治不好。他很納悶地說：為什麼？我說：你死了沒有？他說：你開我玩笑！當然沒有死。我說：對呀！既然沒有死，你擔心什麼？你失眠了三十多年，還活得好好的，而且你活得比別人還划得來，為什麼？一般人活六十歲，有一半在睡覺，你可以不睡覺，不是等於活一百二十年？這一本萬利的事為什麼不做呢？

失眠不是病，病在害怕恐懼，唉呀！我昨夜失眠，內心一直焦慮，結果弄得心神不寧。睡不著，起來看書做事多好！有很多病實際上只有三分，自己心理的恐懼使病加重了七分。

這裡講到「**六塵妄想緣氣**」，佛把祕密告訴你了，這就是為什麼要得定必須達到氣住脈停的道理，天台宗之所以修數息觀的道理也都在這裡。有關於「氣」，佛法分為三種層次，我們平常粗的呼吸叫作「風」；把「風」調和柔軟了，在鼻間像有呼吸，又好像沒有呼吸，實際上有呼吸，這叫「氣」；到最後不呼亦不吸，這才叫「息」。

天台宗數息觀有六個步驟，「數」、「隨」、「止」、「觀」、「還」、「淨」，但是，許多修習此法門的行者都在數呼吸，數了五百下、一千下，只曉得數呀數，這是學會計，還是學統計？都忽略了後面幾個步驟；而且呼吸是生滅法，有來有去，學佛要學不生不滅，守著呼吸數，做什麼呢？數只是最初的方便法門，利用數來調和呼吸，到了呼吸柔細時，就不要數，跟隨著「氣」，再進一步，感覺好像不呼吸了，就止，也就不隨了。

釋迦牟尼佛現在告訴我們，我們的思想皆是「**六塵妄想緣氣，非實心體**」，思想不是真正的心，像眼病引起的虛空之花一樣，是假的，是幻的，是停留不住的，是空的。用這虛幻不實的思惟，自作聰明，自以為是，來測度分辨佛的境界，「**猶如空華，復結空果**」。我們修道，如果以妄想心去修的話，都如以虛幻的空花，去期待虛幻的空果成熟。「**輾轉妄想，無有是處**。」注意！佛罵我們了，一般眾生學佛，都是以妄想心來學佛，修來修去，轉來轉去，始終還是在妄想中，在輪迴中，「**無有是處**」，沒有一樣對。「**輾轉妄想，無有是處**。」這八個字罵得很嚴重，千萬記住，佛在罵我們啊！以妄想來搞妄想，妄想越來越多，尤其是宗教徒要注意，不要掉入「**輾轉妄想**」的陷阱，最後搞得神經兮兮的，甚至精神失常，很嚴重！很可怕！

善男子，虛妄浮心，多諸巧見，不能成就圓覺方便，如是分別，非為正問。

我們眾生都是以虛幻的妄想來學佛修道，結果，不學佛還好，越學佛，妄想越多。都用自己的主觀成見來解釋佛法，越學越離譜，越講越離譜，甚至走上魔道都不自知。「**虛妄浮心，多諸巧見**」，自作聰明謂之巧見，沒有依照佛的真正教理，而妄加己見，因此永遠不能達到圓滿覺性而成佛。「**如是分別，非為正問。**」以如此的分別心提這樣的問題不對，不是正問，問題問歪了。佛在這裡，連金剛藏菩薩都打了一棒。好！佛與金剛藏菩薩的對話到此為止。下面是把對話的內容，歸納成可以唱誦的偈語。

爾時，世尊欲重宣此義，而說偈言：

這個時候，釋迦牟尼佛想把這些意思歸納起來，再一次向大眾宣說，於是有了以下的偈語。

金剛藏當知　如來寂滅性　未曾有終始　若以輪迴心
思惟即旋復　但至輪迴際　不能入佛海　譬如銷金礦
金非銷故有　雖復本來金　終以銷成就　一成真金體

不復重為礦　生死與涅槃　凡夫及諸佛　同為空華相
思惟猶幻化　何況與虛妄　若能了此心　然後求圓覺

金剛藏當知　金剛藏菩薩，你應該知道，

如來寂滅性　如來的寂滅清淨自性，

未曾有終始　不曾有開始，亦未曾有結束，無始無終，無去亦無來，無邊無際。

若以輪迴心　假如以一般凡夫眾生的妄想心、輪迴心，

思惟即旋復　用思想來臆測佛境界，用妄想來修道，則永遠在思想妄想中打轉。

但至輪迴際　如此學佛修道，只是在輪迴中打滾而已。不管你修多久，始終在輪迴中不得解脫，

不能入佛海　永遠達不到佛的境界。

譬如銷金礦　眾生本來是佛，是否就可以不用修行？不行，譬如挖到了

金礦，但是，金礦不是黃金，沒有什麼用，必須加以鍛煉銷鎔，去掉雜質，煉成純金，才有價值。

金非銷故有
雖復本來金

黃金不是經過銷鎔才產生出來的，而是原本就存於金礦中，把其他雜質去掉，留下來的就是黃金了。

我們無始劫來的修行，最後成佛了，成什麼佛？成本來佛。

終以銷成就

圓覺清淨之佛性雖然沒有改變，原本就存在，但是不能不修，修行就是銷金，金礦不經過銷鎔，不把雜質去掉，就沒有辦法鍛煉出黃金來。

一成真金體
不復重為礦

一旦成為純金後，就不會再夾雜其他金屬而為金礦了。

生死與涅槃

為什麼要修道學佛？為解決生死問題，想求得涅槃，達到不生不死，對不對？

凡夫及諸佛

凡夫不是佛，每個學佛的人都想成佛，

同為空華相

可是佛說生死與涅槃，凡夫及諸佛，同樣都是假象，都是幻化。就像我們牙痛的時候，痛得不得了，但是，痛過以後，就不痛了。死亡也是一樣，把你的肉體、血液、氣息、熱能都分散掉，苦不苦？苦啊！但是，苦過以後，就沒事了，這些都是幻化假象。

思惟猶幻化

我們的思想也是一樣幻化，

何況與虛妄

何況一切都是假的、空的。可是，學佛之人，這些道理都會講，都做不到，你打他一個耳光，看他假不假？空不空？決不假，決不空，拳頭也來了，腳也踢了，一點也不空。真能瞭解虛妄，那就沒事了。一切唯心，都是自己的妄想心在作怪。

若能了此心

你把這些妄想心都了了，

然後求圓覺

然後再來求圓覺。不然，圓也圓不起來，覺也覺不了了。

第五章 彌勒菩薩

內容提要

輪迴的根本是什麼
如何了脫生死跳出輪迴
成佛有哪二障
修佛菩提有幾等差別
當設幾種教化方便度諸眾生

接下來繼續講《圓覺經》十二位菩薩中的彌勒菩薩，我們已經講過了前面四位菩薩：第一文殊菩薩，第二普賢菩薩，第三普眼菩薩，第四金剛藏菩薩。這四位是一組，所問的是無上大法，可以說是頓悟法門。下面從彌勒菩薩起，代表了漸修，這中間仍是四位一組，代表了三乘道的意義，這一點我們必須瞭解。

一般人喜歡大乘，對於文殊菩薩到金剛藏菩薩這一段非常樂於接受，引用的經句也很多。對於漸修法門，很少有人去注意，視之為小乘而忽略掉了，這點請特別留心。

關於彌勒菩薩，在佛教中稱之為「一生補處」菩薩。由凡夫修行到成佛，一般而言須經三大阿僧祇劫，中間有五十幾個程序，各家說法不同。其中末後階段的菩薩分為十地，十地之上是等、妙二覺菩薩，等覺是菩薩的極果，如文殊、普賢，到了等覺得金剛喻定，斷最後一品無明，才完全成佛，名妙覺，成為一代教主。彌勒菩薩是等覺菩薩，為菩薩的最後身，他與釋迦佛本是同學，將後補釋迦佛，成為娑婆世界下一任佛，以後也要像釋迦佛一樣，在人間投胎、出生、出家、修道、證果、度生，故名一生補處。

那麼，彌勒菩薩什麼時候到娑婆世界來成佛呢？要等多久呢？一千年？二千年？不是這樣計算，還早呢！依佛法的傳播，分三個時期，佛住世親自教化的時期叫正法時期；佛涅槃後，遺留下許多經典，佛像經教還留存人間叫像法時期；到最後，佛像沒有了，經典也沒有了，叫末法時期，人類的浩劫便接二連三而來。人類的浩劫有好幾種，刀兵劫，就是戰爭，人類相互殘殺，同歸於盡；疾疫劫，就是疾病，各種怪病流行，醫藥束手無策；饑饉劫，環境污染，生態破壞，糧食生產出現危機，大家餓肚子，這是小三災。另外還有風水火等大三災，能夠毀滅整個宇宙，更是可怕。

到了末劫，人類的知識非常進步，頭腦很聰明，腦部充分發育，而四肢退化。目前雖然不到末法時代，但是，我們看到現代的小孩比以前聰明得多，同時人也懶了，四肢越來越不發達，因為生活依賴機器的比重愈來愈大。真正末法來臨，人的壽命會縮短，那時人心將變得很壞，互相殘殺，最後只剩少數幾人作為人種。然後，人類的歷史文化再重新建立，每經過一百年，壽命增加一歲，身高增加一寸，如此漸漸增長，人的壽命達到八萬四千歲，便是彌勒菩薩下生人間之時。此在《佛說彌勒下生經》有清楚的記載。

彌勒菩薩現在在哪裡呢？在欲界天中的兜率天裡。佛教把宇宙分為欲界、色界、無色界。什麼叫欲界呢？欲有五欲，五欲又分大五欲及小五欲。色、聲、香、味、觸是大五欲，例如人喜歡看美麗的東西，喜歡聽悅耳的音樂，喜歡聞香的味道，喜歡吃美味的食物，貪圖物質生活的享受（觸）。小五欲呢？男女之間的笑、視、交、抱、觸。欲界中的眾生都因兩性的關係而有生命，在太陽系統以內，包括人、畜生、餓鬼、地獄都屬於欲界；在太陽系統之上，還有四天王天、忉利天、須燄摩天、兜率天、樂變化天、他化自在天，這些都是欲界天。四天王天分東、西、南、北天王。寺廟裡所供的韋馱護法神，他就是南天王天的天將，他發願要為娑婆世界的修行人護法，我們稱之為韋馱菩薩。

現在我們這位當來下生彌勒尊佛就在兜率天中當天主，天女宮妃數不勝數，一片富貴享樂的殊勝景象。但是，在兜率天中心有個彌勒內院，他在這裡面講經說法。彌勒外在的表現是在享受，但是，內心則是菩薩境界，一切無著，徹底清淨。釋迦牟尼佛逝世後約八百年，有位無著菩薩，寫了一部《瑜伽師地論》，這是研究佛學唯識學非常重要的一部著作。無著菩薩他是利用晚上時間入定，將自己的意生身昇到彌勒內院，聽彌勒菩薩說法，下課後出定，天也亮了，將所聽的內容記錄下來，寫成這一百卷的鉅著。

無著菩薩還有一個故事，他的弟弟天親原來弘揚小乘佛教，反對大乘，到了晚年悟道，知曉毀謗大乘乃無上罪過，想自殺了斷，無著斥責他自殺豈能懺悔罪業？只徒增加罪障，因而講一句名言，「譬如行路，因地而倒，因地而起。」你既然可以毀謗大乘，同樣也可以弘揚大乘。所以，後來天親菩薩留下了很多大乘佛法的著作。

有關彌勒菩薩的故事很多，我們現在所看到挺著大肚子的塑像，都稱作彌勒菩薩，其實另有典故。他是彌勒菩薩的化身，自號名契此，人稱長汀子，唐末五代人。他因為經常背個布袋到處走，所以又稱布袋和尚。如果有人問他：師父，什麼是佛法？他就將布袋一放，站著笑笑，也不說話，你懂的話就悟道了；不懂，他將布袋一背就走了。他究竟是哪裡人？姓什麼？何時出家？大家都不知道，只知道他形跡卑陋，時現神異，等到他死後，才曉得他是彌勒菩薩的化身。他有一首很有名的偈語，境界很高，許多人都很喜歡：

一鉢千家飯　孤身萬里遊
睹人青眼少　問路白雲頭

講到彌勒菩薩，再跟各位提一提中國的特殊社會這一部分。所謂特殊社會就是幫會組織，中國的幫會組織從春秋戰國時代的墨子開始，到秦、漢、南北朝、唐、五代、宋、元、明、清，到現在都一直存在於中國社會裡，不僅是中國，外國也一樣有，像美國的黑手黨都是民間的幫會。

中國的幫會到了唐代，有的吸收佛教思想，一逢亂世，便出現各種祕密組織，尤其到了元朝，為了要推翻元朝的政權，知識份子更與幫會合流。用現代的觀點來說，一個黨派的形成，必須以某個主義思想作號召，古代沒有這一套，於是，向佛教中尋取，說三期的末劫到了，天下要大亂了，彌勒菩薩要下生度世了，大家趕快來皈依。

朱元璋當年也參加過這些祕密組織，那時民生凋敝，窮得沒有飯吃，只好去當和尚，不過化緣也化不到，餓得要死，後來跑去當兵，最後當了皇帝。他說當初哪裡想到當皇帝，只是為了吃飯才出來幹的，東闖西闖，不小心闖到這個位子上來，這是朱元璋講的真話，人生的際遇真是不可知。他當年參加的祕密組織叫光明道，所以後來訂立的國號叫「明」。元明有白蓮教，到清朝，又產生洪門、青幫、天地會、紅燈照、義和團等等幾十種組織，這些幫會有一共同特性，多少都借用了佛教的三期末劫彌勒下生這段典故。

後來的某些教派，在歷史上也都是與這些組織多少有點關聯，特別標榜儒、釋、道三教一家。這是中國民間非常特殊的宗教社會團體，其中起源因素相當複雜。

最近有一個中國人還在美國紐約開創「紅卍字會」，標榜五教同源，孔子、老子、釋迦牟尼、耶穌、穆罕默德都請上座，排排坐，泡好茶，吃菓菓，這是中國大同思想的文化在歷史演變中，由民間宗教信仰做了某種形式的表現。

這些宗教的教義如何呢？有如拼盤一般，東抓一點，西湊一點。至於修持的方法，也是一樣，道家的也有，密宗的也有，都不全。

譬如以前北方的「理門」，現在政府也承認了，叫作「理教」。這個教門源於黃河以北，祖師爺叫「羊祖」，這是隱語，實際上是楊澤，山東人，明末的進士，為了反清救世，走入地下。以前理門在北方很流行，不抽煙，不喝酒，也吃素，也是三教一家。他們也有個祕密咒，叫作「五字真言」，靈驗無比，但不能隨便公開，傳的時候不能有第三者在場，稱為「六耳不同傳」。這個咒子學到以後，平常不能唸出聲音來，要在肚子裡唸；那麼，何時才可唸出聲音來呢？要在大難臨頭的時候，而且要大聲唸，哪五個字？觀世音菩薩。

現在我們回到本經，由彌勒菩薩提出修學佛法的若干問題。

於是彌勒菩薩在大眾中，即從座起，頂禮佛足，右繞三匝，長跪叉手而白佛言：

這一段是佛教的儀式，每一位菩薩都一樣，在此不贅。

大悲世尊，廣為菩薩開祕密藏，令諸大眾深悟輪迴，分別邪正，能施末世一切眾生無畏道眼，於大涅槃生決定信，無復重隨輪轉境界，起循環見。

彌勒菩薩請求釋迦牟尼佛，要為諸菩薩開示修行的祕密要點，使大家明瞭生死輪迴的根本在哪裡？人自己作不了主，永遠在生死之間輪轉。出生之後，慢慢長大，然後衰老，最後死亡。死了以後，又再投胎，為什麼會如此輪轉不停？此是第一個問題。第二個問題要分別邪正，每一種宗教都說自己好。基督教說到上帝的天堂來，可以得到永生；佛教也說到阿彌陀佛的極樂世界來最舒服，只有快樂沒有痛苦。究竟哪個是正確可靠的呢？請您為我們講清楚。這樣可以使末世一切眾生對人生的生老病死，無所畏懼，不再感到害怕。

人的生死確是個大問題，所以莊子說：「死生亦大矣」。一切宗教所要解決的也是這個問題。而佛法的最高目的，在證得大涅槃，涅槃是個代號，指成佛的果位，圓明清淨，也叫圓寂，圓滿寂靜，又叫寂滅，但不是滅亡，它是不生不死，它的境界是「常樂我淨」，很難翻譯，只好保留不翻，叫作「涅槃」，這是佛的正道。彌勒菩薩希望一切眾生對真正的佛法有所認識，生出絕對肯定的信心，然後，個個修行成道，再不會墮入生死輪迴之中，「**起循環見**」，循環見就是顛倒想；搞了半天仍然沒有跳出生死輪迴的圈子。

世尊，若諸菩薩及末世眾生欲遊如來大寂滅海，云何當斷輪迴根本？於諸輪迴有幾種性？修佛菩提幾等差別？迴入塵勞，當設幾種教化方便度諸眾生？惟願不捨救世大慈，令諸修行一切菩薩及末世眾生，慧目肅清，照曜心鏡，圓悟如來無上知見。

接下來，彌勒菩薩對於剛才所提的問題，再問得更詳細一點，將重點點出。

他說一切學大乘道的菩薩，以及末世的眾生，要想達到成佛的境界，什麼是成佛的境界呢？剛才講的是總稱「涅槃」，現在他又把現狀描述了一下，叫「**如來大寂滅海**」，非常偉大、清淨、光明、快樂、自在，要達到這樣的境界，必須不在迷矇的生死輪迴中轉，那麼，要如何切斷生死輪迴的根本呢？如何跳出輪迴的圈子呢？

「**於諸輪迴有幾種性？**」我們的生命都在生生死死、死死生生的圈子中轉，轉來轉去跳不出去，《西遊記》上就形容孫悟空跳不出如來佛的手掌心，這種輪迴有幾種性質呢？

「**修佛菩提幾等差別？**」要想修成佛道，大澈大悟，證得阿耨多羅三藐三菩提，這其中有哪些層次差別？

「**迴入塵勞，當設幾種教化方便度諸眾生？**」塵勞是佛學上的名辭，我們生活的世界叫塵世，在這物質世界中生活的人都勞勞碌碌過一生叫塵勞。塵勞這兩個字，在文學境界上非常美，再加上煩惱兩個字，成為塵勞煩惱，則更美，詩詞歌賦中經常用到這幾個字。假如我們爬到觀音山上看台北，上面籠罩著一層塵埃，灰濛濛的一片，那不是紅塵滾滾，而是黑塵滾滾。紅塵滾滾的境界，如果你到大陸的黃河以北，開車經過，揚起灰塵，經太陽光一照，那種景象看了便可瞭解。

為什麼叫「**迴入塵勞**」呢？諸佛菩薩自己跳出了三界以後，為了悲憫眾生，再回到苦海中渡眾生。當然，我們不知道哪位是菩薩再來，他也不告訴你。假如某某人告訴你，我是什麼菩薩化身，那你就得留心了。我國有句老話：「半瓶水響叮噹」，滿瓶水不會響，對不對？「學問深時意氣平」。真菩薩來，他不會讓你知道，都是等過後才露出一點痕跡訊息，而他已經不在了，有的甚至連走了都不告訴你。

諸佛菩薩都以各種不同的姿態再來，在諸世間中教化眾生，而且不一定搞佛教，不要以為在佛教中才有菩薩。依我看社會上許多大小不同的菩薩，做了很多好事，但往往絕口不談佛教，尤其是在亂七八糟的下等社會中，再來菩薩才多呢！「**迴入塵勞**」就有這麼大這麼深的意義，難啊！一般人發了財，就不肯到窮人家裡去了，嫌他窮，嫌他髒，嫌他低俗，對不對？菩薩們重回人間，等於一個人發了財，還與以前的伙伴一齊討飯過日子，這樣，才能教化眾生。菩薩不只是再回到人間，甚至還變牛變馬變其他各種的動物，所以，我們吃肉要小心哦！是不是有時候吃到菩薩的肉呢？

「**當設幾種教化方便度諸眾生？**」教育眾生的方法有多少種呢？希望佛大慈大悲，解答這些問題，使得一切修行的菩薩，以及末世眾生「**慧目肅清**」，頭腦清晰，智慧明朗，心裡清楚明白什麼是真正的佛法。圓滿覺悟如來無上的正知正見，看清楚哪一條是正路。

作是語已，五體投地，如是三請，終而復始。

彌勒菩薩把上面的問題提出來以後，跪下來磕頭，五體投地三次，虔誠請法。

爾時，世尊告彌勒菩薩言：善哉！善哉！善男子，汝等乃能為諸菩薩及末世眾生，請問如來深奧祕密微妙之義，令諸菩薩潔清慧目，及令一切末世眾生，永斷輪迴，心悟實相，具無生忍，汝今諦聽，當為汝說。

此時，釋迦牟尼佛告訴彌勒菩薩說：好的！好的！你們能夠為了諸位菩薩以及末世的眾生，提出這些佛法中最深奧、最祕密、最微妙的問題，讓諸位菩薩智慧清明潔淨，以及使一切的末世眾生能夠永遠斷除輪迴的根本，悟到如來道體、般若實相，也就是與諸佛之法身相應，切斷生死之流，得無生法忍。你仔細聽，我來為你解說。

時彌勒菩薩奉教歡喜，及諸大眾默然而聽。

彌勒菩薩聽到佛要解答問題，非常高興，在座大眾也都靜默聆聽。

善男子，一切眾生從無始際，由有種種恩愛貪欲，故有輪迴，若諸世界一切種性，卵生、胎生、濕生、化生，皆因婬欲而正性命，當知輪迴，愛為根本。

佛告訴彌勒菩薩，一切眾生生命的來源是種種「恩愛貪欲」，這是修行第一步下手處，所以，比丘、比丘尼的第一條戒律就是戒淫。欲分為廣義的欲及狹義的欲，廣義的欲如求名求利以及其他一切貪愛等等，狹義的欲指男女兩性之間的愛欲。佛這裡所說的欲包括了廣義和狹義。

講到欲念，很多老年朋友跟我談，這些年輕人學佛亂來呀！我說老兄啊！他們都是人，不管在家或出家都是人，是人就有欲，你不能要求這麼高。他說像我們吃素很多年，我說你現在已七十幾歲了，並不表示你修行好啊！不吃乃是不能，非不為也，這並不是持戒。他們被我說得一愣一愣的，講得坦白一點，叫作油盡燈枯，沒有這個貪欲的本錢了。

但是，很奇妙，人到了臨死最後一口氣時，不管男女，欲念比年輕任何時候都強。注意！要了生死不是那麼容易唷！斷了氣以後，變成中陰身，在人道中投胎，第一念是由欲念而來，男女兩人在性行為時，與你有緣的話，雖在千萬里之外，也一樣把你吸過來，就是因為愛欲這一念，就投胎進去了。

然而，是不是都是以愛欲的表現進去的呢？不是的，有時候感覺到狂風暴雨，被人家追，有仇人或是魔鬼要抓你，拚命逃，看到一個茅棚或是一個洞可以躲，一鑽就進去了，就如此入胎了。在這種情況入胎的，生出來窮苦，或是五官不全。何以會有如此境界？業報所生。或是感覺天氣晴朗，到了一個風景優美的地方，看到一幢建築物，心生喜愛，一進去就入胎了。此因愛欲而入胎，妙不可言。哪怕你男女愛欲都沒有了，只愛我手上這只手錶，完了，這一念就是生死根本。或者你喜愛抽煙，到那個時候，看到一支香煙，伸手一拿，進去了。或者你說我什麼都不愛，只愛山水，說不定你就投胎變成猴子，整天就在山上。愛鈔票的，說不定就看到一堆鈔票好高興，也進去了。你看我們活著，有多少人為了鈔票自殺、坐牢？一般人為了鈔票忙了一輩子，最後就這樣勞碌而死。

「人為財死，鳥為食亡。」鈔票誰不愛？我不要，沒有這回事！清朝才子袁枚說：「不談未必是清流」，倒是一天到晚在這裡面打滾的人有時反而無所謂，一輩子清高的人只是不爆發而已，一爆發出來，比誰都厲害，很多人說我不要名不要利，那是你沒有資格要，達不到那個高位，等到你坐上那個位子，許多人擁護著你，許多人服侍著你，那種滋味是很舒服、很迷人的，這個時候叫你下來，你就捨不得了。對此真不動心的，世上只有兩個人，一個已經死了，一個還沒出生。錢財不一定指鈔票，我送你一件貴重的東西，別人沒有的稀世珍寶，有錢還買不到，你要不要？一定要。人就是玩這一套，是不是？

貪欲是多方面的，例如欣賞藝術品、字畫，也是一種貪欲。像我自己喜愛讀書，也是貪欲，說不定將來看到書就投胎進去了。請大家千萬注意！一切貪欲都是生死輪迴的根本，你看《圓覺經》說「**種種恩愛貪欲**」，種種包含的範圍太廣、太大了，要細心去體會。

諸位年輕的同學們很喜歡讚歎愛情，覺得欲則是墮落的。天主教及基督教的《聖經》裡提到亞當與夏娃的故事，他們兩位本來極純潔而善良，由於受到蛇（魔鬼）的誘惑，吃了蘋果，因此有了煩惱，生育了人類。我們姑且不論這個說明人種來源的故事是對或錯，透過這個故事的描述，表達了「欲」是人類痛苦煩惱的根本。

我們所生存的欲界乃是以欲為根本；到了色界，則偏重於愛；到了無色界，則昇華為情。宇宙中的三界眾生，都在情、愛、欲的困擾中。古人有首詩說得極好：「無情何必生斯世，有好終須累此身。」如果沒有情愛則不會到這個世界上來作人，只要有嗜好終究是生活的拖累。上次我們也提到過嗜好就是愛，佛經在這裡則說明此乃輪迴之根本。

學佛修道要想「跳出三界外，不在五行中」，非常困難！其根本問題就是情、愛、欲難分難解。據我所瞭解，一般的宗教及其修行的方法，對於這個問題，除了逃避和壓抑，別無方法。曾經有位學者，在十幾年前，寄來一篇討論人類性欲的論文，要我加以評論。他提出「性無罪」，就是說性欲本身無罪，我不敢隨便表示意見，此事必須加以分析，此欲若屬於生理自然的變化，例如嬰兒及少年人的陽舉現象，這是純生理的荷爾蒙變化，沒有加上人為的欲念，我問他所謂的「性無罪」是不是指這一部分？他說是這個意思。其實這個問題很難下定論，在佛學上講，不稱為罪，而叫作「業」。業是一股力量，這股力量屬於無記之業，沒有加上自己主觀意識的作用，屬於莫名其妙的懵懂狀態。

又如青少年的問題，每個人到了十幾歲這個階段，煩惱特別多，如同《紅樓夢》上所說的「無故尋愁覓恨」，莫名其妙地覺得任何事情都不對勁。看到花落下來，也要傷心掉眼淚，如《西廂記》中的「花落水流紅」、「閒愁萬種」。「閒愁萬種」這四個字真用絕了，你說人生愁什麼呢？說不出道理，沒有理由，定不出名稱來，叫作「閒愁」，此閒愁還不只一種，有萬種。「無語怨東風」，什麼東西都看不順眼，連東風也要埋怨，這種情緒其實也是由愛欲來的。

佛告訴我們必須解決這愛欲的問題，才能成佛。至於如何去了脫愛欲的方法，雖未明講，但在經典中卻仍有跡可尋。一般宗教指出「欲」的罪過，而人類在認其為罪，在無可奈何的尷尬下，卻明知山有虎，偏向虎山行，結果，都被老虎吃掉了。

佛教裡有個故事，有一位老和尚找不到一個適合修道的傳人，因為一般人都被世間污染得太厲害了，因此，他到孤兒院去找個幼兒，帶上山去撫養。這個小孩長到十幾歲後，什麼事情都不懂。老和尚什麼都不教他，只管穿衣吃飯而已。有一天老和尚下山去了，剛好他的一位道友上山來探望，看到小和尚事事無知，連一般待人接物的禮貌也不懂，於是就教他如何問訊、行禮等等。等到老和尚回來，發現有異，問明原因，唉！氣死人了，花了十幾年的心血，就是要將他養成有如白紙般的純淨，結果，被那傢伙教壞了。既然如此，就帶他下山去走走吧！下山之前，特別吩咐他要小心一樣叫老虎的動物，長得跟你我差不多，頭髮長長地在頭上做個髻，看到這種東西不可以多看。吩咐完後，就帶小和尚下山到城市裡逛，逛了幾天，回到山上。老和尚就問，看了那麼多稀奇新鮮的東西，什麼東西最可愛最好看？小和尚說師父啊！看來看去，還是老虎最可愛。

這個故事說明了人性的根本問題，屬於生理？屬於心理？不是那麼簡單，要瞭解這個問題，必須研究所有佛教經典，包括密教部分。一般修行的人，不論是在家或是出家，在修行的過程中，一定會碰上這個問題，這個問題很難解決。即使有人解決了欲的問題，但是不要忘了前面所提過的「情」、「愛」與「欲」還是同樣的東西，只是層次不同。沒有欲，那有沒有愛？沒有愛，那有沒有情？不只是對人的愛，對物質以及名利，乃至留戀一花一草一木，皆是如出一轍。所以修「頭陀行」的人，要厭離三界，有句話「頭陀不三宿空桑」，以免對這棵樹留情。甚至嚴格說起來，有些修行方式，對於親情的愛意都不能有絲毫的沾染，都必須了斷，由此以觀，修行是很難很難的事。

由有諸欲助發愛性，是故能令生死相續。

欲不只一種，除了男女之間的性欲之外，例如愛錢財，愛名，乃至名利都不愛，愛清高，也都是欲。由於種種的欲望，它是一股力量，使得你不得不去攀緣，使得你千方百計想去了緣，這些更引發增長根本的愛欲，使得我們永遠在生死中打滾受累。

欲因愛生，命因欲有，眾生愛命，還依欲本，愛欲為因，愛命為果。

男女兩性的欲是從愛而來，我們的生命則由欲望而來，男性的精蟲與女性的卵子與我們的愛欲相結合，便有了我們。而我們都愛惜自己的生命，為什麼愛惜生命呢？還是以欲為根本，「**愛欲為因，愛命為果**」。

世界的人都喜歡看漂亮的人，但是，天下最漂亮的人是誰？是自己，對不對？在鏡子裡看自己，越看越漂亮，怎麼看怎麼美，百看不厭。

佛經裡提到釋迦牟尼佛的兄弟難陀出家的故事。釋迦牟尼成佛之後，他的兄弟一個一個都跟他出家了，最後留下難陀，他的父王也準備將王位交給難陀。不只是這位父王擔心釋迦牟尼佛會將難陀帶去出家，難陀的妻子也害怕丈夫會出家，所以對難陀管得極嚴。難陀要出門，在離開之前，妻子先在難陀的額頭點上口紅，規定口紅沒有乾以前要回來，否則處罰。難陀的妻子長得非常漂亮，難陀也非常愛她，所以無話不聽。怕太太是因為愛太太，因為愛，所以怕，不愛就不怕。後來因緣成熟了，時間到了，釋迦牟尼佛托鉢來到王宮化緣。難陀的妻子當然緊張，怕丈夫隨佛一去不回，但是，難陀不出去也不行，兩人爭執了老半天，最後還是老辦法，用口紅在難陀額上一點，規定把飯送出去，倒在鉢裡，馬上回來。難陀到了門口，把飯一倒，釋迦牟尼佛沒有講話，用手一招，難陀就跟他走了，難陀便如此出家了。

難陀出家以後，六神不安，無心修道。有一天，釋迦牟尼佛告訴難陀說帶他去東海玩玩，叫他抓住衣角，使個神通，便到了海邊。沙灘上有具屍體，佛陀帶著難陀慢慢走向它，這具屍體是女的，雖然死了，仍然很漂亮。佛叫難陀仔細看看屍體臉上有什麼？屍體的臉上有一隻白白的蟲，佛問難陀知不知道這蟲從哪裡來的？難陀不知，佛說這隻蟲是這具女屍體的主人變的，因為太愛自己的面貌，所以死後捨不得自己的美色，變成蟲在屍體臉上爬。

然後，佛又問難陀去過天堂沒有？一般凡人哪能去得了，於是，佛又叫難陀抓住衣角，昇到欲界天。天上美女成林，佛問難陀這些仙女比起你的妻子如何？唉呀！簡直不能比啊！太漂亮了！既然你喜歡這裡，就到處多玩玩，我等會兒再來接你，佛說完就避開了。難陀當然高興極了，在眾美色中穿來走去，看到的都是美豔動人的仙女。難陀後來覺得奇怪，怎麼沒有男人？仙女告訴他男性只有一位，我們這五百位仙女都屬於這位男性的天主。那麼，這位天主呢？仙女答道，我們的老闆還沒有上昇，正在人間修行。又問，此人是誰？他名叫難陀，生在印度，他的哥哥是佛，他現在跟著他的哥哥出家修行，等修行果報成功以後，上昇作天主，我們在此等他。難陀一聽，趕緊回頭找哥哥。佛說你知道了，好！我帶你下去好好修行。難陀回去以後，盤腿也不怕腿痛了，念佛也不怕心亂了，拚命用功修行，用功的目的當然是為了這五百天女。

過了幾天，佛告訴難陀說有個地方你要去看看。哪裡？地獄。到了地獄，景象當然很可怕，其中有個大油鍋，火燒得猛烈，兩個惡鬼手拿叉子等著，看得難陀又害怕又好奇，問這兩個惡鬼，你們等什麼人？此人犯什麼罪？惡鬼說此是淫惡之罪，此人現在正在修行，但是，修行動機不純，為了貪圖性愛之欲而修行，因地不真，果招紆曲，此人享完天福之後，便到地獄來受此果報。難陀一聽，大吃一驚。這下子才真發心修行。

人最愛的是自己的生命，為什麼會如此愛惜生命？這就是欲的本身，

「**愛欲為因，愛命為果**」，二者互為因果，而循環不已。眾生愛己命的欲最嚴重。所以，打坐修行要空掉自己的身體。希望能忘掉「我」，結果忘不掉，空不掉，「**愛欲**」之故。所以，以人類文化來說，愛惜自己的生命是必然的現象。若論及愛情的哲學，愛情的出發點如何？是不是自私的情欲與貪念呢？喜愛異性，以及喜愛自己的生命，這些都是貪的根本，也就是生命的根本，生生世世輪轉生死的原因。

由於欲境，起諸違順境，背愛心而生憎嫉，造種種業，是故復生地獄餓鬼。

有了愛欲之心以後，便產生自私的佔有欲，然後，合於我心意的就是順境；達不到我的需求的就是違境。順境時沾沾自喜，得意忘形，碰到違境就產生痛苦，怨天尤人，甚至自暴自棄。人生的痛苦乃是因欲而來的，與欲相違，或是欲望不滿足，便耿耿於懷，渾身不自在，所謂「有求皆苦，無欲則剛」，這世上有幾人不為自己的貪求和物欲掉入名利的牢籠呢？

在佛法中，一般將痛苦歸納為八苦，細分還有二十種苦、十八種苦、十二種苦等等。八苦是生苦、老苦、病苦、死苦、求不得苦、愛別離苦、怨憎會苦、五陰熾盛苦。

生苦，人活著便有許許多多的苦，從小就歷經各種大大小小的考試，長大以後面臨生活就業的壓力，光是這些，苦不苦？苦啊！

老苦，年紀大了，眼睛看東西模糊了，走路也走不動了，吃東西也咬不動了，這個小時候蹦蹦跳跳的機器不靈了，兒子媳婦也不理會你了，你說苦不苦？

病苦，那更不用說了，天不怕地不怕的張飛都怕，你病的時候滋味如何？

死苦，人死時，四大分散更是痛苦，別說死，未死聽到死、想到死都心有餘悸，莫可奈何。生老病死是人生必經的四個階段，誰都不能免。

求不得苦，所追求的得不到，想做生意賺錢，偏偏虧本，買股票碰到長黑全被套牢。古人有兩句詩說：「不如意事常八九，可與人言無二三」，人人生如意的事太少了，大部分都是拂逆其心，而且碰到不如意的事，往往還不能隨便跟別人講。

愛別離苦，所愛的人不能在一起，像我們這一代的中國人，碰到戰亂，離鄉背井到了台灣，而親人父母妻子兒女則留在大陸，這都是愛別離苦，令人扼腕長嘆。

怨憎會苦，不是冤家不聚頭，人與人在一起，永遠是恩恩怨怨，夾雜不清，所以我們看一個家庭的夫妻，就算恩愛甜蜜，也難免都要吵架，碰上冤家嘛！

前面這七種苦已經夠受了，再加上五陰熾盛苦，更是火上添油，不可收拾。五陰就是色受想行識，也就是人活著要受生理心理的煎熬，例如身體上的冷熱，情緒上的低落、煩悶等等。這八種苦其實就是違境，令我們的愛欲處處不能痛快。至於人生的順境呢？那可難了。中國人有兩句老話「福無雙至，禍不單行」，很準的，相信嗎？請小心！

「**背愛心而生憎嫉**」，在人生的旅途上，不管人或事，一違背了「我」的愛欲，憎恨和嫉妒便產生了，這種身心的煎熬誰沒嚐過？青年朋友談戀愛也是這樣，我看得順眼，合我意的，我就愛，愛不到就悲就恨。嫉是嫉妒，吃醋了，這是人性天生的佔有欲，不只是女性容易嫉妒，男性也一樣。女性的嫉妒在愛情上表現得突顯些，男性在嫉妒的表現上範圍廣，你的學問比我好，你開的車子比我大，你戴的手錶比我名貴，心理上都不舒服。正由於這些心理的作用，「**造種種業，是故復生地獄餓鬼**」，便促成種種不同的行為，所以自己便掉入地獄餓鬼道裡去，萬劫不復了。

講到這裡，剛好最近有一位在美國的同學寫信來，問我地獄到底有沒有。他說他看了一本書叫作《大師在喜馬拉雅山》，作者好像是一位喇嘛，這本書對他的啟示很大，但是書上說根本沒有地獄，地獄是宗教家拿來嚇唬人的，這點讓他覺得很疑惑。

各位！您說地獄有是沒有？我在此先講一個故事，以前有位讀書人去問一位法師，有沒有地獄？這位法師說沒有。這個讀書人覺得不對勁，再去問一位禪師，師父啊！有沒有地獄？有。讀書人說，師父啊！這就怪了，我問某某法師有沒有地獄？他說沒有，問您老人家，您卻說有，教我相信誰呢？這位禪師問他說，你有沒有妻子？有。某某法師有沒有妻子？沒有。好！某某法師說沒有地獄是對的，而你就不能說沒有地獄。這位禪師答得非常高明，字面下大有深意。地獄餓鬼有沒有呢？有，絕對有，而且在人間的地獄比看不見的地獄還明白得多。人世間有很多地獄，大家在地獄中住慣了，還當成是樂園呢！但是，佛說過「三界唯心造」，地獄也是唯心造，心若是了了，地獄也就空了，心若不能了，地獄絕對有。如果那位大師真的說地獄是「假造」、「唬人」的，那我並不同意。

知欲可厭，愛厭業道，捨惡樂善，復現人天。

知道了愛欲的可怕，而心生厭離，在愛欲上捨棄惡念，專修善行，所得的果報就是天人境界。天分為欲界天、色界天、無色界天，共二十八天。

又知諸愛可厭惡故，棄愛樂捨，還滋愛本，便現有為增上善果，皆輪迴故，不成聖道。

知道了一切愛欲的可怕，而心生厭惡，因此跑去修道，如同前面提到宗教徒難免有迴避男女愛欲的問題。要捨棄愛欲是很難的事，有些修行人，東躲西躲，到後來碰到了冤家，照樣掉進愛欲裡去。

那麼，厭惡愛欲，捨棄愛欲，是不是問題就解決了呢？是不是就可以超脫輪迴了呢？沒有那麼簡單，「**還滋愛本**」，愛還是在。愛什麼？愛修道，愛清淨，愛道德，這也是愛，這種果報叫「**增上善果**」，即使你修到無色界天，到達非想非非想天，仍然沒有跳出輪迴，不能成就聖道。

是故眾生欲脫生死，免諸輪迴，先斷貪欲，及除愛渴。

佛告訴彌勒菩薩，眾生若想要了脫生死，免受輪迴，「跳出三界外，不在五行中」，第一步先要斷除貪欲，還要更進一步，斷除更深一層的愛。愛如同口渴，非常需要，故名「**愛渴**」。

如何斷除貪欲及愛渴呢？在小乘方面，初步先剃除鬚髮，為什麼呢？因為人之所以覺得漂亮，就是頭上這幾根草，這幾根草花樣可多了，可以變出上百種的名堂來。人有頭髮，如同天人有花冠。天人衰老是由花冠開始萎謝，人也是一樣，人老了，頭髮開始白了或是掉了。所以，出家先要剃除愛欲的色相，其次就是穿壞色衣，不穿花花綠綠的衣服，免得引起愛欲。在大乘方面，那就難了，那是要滾進愛河裡面去修行，跳入苦海茫茫中去磨練的。

善男子，菩薩變化示現世間，非愛為本，但以慈悲令彼捨愛，假諸貪欲而入生死。

大乘的菩薩們為了救度眾生，以各種不同的形態重回世間，自己得了道以後，再回到人間來，我們一般人修行是為了「超凡入聖」，菩薩則是「超聖入凡」。至於變化的道理，各位可以參閱《法華經》的〈觀世音菩薩普門品〉「應以何身得度者，即現何身而為說法。」菩薩是為教化眾生而來，換句話說，菩薩是最偉大的教育家。

菩薩來到人間，並不是因為貪愛，而是為了慈悲眾生，為了讓眾生捨棄貪愛，而菩薩投胎的時候，又假藉貪欲的作用而入胎。這話說得多高明，但是，我們說句良心話，難道慈悲不是情嗎？慈悲也是情啊！把小我的貪欲擴大了就是慈悲，慈悲乃菩薩之累，佛教有兩句名言：「慈悲生禍害，方便出下流。」一般學佛的人講究「慈悲為本，方便為門。」可是要善於運用，不當的慈悲容易衍生禍害，而且落在有情之中。菩薩的全稱叫菩提薩埵，菩提者覺悟也，薩埵者有情也、多情也，合起來就是覺了悟、得了道的多情人，這就叫菩薩。菩薩是因慈悲而有情，在此舉清朝雍正皇帝讚觀世音菩薩的偈子：

三十二應露全身　拯救眾生渡苦津
只此慈悲心太切　卻將覺海作紅塵

這首偈子正是《圓覺經》此段話的寫照。

若諸末世一切眾生，能捨諸欲及除憎愛，永斷輪迴，勤求如來圓覺境界，於清淨心便得開悟。

注意！這裡有一個祕密，假如一切末世的眾生，能夠捨棄一切欲望，以及滅除憎恨癡愛之心，就可以永遠斷除生命的生死輪迴。佛在這裡講得很輕鬆，但是，如何斷除呢？這又是一個祕密。而其實本經前面一開始便早已透露過了。

另外還有一個大祕密。不要認為永斷輪迴之後就可以成道，還要「**勤求如來圓覺境界**」，還要悟後起修，精勤向道，求得佛的大圓覺境界。如果有這樣的立志發心，才有資格稱為學佛的人。很多人問我是不是佛教徒，我說不是，我沒有資格，所謂菩薩道，我一點都做不到。什麼是菩薩？你的眼睛壞了，需要一隻眼睛，好！我給你，馬上拿，考慮一秒鐘，就不算菩薩。這個我做不到，既然做不到，怎麼有資格說是佛弟子？

此段這兩重祕密，我只提出來，不予作答，答案在你們那裡，請自參究。

善男子，一切眾生由本貪欲，發揮無明，顯出五性差別不等，依二種障而現深淺。

現在講到學佛的基本，為什麼一般人學佛得不到清淨呢？因為都在貪欲中，連學佛的動機也是貪欲，想成佛是不是貪？這個貪可貪得大呢！學密宗想唸個咒子馬上成佛，是不是貪？學打坐求長壽健康，這是「壽者相」，也是貪。很多人問我說：老師啊！我打坐半年了，怎麼沒有反應？怎麼沒有消息？貪欲！貪欲！以有所求心修無為之道，此乃背道而馳，非學佛也。假如你能做到一無所求，這是世上第一等人，連佛也不求，你看這人偉大吧！釋迦牟尼佛看到，大概馬上拱手讓位。

由於貪欲，發揮無明之性，顯出了眾生五種不同差別的種性，哪五種性呢？而這五種差別，乃因為兩種障礙而有深淺程度不同，這些佛在後面有所解釋。

云何二障？一者理障，礙正知見；二者事障，續諸生死。

哪兩種障呢？「**一者理障，礙正知見**」，知識越高，學佛往往越難，佛學的知識越多，成佛反而越有障礙。為什麼呢？主觀的成見多，本來腦海裡很單純，學了佛或是信了宗教以後，看別人都不對，唉呀！怎麼不學佛？怎麼不來信教？好像不學佛、不信教就是犯罪似的。然後，拿了一個宗教的尺度到處去衡量別人，批評這個人這裡不對那裡不對，比如什麼學佛又不吃素，差勁啦！甚至把吃素叫作吃齋。吃素是不吃葷，葷是蔥、蒜、韭、薤、興渠五葷，這是五種刺激性的植物，並沒有包括肉。但是我的意思並不是要你吃肉，請別搞錯。不吃肉是不殺戒，為了培養慈悲心。至於齋呢？這是莊子提出來的「心齋」，《禮記》上有「齋戒沐浴」，心念清淨恭敬叫作「齋」，一些人搞不清楚，就以有沒有吃素來估計這個人有沒有修行，忽略這個人的貪欲心如何？慈悲心如何？貪瞋癡慢心如何？於此，我恭勸大家，學佛修道要「嚴於律己，恕以責人」，對自己要求嚴格。中國人講道德，結果，往往都以道德標準去要求別人，而不是要求自己；其實道德是要恕以責人，別人有錯要包容，儘量寬恕別人，原諒別人。

「**二者事障，續諸生死**」，事障又叫煩惱障，有事就有煩惱，心中煩惱多、貪欲多，所以打坐靜不下來，工夫修不上路。事障也就是業力習氣，它是一股力量牽引著你，讓你在生死中輪轉不已。

云何五性？善男子，若此二障未得斷滅，名未成佛。

什麼是五性呢？善男子，假使理障與事障沒有了結，就不能成佛。這段文字很簡單，不再解釋了。

若諸眾生永捨貪欲，先除事障，未斷理障，但能悟入聲聞、緣覺，未能顯住菩薩境界。

佛在這裡所說的五性，五種分類，乃是指聖賢位而言，一般凡夫不包括在內。

「**若諸眾生永捨貪欲**」，眾生要做到永捨貪欲是很難的。若以佛洛依德的性心理學來說，人類的所有行為都與性有關係，這說來也有他一部分的道理。以佛學的觀點來看，我們眾生乃以貪愛為本，所以，出家第一條戒律就是戒淫欲。講到這裡，順便跟各位提一下所謂「漏丹」的問題，譬如遺精，沒有動慾而自然遺漏精液，為何會有此現象呢？這是業識的根本習氣，還是由貪欲而來的？又如入山專修的在家或出家人，離開了塵世，避開了家室，能不能永捨貪欲呢？也沒有那麼簡單。假如能做到了「**永捨貪欲**」，就可證得聲聞乘的羅漢果。

「**永捨貪欲**」那麼困難，如何捨呢？一切有靈知的生物，都有一個共同的傾向——離苦得樂，即使有些生物沒有思想，但是本能也促使他往這個方向追求。例如餓了想吃，因為餓得很難過，吃飽了就舒服；即如學佛修道，也是同此一理。

苦與樂是相對的，你捨掉苦，就得到樂了嗎？不見得，這一捨不也苦嗎？永捨貪欲如何捨呢？關鍵在於轉化，把貪欲轉化昇華了，成為大喜樂的境界。所以，佛教密宗裡有所謂大喜樂金剛的修持方法。大喜樂境界也是成佛的境界，成就了就永遠在大喜樂中。釋迦牟尼佛在最後講到涅槃的境界——常、樂、我、淨，我們現在的我是假我，生命的真我是不生不滅，不增不減，不垢不淨，永恆存在，不是世間的無常之苦，而是永恆之樂，那是真正的我，真正的樂，真正的清淨。

現在這裡所提的「**永捨貪欲**」，是成佛的初步，乃是有限度的永捨貪欲，譬如有人要受出家戒，和尚問你盡形壽能受持否？只問你形體壽命還存在的這一生，能不能守這個戒，這是屬於聲聞戒，又叫別解脫戒。菩薩戒就不只是盡形壽，甚至不只論你的行為，連夢中有所違越也是犯戒，平常偶爾想一下就是犯戒了。不要以為大乘菩薩道容易學，其實最難最難。菩薩戒是菩提心戒，比丘戒或是比丘尼戒有幾百條，而菩薩戒則有八萬四千條，而且還沒有說完呢！起心動念都是戒，所以「**永捨貪欲**」的範圍極廣，佛在這裡所說的，是指這一生或多少生？佛沒有註解。

「**先除事障**」，什麼是事障呢？例如很多人打坐，兩條腿發麻發脹，痛得坐不住，這也是事障。另外有一種人學佛學道幾十年，打坐可以坐上幾個鐘頭，雖然腿不痛，但是，並沒有得樂，這叫作枯禪，像一根枯木愣在那兒，這也是事障。

這裡有一個科學性的問題，人必須斷除狹義男女間的性欲問題，以及廣義的貪欲斷除了一部分，才能把生理轉化過來。何謂轉化「生理」？就是打通身體的奇經八脈，這樣才能斷除事上的障礙以及工夫方面的障礙。也就是說在工夫方面斷除了性愛，打通奇經八脈，才能使身體發樂得定，這樣才能斷除事障，達到羅漢境界。

但是，到了這個階段，認為清淨這一方面是道，守住清淨，不敢稍有動心，如此便落在所知障，所以說「**未斷理障**」。到此階段，也是四果羅漢的境界，叫作聲聞乘的種性。比聲聞乘高一點，就是緣覺乘獨覺佛的境界，然而卻始終不能證得大乘菩薩道的境界。

這一段所講的是天生屬於聲聞緣覺乘根器的人，能夠做到這一生「**永捨貪欲**」。「**永捨貪欲**」是修持的因，果是「**斷除事障**」，但是，卻未斷除理障。等於說很用心學佛的人，住在深山中，萬事不管，在外表看起來，比一般人威儀莊嚴，好像很有道的樣子，但是，以真正的佛法看來，只是屬於聲聞乘的眾生，他不敢入世，即使入世，他的工夫也會垮，事障又會起來。所以，佛在《楞嚴經》裡，對聲聞緣覺乘大加呵責，斥為外道種性。

「**永捨貪欲，先除事障**」，這八個字做起來很不容易唷！也許五輩子或八輩子還做不到。假如一個人能夠斷除一部分貪欲，貪瞋癡慢疑這五個根本事障變薄了，不是沒有了，而是減輕了，柔軟了，再加上定力，證得羅漢初果後，然後至多七返人間，便可達到無生。二果羅漢需要一返人間，三果羅漢則不再生於欲界，四果羅漢在這一生就了了。《圓覺經》在此只是大略地說，詳細情形要研究各種經論，《瑜伽師地論》中的欲地到聲聞地，對於由欲境修到聲聞乘間的身心變化過程有詳細的解說。出家的朋友同時還可參考宗喀巴大師的《菩提道次第廣論》，瞭解如何由人乘修到天乘、聲聞乘。

善男子，若諸末世一切眾生，欲泛如來大圓覺海，先當發願勤斷二障，二障已伏，即能悟入菩薩境界。

假如末世的一切眾生，想要到佛的大圓覺海中遊歷一番，先要發願精勤斷除理障與事障。未來工商業越來越發達，人也越來越忙，事障更難斷。即使斷了外務的事障，身體的疾病也都去除了，達到絕對健康，才去掉事障這一半，然後還要再去掉心理的所知障，把學識上的理障去掉。你說我把現在習。什麼是「**因地法行**」呢？就是發心、立志，動機的出發點是為什麼？例如有人學佛的動機是感到人生很痛苦，想要脫離痛苦，這樣的「**因地法行**」修得好所得到的是什麼呢？小乘之果。假如有人學佛修行是為了拯救世人的苦難，這樣的發心是大乘的「**因地法行**」。所以，同樣的學佛，不論是出家或在家，不論是修何種宗派，最重要的是看你的動機為何？又如我們現代的教育很普及，但是大學生求學的目的何在呢？大部分是為了自己將來的出路，這樣的出發點乃是自私的功利思想。很多人來找我學打坐，我都會問為什麼要學打坐啊！為了使身體健康一點，為了求福報安樂，有的甚至莫名其妙，只是覺得好玩，這都是因地上的偏差。

「**爾時修習，便有頓漸。**」由於初發心的不同，因此修行便分為兩路，一是頓悟，一是漸修。《圓覺經》在這裡只講大綱，其中的道理包括很多，若要詳細研究，必須融通大小乘各種經論。不過話說回來，佛在世現身說法，其教育手法又與一般善知識不同，他接著補上一句：「**根無大小**」，只要按照佛的無上正等正覺的修行方法，都會成佛。為什麼根無大小都可以成佛呢？諸位可以參考《法華經》做個研究。

若諸眾生雖求善友，遇邪見者，未得正悟，是則名為外道種性，邪師過謬，非眾生咎，是名眾生五性差別。

假如有些人雖然一心一意尋找明師，但是，一個凡夫哪能知道誰是明師呢？佛經上說：得了法眼淨的人才能分辨哪位是善知識。法眼就是擇法之眼，選擇正法的眼睛，這個眼睛當然不是指肉眼，而是智慧之眼，中國有句話叫作「慧眼識英雄」，也是這個道理。假如自己沒有擇法之眼，碰到了見解不正確的人，就被引到歪路上去，無法得到正悟，這樣叫作「**外道種性**」。什麼是外道呢？心外求法叫作外道，這個觀念要把握住，外道不是指佛教以外的宗教如基督教、天主教、回教、道教、一貫道……，即使是佛教徒，你心外求法就是外道，外道種性再加上前面所講的聲聞、緣覺、菩薩、佛四種種性，就是眾生的五性差別。

那麼，這個錯誤、罪過由誰來負呢？當老師的人要負這個責任。所以，注意啊！我們不要隨便冒充善知識，不要認為自己有所得，很高明了，就到處去教人家，賣弄佛法。在此請各位不要認為我是老師，我自己一輩子都不覺得自己是老師，你們客氣叫老師，那是你們的德性，與我不相干，我自小一直以學生自居，希望自己一生永居學生之位，活到老學到老。我平常只是隨緣而對遇到的一些朋友講一些該說的話罷了。孟子有句話講得極好：「人之患在好為人師」。每個人都有傲慢好勝的心理，都想比人家好，都想教訓別人，都想指導別人，這是人的毛病。這是什麼心理？在佛學上是屬於貪、瞋、癡、慢、疑中「慢」的作用，也就是貢高我慢，由我見而來。如果有人以盲引盲，自認高明，那這種「**邪師過謬**」是很嚴重的！尤其是在佛法上自認為是老師，自認為有所得而教人家，會出差錯的。

中國自古以來講究「尊師重道」，但是，到了現代似乎已經沒有了。小學裡還有一點，小學生剛上學，老師早，老師好，那是真的，到了五六年級就差了一點。等到了國中、高中又更差了。至於在大學這一階段那就更談不上了。有許多同學在路上遇見老師，假裝沒看見，假如跟你翹個下巴，那已經很了不起了。因此，有很多教授對他的學生全不記得，當然這種現象教授本身也有責任。像清朝的年羹堯之所以能夠成為大元帥，與他老師的教育關係很大。所以，他對老師非常尊重，不只是敬重自己的老師，對請來教兒子的家庭教師，古人所指的西席先生，也極為尊重。他特別在西席先生的門口寫了一副對聯，上聯是「不敬師尊，天誅地滅」，下聯是「誤人子弟，男盜女娼」，包含了兩方面警世的涵意。他只要在家裡吃飯，一定陪著西席先生吃。有一次，廚子端上一盤鴨掌燒豆腐，是這位老師喜歡吃的，太燙了，把老師給燙著了。年羹堯把筷子一放，眼睛一瞪。過了一會兒，廚房端出一個人頭出來，另一種說法是一隻手，那位廚子被砍了。當然這是年羹堯威風的過度膨脹，卻也可作為尊師重道的一個襯托、比喻。即使你考取了狀元，當了宰相，回鄉來見啟蒙老師，還是要把官服脫掉，跪下來向老師磕頭，表面是禮貌，其實是感恩。你不這樣做，別人看不起你。現在不一樣，錢多了，地位高了，學問就好了似的，其實學問是金錢能買得到或地位能換得來的修理你，這是中東地區沙漠國家的做法，姑且引用來對大悲方便作為一種類比的說明。

在座各位特別注意！「**菩薩唯以大悲方便，入諸世間。**」大乘佛法只有以「**大悲方便**」入世，而非出世。而且菩薩入世是不拘形式，沒有一定的形象，也不一定以佛學的名相來講佛法。民國三十九年，我剛到台灣時，有一天一位朋友來告訴我，我的一位同鄉死了。怎麼死的？我這位同鄉得了肺病，搭船要到澎湖，航行到夜晚，碰上颱風，船被刮得觸礁，快要沉沒。他的朋友找個救生圈給他，他看到旁邊一個太太抱著一個小孩在哭，他便把救生圈給了這位太太，叫她趕緊帶著小孩走。過了一會兒，他的朋友看到他還站在那裡，又去找了一個救生圈給他，叫他趕快跳。他看看，有一位年輕人沒有救生圈，又把自己手中這個救生圈送給年輕人，最後自己跟著船沉下去了。什麼是菩薩？這就是菩薩。菩薩在哪裡？就在人世間，就在社會裡。

菩薩永遠是濟世救人，教化人家。「**乃至示現種種形相**」，這就要看《華嚴經》裡善財童子五十三參的事蹟，善財參了五十三位大善知識，有作屠夫的，有作皇帝的，有作妓女的，有作比丘的，有作比丘尼的，有賣唱的，也有修外道法的。真正的佛法不拘於形式，並不一定非要剃個光頭，披個袈裟，敲個木魚，才是對的。

什麼叫「**逆順境界**」？順境界者，慈悲教化，就像許多佛公公、佛婆婆們，碰到人就阿彌陀佛，你好啊！我好啊！一臉佛像，滿口佛話，這是順的教化。逆境界者，逆的教化，比如橫眉豎目作強盜的，就像今天報紙刊登有八個搶銀行的，臨刑前懺悔，叫年輕人不要幹這種事，這也是一種以身說法，反面的教材。當年我在四川，與袁老師去一個廟宇，沿路上都是朝山的人，三步一拜的善男信女非常多，走都沒有辦法走，路的兩邊則跪滿了討飯的乞丐，沒有鼻子的，瞎一隻眼的，斷一隻手的，各種怪模怪樣都有，有些長得真不敢看，我身上裝的錢，一路走，一路丟。後來，我的老師問我，你看到菩薩沒有？我說沒有呀！老師說你是瞎子！我說我真的沒有看到，他說跪在道路兩邊的都是菩薩，你還送錢給他，供養他，與他結緣呢！這也是逆境界，告訴你人生是那麼的苦。

菩薩就是與這些窮苦的人生活在一起，「**與其同事，化令成佛**」，這是具有菩薩種性的人，從無始以來，就有這種清淨願力。假如沒有這種清淨願力，沒有發起這種大悲心，光是盤腿打坐，吃吃素，唸唸佛，嗡嚨嗡嚨唸幾個咒子，這樣就想要成佛，成嗎？

若諸末世一切眾生，於大圓覺起增上心，當發菩薩清淨大願，應作是言：願我今者住佛圓覺，求善知識，莫值外道及與二乘，依願修行，漸斷諸障，障盡願滿，便登解脫清淨法殿，證大圓覺妙莊嚴域。

什麼叫作「**於大圓覺起增上心**」呢？有一個原則要把握住，我們的自性是本來圓滿清淨的，叫作大圓覺，但是，現在卻在迷糊中，如何找到原來的大圓滿、大清淨覺性？如何起修？「**起增上心**」就是希望求得覺悟，那麼，第一步要怎麼走呢？如何起步呢？「**當發菩薩清淨大願**」，學佛的第一步就是發願。發願就是一般所講的立志，立定志向、目標。「**願**」就唯識學來講，也是欲，但是，也有所不同。所以，改個名稱叫「**願**」。為了自我的滿足，自私自利的叫欲；犧牲自我，超越自我，為了利他，發起無緣之慈、同體之悲名願，此謂清淨大願、大悲大願，或者大行大願。總而言之，菩薩道有四個方向、目標——慈、悲、喜、捨，這是四大行願，一切的修行都要朝這個大方向去做。換句話說，學佛的人作人做事，離不開這四個字的內涵、標準、原則。到了最後，連「慈悲喜捨」也要捨掉，達到大圓滿清淨覺性的境地。

發願是學佛的第一步，釋迦牟尼佛在這裡教我們如何發願。這一段等於是大乘菩薩的發願文。我們做任何一件佛事，如拜佛、打坐，都先要發願，看你的目標是求什麼？一般人拜佛求什麼呢？求菩薩保佑，保佑一家大小平安不要生病，做生意發大財，都是在求利，都是自私的功利主義思想。菩薩很難作唷！人家磕一個頭很簡單，脖子彎一彎，你就要保佑他這樣那樣，保佑不到，便說這個菩薩不靈。當菩薩很可憐的！你看看人的心理，磕個頭，要求那麼多！做了一件善事，就要求善報，何況磕個頭算不了什麼善事。真正學佛發願不是這樣，釋迦牟尼佛在這裡說，「**願我今者住佛圓覺**」，希望我求取佛道，例如在念佛、打坐、唸咒、觀想、參禪時，能夠進入佛的清淨圓滿覺性之中。

同時，還要「**求善知識，莫值外道及與二乘**」。學佛須靠善知識指引，所以，學佛者都希望能夠遇到真正有所成就、具備正知正見的明師。善知識不僅代表人，也代表經教，經典也是善知識。經典分為了義教與不了義教，了義教是徹底的佛法，是我們的善知識；不了義教是方便教育，僅作為參考之用，不能算是大善知識。「**莫值外道及與二乘**」，不要一開始走路，就走上外道，什麼叫外道呢？心外求法就是外道。那麼，什麼是二乘呢？聲聞與緣覺。

我們講到這裡，常常碰到出家或在家的朋友們，有很多的見解都屬於外道而不自知。在我個人的觀點看來，現在很少有真正的佛教，都摻和了許多外道知見，譬如以打坐來說，有人說子午卯酉的時辰不可以打坐，而另有人則說非在子午卯酉的時辰打坐不可。子午卯酉的時辰能不能打坐這是道家的觀念，而且這還不是正統道家的觀念。真正的佛法是破除了時空的觀念，哪裡受子午卯酉的限制？又如看風水選日子都是同樣的道理，一個真正學佛的人，應該是時時大吉，方方大利，萬法唯心嘛！

講到外道，我勸各位不要隨便罵人家外道，你懂不懂這些外道？不懂，隨便說人家是外道，這是仇恨心理，看別人不起，如此則違反學佛的道理，學佛的人應該尊重任何人。

佛要我們發願，希望學佛時不要碰到外道，以及聲聞、緣覺二乘。在我們一般的觀念裡，聲聞與緣覺總不是外道吧！聲聞與緣覺是羅漢境界，怎麼是外道呢？不！你翻開《楞嚴經》看，佛在最後講五十種陰魔，還在罵聲聞與緣覺屬於外道。為什麼呢？他們還在「心外求法」，換句話說，還沒有徹底地明心見性，雖然到了羅漢境界，只明白了一半，還未圓滿。依《圓覺經》來講，還沒有達到大圓覺境界。在禪宗而言，達摩祖師到中國來傳禪宗，他講到「人天小果，有漏之因」，沒有證得菩提以前，沒有證得大圓滿自性以前，沒有徹底地明心見性以前，所有的修持包括持戒、修定、修慧，都屬於「人天小果，有漏之因」，都屬於外道知見。

以上是釋迦牟尼佛教我們的第一段發願文。接下來是第二段發願文。

「**依願修行，漸斷諸障。**」希望碰到具有正知正見的善知識，瞭解真正的佛法，由此慢慢修行，切斷了各種障礙。有哪些障礙呢？歸納起來有事障與理障。事障，後世加上一個學名叫作煩惱障，什麼叫煩惱障？例如我們打坐，心裡雜念紛飛，靜不下來，或是腿痛發脹，這些是煩惱障，也是事障。理障呢？知見不明，智慧不開，不能明心見性。這些障礙無法馬上排除，必須漸漸斷除。願力越堅固，則越容易得到佛菩薩的加庇。很多人在佛菩薩或某某上師前面磕個頭，菩薩啊！你加庇我！好像只要磕個頭，什麼事情都不要管了，菩薩會幫忙我，這是什麼心理？依賴心。所以，我常常對年輕人說：你不要來學佛啊！先去學作人，人都作不好，如何能學佛？對不對？例如這種求加庇、求加持的依賴心理，如何能學佛？所謂加庇是你自己本身先健全起來，然後加上庇護，互相感應。自己不努力，自己不用功，佛菩薩想加都加不進去，想庇都庇不上去。

所謂加庇的道理，就是我們自己中國文化本有的觀念。古德云：「自助天助，自助人助。」你要想得到別人幫助，自己先要站得起來。如同跌倒了，躺在地上叫說「你們來加庇我啊！我站不起來呀！你們抱我到家裡，抱到床上，還要餵我吃飯啊！你們要加庇我啊！」你們說這像話嗎？只要你們依教修行，努力用功，自然會得到佛菩薩的加庇，你真有願力，自然可以得到佛菩薩的加庇。我經常碰到學佛的人來說，老師啊！見了你回去以後，境界好得很，老師你加持我。我說，別胡扯了，那是你自己用功。還有更妙的，有位同學告訴我說，在美國有一個人完全得到我的加持，才有如此成就。其實，我連他是誰，名字都忘了，我哪有那麼大的本事？我的手哪有那麼長伸到太平洋那邊去加庇他？一切都是他自己的努力。

又如基督教的《聖經》提到一些痲瘋病人看見耶穌，趕緊求耶穌救我啊！這些病人摸了耶穌的衣袍，病一下子就好了，跪下來感謝耶穌。耶穌說，不要感謝我，感謝你自己。對呀！為什麼感謝自己呢？信則得救。耶穌此話很高明，一點都沒有錯。可惜《聖經》因為翻譯的關係，很多話、很多意思都走了樣，表達得不理想，假如耶穌再復活看到這樣的《聖經》，一定傷心透了。

「**障盡願滿**」，請注意這四個字。你說我也做好事，也信佛，也皈依，也吃素等等，好像都沒有效果，業障還是那麼重。抱歉！這些都毫不相干。事障與理障總歸叫業障，業障包括善業、惡業、不善不惡業。造善業則有福報，造惡業則有罪報，不善不惡則有無記報。什麼是無記報？就是莫名其妙的事，例如走在街上莫名其妙地被車子撞著了，都是無記報。因為業障深重，修行不能上路，所以所求不能滿願。

若能「**障盡願滿**」，便自然解脫，自然自性清淨，自然「**便登解脫清淨法殿**」，見到自性大圓滿的境界，覺性清明，「**證大圓覺妙莊嚴域**」。

以上是釋迦牟尼佛答覆彌勒菩薩的結論，下面是把以上所講的內容，再歸納為梵文押韻的句子，等於中國的詩詞。但是，翻譯成中文時，很難翻成押韻的詩，因此，翻譯的大師們另創造了新的佛教文學，叫作偈頌，脫離了平仄音韻的規範。

爾時，世尊欲重宣此義，而說偈言：

彌勒汝當知　一切諸眾生　不得大解脫　皆由貪欲故
墮落於生死　若能斷憎愛　及與貪瞋癡　不因差別性
皆得成佛道　二障永消滅　求師得正悟　隨順菩薩願
依止大涅槃　十方諸菩薩　皆以大悲願　示現入生死
現在修行者　及末世眾生　勤斷諸愛見　便歸大圓覺

彌勒汝當知　彌勒菩薩你應該知道，
一切諸眾生　所有一切的眾生，
不得大解脫　不能得到大解脫，
皆由貪欲故　都是因為貪欲的緣故，
墮落於生死　墮落在生死輪迴之中。
若能斷憎愛　假如能夠斷除憎恨埋怨以及喜愛嗜好，
及與貪瞋癡　以及斷除貪瞋癡，

不因差別性 內心達到無分別的境界，

皆得成佛道 自然就成佛了。

各位念佛的時候，內心有無愛憎？有愛憎。愛什麼？愛阿彌陀佛，憎什麼？憎妄想。唉！念佛不應該想股票，罪過！罪過！趕緊再念阿彌陀佛！阿彌陀佛！你看是不是都在愛憎之中？假如你對佛既不愛，對其他的妄想也不憎，自然清淨，淨土現前。

二障永消滅 一切修行的大原則就是去除煩惱障與所知障。

求師得正悟 然後還要求得大善知識的明師指引，明師很難找，也很難辨認，誰是我們的明師呢？本師釋迦牟尼佛就是我們的明師，他的經教還在，學佛要以佛經為根據，直接向佛經求取正法。

隨順菩薩願 悟道之後，發大慈大悲菩薩之願。

依止大涅槃

悟道成佛以後，依止大涅槃，在哪裡涅槃呢？就在世間，不垢不淨，畢竟清淨。不要以為成佛以後就不來了，而是「悲不入涅槃，智不住三有」，悲智雙運。

十方諸菩薩
皆以大悲願
示現入生死

十方諸位大菩薩，都因為本事的大悲願力，再度來到五濁惡世度眾生，所以佛教的精神是積極入世救世救人的，而非消極逃避現實。

現在修行者
及末世眾生
勤斷諸愛見
便歸大圓覺

佛又再三吩咐，現在修行的人，以及未來末世的眾生們，如何修行呢？努力勤奮去斷除自己內心各種愛憎的觀念，自然大澈大悟，回歸清淨圓滿的大覺性。

第六章　清淨慧菩薩

內容提要

一切眾生和諸菩薩如來所悟得的道有無差別

成佛是什麼境界

什麼是般若

什麼是涅槃

什麼是成佛最好最快的方法

於是清淨慧菩薩在大眾中，即從座起，頂禮佛足，右繞三匝，長跪叉手而白佛言：

這段當時印度見佛的禮儀，我們不再重複講了。

大悲世尊，為我等輩廣說如是不思議事，本所不見，本所不聞，我等今者蒙佛善誘，身心泰然，得大饒益。

大慈大悲的世尊，你為我們大家詳細分析解說如此不可思議的事情，我們從來不曾見過，從來不曾聽過。我們現在承蒙佛的循循善誘，身心舒暢，得到很大的利益。

願為諸來一切法眾，重宣法王圓滿覺性，一切眾生及諸菩薩如來世尊所證所得，云何差別？令末世眾生，聞此聖教，隨順開悟，漸次能入。

清淨慧菩薩在此提出的問題是接著彌勒菩薩的問題而來。應了中國的一句話「打蛇隨棍上」。

清淨慧菩薩很會說話，先恭維釋迦牟尼佛一番，世尊啊！您了不起啊！您講的話真是不可思議，我們從來沒有聽過，自從聽了您的話以後，我們好舒服唷！希望您為大家再重宣「**法王圓滿覺性**」，還不是為我哦！是為了大家以及一切眾生。你看他推得多乾淨，他好像一點事情都沒有，而且還是替您老人家將來教化眾生，逼得佛非說不可。我們說句開玩笑的話，清淨慧菩薩好滑頭唷！他自己推得乾乾淨淨，所以叫「**清淨慧**」，他真清淨！真有智慧！

他問什麼問題呢？他說一切眾生和諸菩薩以及如來他們悟得什麼？證得什麼？菩薩所悟的道與佛所得的道其中有何差別？還有眾生所得的差別又在哪裡？他說請佛將這個道理告訴我們，我們負責替您宣揚廣播，使將來的末世眾生，聽了佛所講的聖教，依教奉行而開悟，一步一步地進入佛的境界。

作是語已，五體投地，如是三請，終而復始。

由此可瞭解人類的文化，凡是對重要的事情，大都再三重複，就像現在的法令在頒布之前，必須經過立法院三讀通過。

爾時，世尊告清淨慧菩薩言：善哉！善哉！善男子，汝等乃能為末世眾生請問如來漸次差別。汝今諦聽，當為汝說。

此時，釋迦牟尼佛告訴清淨慧菩薩說：好的！好的！善男子，你們能夠為了末世眾生來問修行漸次的差別，你現在好好聽，我來告訴你。

時清淨慧菩薩奉教歡喜，及諸大眾默然而聽。

清淨慧菩薩聽了很高興，其他大眾也都靜靜聆聽。

善男子，圓覺自性，非性性有，循諸性起，無取無證，於實相中，實無菩薩及諸眾生。何以故？菩薩眾生皆是幻化，幻化滅故，無取證者，譬如眼根，不自見眼，性自平等，無平等者。

這一段有很多「**性**」字，性啊性的，不容易懂，卻是非常重要，佛學的基本哲學在這裡。

「**圓覺自性**」就是我們心性的本體，也就是《華嚴經》所講的「心、佛、眾生三無差別」，心就是佛，佛就是眾生，三者一體。若真想見佛，不是要見到佛的像，凡所有相皆是虛妄。基督教說不要崇拜偶像，佛教也是一樣不崇拜偶像，《金剛經》上說：「若以色見我，以音聲求我，是人行邪道，不能見如來。」但是，基督教講究不崇拜偶像，卻又拜起了十字架。佛教反對拜偶像，為什麼又拚命拜佛像呢？其實不是拜佛像，而是拜自心。當你一念誠懇恭敬拜下去的時候，心無雜念，心即是佛。而且你把佛像當成真的佛拜，立假即真，萬法唯心，因為你的誠心，感應道交，自助天助，只要你的心造得出來。它就是真的，自然就有功效。

講到拜佛，很多人見到我，就跪下來磕頭。我一輩子最怕這一套了，無論男女老幼或是在家、出家人向我磕頭，我一定馬上先跪下來。假如人家向你磕頭，你自認為是善知識予以接受，完了！有這一點傲慢心就完了！所以，我叫你們趕快回拜人家，並且要非常真心誠敬。拜佛也是一樣，一合掌，對佛萬分恭敬，此時你的心謙恭安詳，得利的是你自己。

所以，要多拜佛，多求懺悔，學佛不拜佛，這算什麼學佛？有些青年知識份子拜佛覺得不好意思，好像很丟臉，一點氣派、一點膽量都沒有！要拜佛就拜佛，目中無人，恭恭敬敬拜下去，這才是大丈夫，連這一點心量都沒有，還學什麼佛？不過，我年輕的時候也曾經一度如此，跟很多同學一起到寺廟，心裡很想拜佛，但是，看到其他同學都不拜，實在不好意思跪下來拜，等到大家走了，趕快跑回去匆匆忙忙拜一下，怕人家看見。可是，有一天想想不對，非丈夫也，我要拜佛，還管你們啊！我又不是為你們而活，為什麼要在乎你們？我到基督教的教堂，也一樣跪下來拜，耶穌在西方教化了那麼多人，他也是聖人，他被釘到十字架上，流出鮮紅的血，那真痛的！他沒有怨恨別人，他說我為世人贖罪，憑這句話，我非向他磕頭不可，了不起的菩薩！

「**圓覺自性**」就是一切佛及一切眾生相同的本性，為什麼我們現在沒有開悟？為什麼諸佛菩薩先我們開悟而成道？佛告訴我們一個基本理由——「**非性性有**」，這四個字如何解釋？照字面上來說，非性，不是性；不是性嘛！又是性。「**非性性有**」，性有非性，這講些什麼？你多去想想，真會想成神經病。「**非性**」就是一切萬法無自性，例如這張桌子是不是原本就有這張桌子呢？不是的，它是由山上的樹木砍下來，鋸成木材，經過木匠製造而成。再說，木材是不是原本就有木材呢？也不是的，它是由一粒種子，吸收水份、陽光、養份，慢慢長成的，如果碰上大火一燒，便化成灰燼，變成其他的元素。所有的萬物都沒有它自己固定不變的本質，所以萬法無自性，這叫作「**非性**」。

那麼，「**性有**」如何解釋呢？這裡的性是指宇宙萬有的本體，這也是一切生命的來源，這也是一切眾生與諸佛共有的本體，我們也可以稱之為真如、涅槃、菩提、實相般若、一真法界，禪宗講的明心見「性」就是這個性。

談到這裡，再引證孔子的孫子——子思所著的《中庸》向各位說明。《中庸》上說：「天命之謂性，率性之謂道，修道之謂教，道也者不可須臾離也，可離非道也。」一切眾生的生命本來就有，叫作天命之謂性。率性不是亂來。我要打你就打你，這不叫率性；率性就是《心經》上所講的自在，明心見性自在了以後，叫作道。悟了道以後起行，起菩薩萬行，悟後起修叫作教。「道也者不可須臾離也，可離非道也」，須臾就是佛教所講的剎那，道這個東西一剎那之間都不可以離開，可離開的話，就不是道了。道在哪裡呢？不要向外找，就在你那兒，道不是修來的，它不增不減，只是你沒有認到而已，不迷，你就在道中間。不管在中國或在印度，都有相同的思想，所謂「東方有聖人出焉，西方有聖人出焉，此心同，此理同。」把中庸的道理拿來融會貫通，就比較容易瞭解「**非性性有**」的道理。

接下來，「**循諸性起**」，學佛修道要怎麼修呢？依性起修，從自己的心性上開始起修，修行的意思就是修正自己的心理行為。「**循諸性起**」的意思就是《中庸》上所說：「天命之謂性，率性之謂道，修道之謂教。」先要明心見性，認識生命本有的自性，才能率性，才能自在。禪宗的五祖告訴六祖：「不識本心，學法無益。」沒有明心見性以前，不論你修什麼法，不管是顯教、密教，都沒有用。必須明瞭認識了圓覺自性，「**循諸性起**」，依性起修，最後成佛。

成佛是什麼境界？「**無取無證**」，學佛很難吧！你還以為真有所得呀！一般世間凡夫學佛修道都是以有所得之心在修，那麼，不修行不做工夫行嗎？搞不好落入畜生、地獄之中。《心經》也告訴我們：「不生不滅，不垢不淨，不增不減。」你修了一萬年，不增，沒有多一點；你不修它，它少了沒有？沒有，不減。上天堂，它沒有變成純淨一點；下地獄，它也沒有變得污穢一點；不垢不淨。下地獄受苦，誰在受苦？自性曉得在受苦；上天堂享福，誰在享福？也是自性知道在享福。我們一般人都在苦、樂、憂、喜的感受中，苦、樂是屬於生理的感受，憂、喜是屬於心理的感受。捨，都把它空掉，若能把苦、樂、憂、喜的感受都空掉，那就是不苦不樂，就是極樂。《心經》接下來講：「是故空中無色，無受想行識，無……」一路無到底，最後，無智亦無得，等於《圓覺經》這裡所講的「**無取無證**」。

注意！我們聽了以後不要吹牛唷！剛才所講的是成佛境界，我沒有成佛，沒有悟到圓覺境界，不要看了《圓覺經》，懂了一點道理，會背幾句，就在外面亂講什麼無取無證，佛法不用修了。你沒有證得而亂說，就是犯妄語戒，未得言得，未證言證，這罪很重，是無間地獄的罪，在密宗來說是金剛地獄的罪，我們不可以作佛法的大騙子。

「**於實相中，實無菩薩及諸眾生**。」實相就是見道的真正境界，相就是現象、境界。「相」在中國文化裡用得很多，《金剛經》講「無我相、無人相、無眾生相、無壽者相。」《心經》講「是諸法空相」，這些都是相。

我們學佛經常聽到說不要著相，凡是看得到的人、事、物都是相，看不到的思想、觀念也是相，拜佛像也是相。那麼，拜佛像不是也著相了嗎？這是什麼道理？因為拜佛像而對三世諸佛起恭敬心，由此領悟自性，真正受益得利的是自己，禮拜的是自己。

不只是拜佛像，很多出家人或在家人喜歡拜經，一句一拜，或一字一拜。以前有位大和尚拜《法華經》，一字一拜，拜了八九年，有一天時節因緣到了，拜到了一個字——屎，突然發現不對，我拜佛可以，為什麼要拜大便？這一下大徹大悟了。這是拜佛經的功德。還有一位和尚拜《心經》，也拜了好幾年，有一天拜到「無眼耳鼻舌身意」，不對呀！摸摸自己的臉，臉上明明有眼睛、耳朵、鼻子。為什麼《心經》說沒有？這一下悟道了。

所以，不拜偶像，拜的是佛法。但是，你真把它當相來拜也對，真把它當佛來拜也對，等於我們遊子想到父母的樣子就難過，一樣的道理，以上所講的是「相」的問題。

接下來再講實相的問題。成佛是智慧的成就，但是，智慧仍然無法表達佛法高深的含義，所以，保留原音不翻譯叫作「般若」。般若有五種意義，分為五種般若：（一）實相般若（二）境界般若（三）文字般若（四）方便般若（五）眷屬般若，這五種般若都是般若的範圍，包涵了世間及出世間所有的學問知識，直接翻譯為智慧並不很貼切。

什麼是實相般若呢？就是悟了「**圓覺自性，非性性有，循諸性起，無取無證**」。到了無取無證，就是到了成佛的境界，也就是實相無相，沒有境界的境界，就是道之本體。接下來的是起用，起用就不是無相了，而是有相有境界。

什麼是境界般若？菩薩有菩薩的境界，羅漢有羅漢的境界，做一天工夫有一天工夫的境界，不修行也有不修行的糊塗境界，這就是境界般若。

文字般若？悟了道，智慧開了，文字學問自然就好了。以前在我家鄉，有位打漁的漁夫，一個大字也不認識，忽然跑去出家，拜佛拜了九年，在大殿的石頭上，都拜出了印子來。後來不拜了，跑去睡覺，一睡又是睡了好幾年。醒來以後，又會寫文章，又會作詩。他的詩真好，我早年讀書，開始喜歡的詩就是他的。另外在四川一個寺廟的方丈，也是個怪人，現在家相，叫作楊剃頭，幫人家剃頭，嘴裡念念有辭，但是，不曉得他說些什麼。他自己不肯剃度，但是，也沒有家眷，大家曉得他是悟了道的。人家拿佛經上的問題問他，他都答得出來。甚至，有些讀書人故意拿小說上的問題問他，他也照樣告訴你這句話在哪本書上第幾頁第幾行。人家再問他：「師父啊！你沒有讀過書，你怎麼知道？」他就瞪起眼睛罵人：「格老子！我沒有讀過書，你們不是讀了那麼多書？你們讀書就是給我讀的呀！」這是什麼道理？「**非性性有**」，一切眾生的心性都相通，這就是文字般若。

那方便般若呢？方便就是各種方法，包括各種科學、技術、學問、氣功、外道、魔道等等，你懂得越多，你的方便就越多。

眷屬般若呢？布施、持戒、忍辱、精進、禪定這些屬於眷屬般若，屬於行的部分，屬於道德方面。

為了解釋「實相」，我們講了那麼多。現在，再轉回來。「**於實相中，實無菩薩及諸眾生。**」真正得了道，到了無取無證，或者說無修無證，也就是十地菩薩的無學位，一切了不可得，此中無眾生，無菩薩，亦無佛。

「**何以故？**」什麼原因呢？「**菩薩眾生皆是幻化**」，一切有成就的菩薩與一切凡夫眾生，在一個大原則之下而言，都是幻化。什麼是幻？原來沒有的東西把它想成有，就是幻，所以叫幻想。電影、電視是不是幻？不是，那是影。以歷史的眼光來看，我們現在聚在這裡也是幻化，為什麼呢？一千年以後，一萬年以後，我們還在嗎？這個大樓還在嗎？我們是幻化，菩薩也是幻化，菩薩悠然而來，悠然而去，這是幻化。《金剛經》上說：「如來者，無所從來，亦無所去」，這也是幻化。真如，如真，好像真的，幻化。

「**幻化滅故**」，真正到了空的境界，就是幻化皆滅。所以，我們注意唷！不管打坐也好，念佛也好，修密也好，一切所有的眾生都靠不住，都會變化，所有一切眾生都是幻化。必須要達到連空都空掉，幻化滅了，無取無證，畢竟空，才算是大澈大悟。

佛怕大家聽不懂，又作了一個比喻，「**譬如眼根，不自見眼，性自平等，無平等者。**」我們活了一輩子，哪一位看過自己的眼睛，或者看過自己的臉，看過沒有？看過？那是在鏡子裡看到過。對不起，那是假的，鏡子上的影像是交叉反射的，學過物理就知道，它是左右顛倒相反的。眼睛能夠看到別人，但是，看不到自己。作人也是一樣，人總是看到別人的缺點，看不起別人，喜歡批評別人，卻不曉得反省自己。看不到自己的缺點，這是眾生的愚蠢，所以，學佛要少看別人的缺失，多看自己的過錯。佛為什麼作這個比喻呢？因為我們的心也跟眼睛一樣，認不到自己，心在哪裡？自己找不到。修行的道理也是如此，把心收回來，返觀自己，也就是《心經》上所說：「觀自在菩薩行深般若波羅蜜多時，照見五蘊皆空。」這是佛以眼不自見眼作比喻的祕密，因為心就是佛，而一般眾生拚命向外找佛，所以無法明心見性。

佛在這一節裡，最後作了一個結論，講了一句名言：「**性自平等，無平等者。**」一切眾生的自性本來都是一樣平等，佛與眾生都一樣平等，說得更徹底一點，甚至也沒有一個叫平等的東西。平等的觀念是釋迦牟尼佛先提出來的，因為世界上的人或者東西就其相而言沒有平等的。其實，人世間的百態若真平等了，那就不好玩了。城市裡的樓房都是一樣高，你我也一樣高，一個長相，你窮我也窮，都穿清一色的衣服，戴同一模式的眼鏡，這樣好嗎？形形色色才叫世間，但就在這本體之性及種種差別相中，它就是平等的，因此佛法又說「性相平等」，性是指本體，相是指現象，就是用，體與用平等，本體與現象平等，為什麼呢？因為體與相都是空，沒有一個平等的形象存在，若是弄出一個全部齊一的平等形象，那又不平等了。若論平等的觀念，一般政治上所講的平等，只限於人權的平等，釋迦牟尼佛所講的平等，則不只限於人與人之間的平等，一切眾生平等，連貓、狗、螞蟻、蒼蠅、蚊子等等一切眾生與我們均一切平等，凡是有生命的均一切平等。

眾生迷倒，未能除滅一切幻化，於滅未滅妄功用中，便顯差別，若得如來寂滅隨順，實無寂滅及寂滅者。

因為一切眾生自己迷惘，觀念顛倒，所以不能滅除一切心理、生理上的幻化境界，不能清淨。在這裡特別請諸位用功修行的人，注意下面一句：「**於滅未滅妄功用中，便顯差別。**」大家都在做各種工夫，都在修道，其中會遇到很多境界，而這些境界都是人妄想所造成的，這也是一種「**迷倒**」，甚至有人得到一點清淨的境界，便以為是悟道了，這正是大妄想。「**於滅未滅妄功用中**」，在應該滅掉而沒有滅掉的妄想境界中，等於各位打坐，想要空掉妄念，於空而未空之間，有時候，覺得工夫不錯，一點妄念都沒有，真的沒有嗎？你知不知道沒有妄念？知道，這個「知道」不是妄念嗎？那麼，你說不知道，對不起，那是昏沉。

「**妄功用**」這句話說得很嚴重，意思說你所有的一切修行，包括打坐、念佛、持咒、觀想等等，都是「**妄功用**」，等於說妄用工夫，都沒有用。很多學佛修道的人碰在一起，會問：「你學佛、修道、打坐幾年了？」有些人很得意地說：「二十幾年了。」好像很了不起，工夫很高。對不起，這些所有的工夫都沒有用。你說工夫好、境界好，那應該真實不變的呀！否則就是像佛所說的「**妄**」，假的。因為你的工夫再好，假如不再繼續修持的話，就沒有了，就變去了，可見這並不真實。再說，每一個好境界來的時候，你應該如如不動，你做得到嗎？所以說，你所修行的有為法，都是不真實的，都是你的妄想所變化出來的，佛稱之為「**妄功用**」。

雖然是在妄功用中，其中卻也有所差別，就拿羅漢境界來說，羅漢有四果，四種不同的果位，與四種禪定層次互相配合。無論是修禪或密宗，學大乘及小乘，都離不開此四禪八定的原則。現在到了末法時代，不管是在家或出家，能夠達到初禪的人，幾乎沒有。初禪就是由繫心一緣達到離生喜樂，配合智慧等其他條件，有成就以後，才是初果羅漢。千萬不要看不起小乘，一般人連初果羅漢都達不到。也千萬不要以為會打坐就是禪了，那只是練習進入初禪的最初步驟而已，密宗及道家講究打通氣脈，但不要以為打通氣脈就可以成佛了，那也只是為進入初禪鋪路而已。十地菩薩的每一地與四禪八定都互相配合。打坐不是禪，下了座以後，在行住坐臥中，在喜怒哀樂中，在清靜忙亂中，能夠繫心一緣，無往而不定，無時而不定，無處而不定，這才叫作定，請問哪一位做到了？

「若得如來寂滅隨順，實無寂滅及寂滅者」。「寂滅」二字是「涅槃」的義譯，寂滅是簡易的翻譯，詳細地翻應該是「圓滿清靜寂滅淨樂」。寂是寂靜，滅是滅除煩惱妄想，寂滅不是死亡的代名辭。注意！不要誤以為寂滅就是什麼都沒有了，而是絕對的寂靜，進入不生不滅中去。「**若得如來寂滅隨順**」，假如有人言下頓悟，隨即順勢進入寂滅成佛的境界中，到此則「**實無寂滅及寂滅者**」。

什麼是涅槃？不是死後才叫涅槃，本來就是空的，本來就是寂滅的，本來就是沒有妄想可以滅的，本來就是清淨的。並不是說你修道有成就以後，才得到涅槃。什麼時候才是成佛涅槃的境界？就是現在，沒有過去，也沒有未來，永遠只有一個現在，而現在也沒有。若能把握現在的一剎那就在寂滅中，現在就是在涅槃境界中，當下即是，不須另外求個清淨寂滅，想求個清淨寂滅，已經不清淨寂滅了。好！假如你拿這個道理跟人家講，好像很懂得佛法，好像悟了道似的！那麼，你就犯了大妄語戒，因為你沒有證得，千萬不要亂說啊！

善男子，一切眾生從無始來，由妄想我及愛我者，曾不自知念念生滅，故起憎愛，耽著五欲。

剛才所講「當下寂滅」是見道的道理，現在佛接著所講的是修道的道理。見道以後，還要修道，禪宗五祖告訴六祖：「不識本心，學法無益。」見道以後，依性起修。

「**一切眾生從無始來**」，「**無始**」是佛教哲學裡特別的名稱，無論東方或西方的文化，都在追求一個大問題，宇宙如何開始？人從哪裡來？西方文化說是上帝創造的。佛教把宇宙的開始稱為「**無始**」，無始就是沒有開始，例如一個圓，任何一點都是起點。有關宇宙的來源和人種的起源，是個大問題，科學家還在探索之中；達爾文說人是由猿猴進化而來的，我可不同意，我的老祖宗可不是猿猴。佛經裡提到地球的人類是由光音天飛下來的，在地上抓地味吃，吃多了就飛不回去了。

我們的生命最初是由妄想而來，妄想有個我，悟道就是把這個妄想的我瓦解掉。一般眾生因為有妄想，所以有我，因為有我，所以有你，有他，然後就我愛你，你愛我，愛來愛去。以前我到大學授課，同學們逼著我講戀愛哲學，我說我不懂，後來被逼著沒有辦法，我說愛是自私的，因為我愛你才愛你，我不愛你就不愛你，你說這是不是自私？愛是絕對自私的，愛是佔有的，愛是痛苦的根源，愛是煩惱的根本。總而言之，愛是由我而來，我是由妄想而來。所以，佛說一切眾生從無始來，由妄想而有我，以及有我就有我愛，而我愛就是自私的佔有。你看！每個人生下來都在抓，抓，抓了一輩子，最後，抓到殯儀館，終究抓不住了，「抓」換個佛學名辭就是「執著」。

好了！佛講到這裡，有個重要問題來了，各位想不想得圓覺境界？請各位現在好好把眼睛閉起來聽講，好好體會佛說的「**念念生滅**」，好好找一找自己心中的佛。各位現在眼睛閉著，覺得有個會聽話的東西，會思想的東西，這就是念，也是這個念形成了假我，念佛的念是這個念，不是嘴巴唸。佛說這個念，念念生滅，像一股流水，自己不知道自己念念在生滅中，你把這個現象看清楚了，把這念念生滅切斷了，變成不生滅，你就有希望了，你就可以學佛了。

念念生滅不停，就形成了假我，產生了妄想，產生了執著，產生了邪見，邪見就是不正確的思想見解，「**故起憎愛**」，因此就產生了喜愛與討厭。所以，年輕人談戀愛，我愛你，愛不到就恨，變成我恨你，若是這樣，愛是很可怕的。愛也好，憎也好，它就是念念生滅的心理作用。所謂圓覺境界就是切斷了念念生滅的作用，過去的念已經過去了，未來的念不去引發它，中間永遠維持這個「空」，寂滅現前。看不清楚這個現象，切不斷念念生滅，就耽著五欲去了。

若遇善友，教令開悟淨圓覺性，發明起滅，即知此生性自勞慮。

佛說假如碰到善知識，由於善知識教授法的高明，當下頓悟，明心見性，便能明瞭自己本有的「**淨圓覺性**」。對於原本的自性勉強加上形容辭，叫作「**淨**」，清淨；「**圓**」，圓滿寂滅；「**覺**」，也就是菩提、覺悟。此淨圓覺性是諸佛菩薩與一切眾生平等無別的同一根性。

這裡所說的善友是指善知識，在中國文化裡師友並稱，老師給學生回信，往往自稱「友生」或「愚兄」，這是老師對學生的謙虛。但是，我常常發現學生給老師寫信，最後來個「愚生」，他的意思很好，我是愚笨的學生。可是，這麼一來，究竟他是老師還是學生，就搞不清楚了。學生就是學生，不要隨便加個愚字，愚字在中國古禮來說，是長輩的自稱，例如哥哥給弟弟寫信，用「愚兄」；舅舅寫信給外甥，用「愚舅」也可以。

「**發明起滅**」，發現明白了自己念頭的起起滅滅，我們的思想、感情、情緒、感覺這些都屬於生滅法，我們的起心動念都在生滅中，生了又滅，滅了又生。而佛法的目標極致是不生不滅，但是，一般學佛打坐做工夫的人，都是以生滅法來求成佛，佛是不生不滅的，淨圓覺性是不垢不淨、不生不滅、不增不減的。如果以生滅心去求不生不滅的圓覺境界，剛好背道而馳，這是很滑稽的事。

佛說你明白了自己心念起滅的現象，「**即知此生性自勞慮**」，就知道這一生都是自尋煩惱，換句話說，等於中國的一句古話「天下本無事，庸人自擾之。」

若復有人，勞慮永斷，得法界淨，即彼淨解，為自障礙，故於圓覺而不自在，此名凡夫隨順覺性。

假如有人「**勞慮永斷**」，什麼叫勞慮永斷？就是把感情、感覺、思想這些塵勞思慮全部切斷，呈現一片空靈，就是《金剛經》上所講的「過去心不可得，現在心不可得，未來心不可得。」這一段清淨的境界，叫作「**法界淨**」。

法界是《華嚴經》常用的名辭，有四種法界：（一）理法界，道理、學問也是一種法界。（二）事法界，事實、科技、工夫屬於事法界。（三）事理無礙法界，有這種理就有這種事實，有這種事實就有這種理，懂了佛法的道理，那麼工夫就要做到，做不到那就有礙。而有此事必有此理，若不懂此理，那是學問不夠；有此理必有此事，若沒見過此事，那是經驗不夠。有很多人將自己不懂的事或沒見過的事，就輕易判定為迷信。但是「知之為知之，不知為不知」，不能隨便將不知道的事說成沒有，這是我們作人做學問應有的態度。（四）事事無礙法界，所謂事事無礙法界，必須六通具足，超越了物理世界，超越了感覺、知覺的現狀。

另外還有「一真法界」，此「一真法界」包涵了以上四種法界。為什麼叫一真法界呢？我們分析世界上所有的宗教，包括東方的道教、佛教、回教、印度教，以及西方的基督教、天主教等等，對於人生的看法都帶有悲哀的、痛苦的、遺憾的、罪惡的色彩。但是，一到了《華嚴經》的一真法界，所有的痛苦、悲哀、罪惡都沒有了，《華嚴經》看此世界是至真、至善、至美，所謂「一花一世界，一葉一如來。」

「**即彼淨解，為自障礙**」。有些修行做工夫的人到達了清淨的境界，沒有雜念妄想，但是，見解不透徹，認為清淨才是道，認為不清淨、不空則不是佛法，於是，自己把自己給障礙住了，「**故於圓覺而不自在**」，對於不垢不淨的圓覺自性沒有認識清楚，執著於空，執著於清淨，不能自在，不能算是大澈大悟。我常常告訴修道的朋友，你們在山上打坐很有道，很清淨；但一下山來，我招待你到夜總會、歌廳、舞廳走一趟，保證你那蓮花座的花瓣一瓣一瓣地掉下來。可以出塵卻不能入世，可以入佛卻不能入魔，就有所障礙了，不算真解脫。什麼才是圓覺自在的境界呢？那必須如《維摩經》上所講的「煩惱即菩提」，無論在任何髒亂、煩惱、痛苦的環境裡，都一樣清淨、快樂。做不到這一點的人，叫作「**凡夫隨順覺性**」，這是普通一般凡夫的見解，只要一提到佛，就想到聖潔、莊嚴、清淨的那一面去了，如此只是具備了宗教的信仰、佛學的興趣、完美的情操，至於什麼是真正的佛法，則一無所知。大部分的人都以自己的見解來解釋註解佛法，我認為佛是這樣，我認為入定是這樣，都沒有用心去參究，沒有用功去實證。

善男子，一切菩薩見解為礙，雖斷解礙，猶住見覺，覺礙為礙而不

自在，此名菩薩未入地者隨順覺性。

剛才所講的是凡夫，現在所講的是菩薩。菩薩是見了道的人，在理上已見到一部分，在事上、工夫上也已修到了某一階段。菩薩的全名叫菩提薩埵，是覺悟有情的意思，自己悟了道以後，對一切眾生大慈大悲，所謂菩薩者乃最大的多情人也，換句話說，菩薩也是煩惱中人。什麼是菩薩的煩惱？慈悲是菩薩的煩惱，了不起的菩薩願意承擔天下人的煩惱，他願意解決別人的煩惱，這是大菩薩的境界。菩薩以前古代也翻成「大士」或「開士」，這是義譯，指的是有道之士，得道之士。

佛在這裡說菩薩也有障礙，菩薩的障礙在哪裡？「**見解為礙**」。什麼叫見解？見就是觀點，主觀的成見；解就是理解、註解。有些菩薩雖然有某些程度的解脫，甚至不被煩惱困住，不被妄想困住，不被生死困住，這些都困不住他，解脫了。解脫的道理就是中國俗語所說的「跳出三界外，不在五行中。」三界是欲界、色界、無色界，五行是金、木、水、火、土，在佛學來說，就是地、水、火、風、空五大。但卻被自己的見解把自己障礙住了，就算在見解上得到了解脫，「**猶住見覺**」。悟道的觀念卻忘不掉，停留在道的境界中，就如蘇東坡描寫廬山的詩：「不識廬山真面目，只緣身在此山中」，還是看不清楚自己。舉個例子，如學者們，一看就知道是讀書人的樣子，商人就有商人的樣子，軍人就有軍人的樣子。我常說：假如學者沒有書卷氣，軍人沒有粗暴氣，商人沒有銅臭氣，這是第一等人。這就是「**猶住見覺**」的道理，自認為學問好，表現出一副很瀟灑、很有學問的樣子，如此定了型，便是被困，被自己的思想、觀念束縛，被自認為得意的事左右。

佛在這裡說：得道的菩薩被道困住了，所以說：「**覺礙為礙而不自在**」，自己總覺得自己覺悟了，看別人總覺得不對勁。等於剛剛學佛的人。一看到人就合掌，然後滿口佛話，見人就問你吃不吃素呀？沒有吃素！唉唷！阿彌陀佛！好像不吃素就罪大惡極似的，這個也不對，那個也不對。我平常最怕碰到這種人，令我毛骨悚然。但是，這種人也有好處，就是佛教界常說的話，「學佛一年，佛在眼前。」這些人就是學佛一年的境界，到處都是佛。「學佛二年，佛在大殿。」佛離得遠一點了，他身上的佛氣也少一點了。「學佛三年，佛在西天。」嗯！差不多解脫了，越學得久，佛離得越遠了。至於在座有些同學學佛學了十幾年，那就「佛在無邊」了！（眾笑）這是笑話，但是，你也不要把它當成笑話。什麼叫解脫？不要以「**覺礙為礙**」，那就得自在了。學道而沒有道的味道，覺得自己非常平凡，即使成了佛也很平實，你看在《金剛經》裡，釋迦牟尼佛也跟大家一起去化緣吃飯，吃完飯，收衣鉢，自己還去洗碗，把衣服折疊好，然後洗洗腳，敷座而坐，把座位上的灰塵擦一擦，這就是釋迦牟尼佛的行徑，多平實。千萬記住，平實就是道，平實就是佛法，千萬不要把自己搞得一身佛氣，怪里怪氣的，弄得與平常人不一樣，那就不平實，那就有點入魔了。

「**覺礙為礙**」的道理，有句禪宗的話可作為註解，叫作「悟跡未除」。雖然悟了道，但是，所悟的痕跡自己空不掉，因此而不得自在。這種情形叫作沒有登地的菩薩，也叫作因地菩薩，一切眾生都是因地菩薩，在座諸位都是因地菩薩，不是果位菩薩，為什麼不是呢？因為功德不圓滿，智慧不圓滿。

接著，佛又再說：

善男子，有照有覺，俱名障礙，是故菩薩常覺不住，照與照者，同時寂滅。

這一段是講修行做工夫的方法與境界。這裡提出一個問題——「照」與「覺」。照與覺是修行用功的心理狀態。覺包括感覺和知覺。例如身體上氣脈的變化，氣走到哪裡，如何通啦！這是感覺狀態，不要被感覺騙了，並不是說這樣不對，而是說你的心不要被這種感覺牽著走，不要以為有了這些感覺，就很怎麼了，就很了不起，這些是生滅法，有起有滅，會變化去的。第二個是知覺狀態，例如，打坐有時覺得很清靜，好像空了，覺得很安詳自在。這種寧靜、空靈、安詳的知覺狀態，每種宗教都有，例如基督徒受洗，在教堂裡一跪，非常誠懇地禱告，感受到「聖靈降體」，這也是中國人所講「誠則靈」的道理，是我們的覺照起了作用。

我以前有一位老朋友，現在已經過世了。他是憲兵軍官，在大陸撤退時期，共產黨到處通緝他，下令抓他。後來有一天，我在廟子碰到他，兩人見面當然很高興，我問他怎麼逃出來的，而且以前也不信佛的，怎麼現在到廟子裡來？他說我逃得才妙呢！而且還把妻子小孩一齊帶出來。有一天，他躲在重慶一家小飯店裡，晚上共產黨來查房，這下子完蛋了，他看看妻子，妻子看看他，兩個人傻了，一時急得沒辦法，只好跪下來，上帝啊！觀音菩薩啊！佛啊！關公啊！閻羅王啊！土地公啊！凡是所知道的神一概都請都求。嘿！怪了，那平時愛哭的孩子也不哭了，兩個共產黨進來，逗逗那孩子，逗了半天，也忘了問他們話，就走了。菩薩真靈呀！後來，每一關他都這樣跪下來求，如此一路安全逃到香港。逃出來以後，他就信佛了，也開始研究佛經。但是，現在卻有個問題，他學會了大悲咒，碰到事情，再求菩薩，反而不靈了，這是什麼道理呢？他問我這個問題，我反問他：你說呢？他說：「誠則靈。」對了！一點都不錯。現在有了分別心了，大悲咒有什麼作用，六字大明咒又是什麼，這些都知道，恐怕楞嚴咒更靈吧！完了，一有了分在夢中都還在覺照；真修行人在夢中的起心動念，與平常醒著一樣清楚，而且能作得了主。白天不敢亂想，白天不敢想壞事，到了夢中都出來了，就作不了主了，這樣的修行是沒有用的。即使在夢中都能夠作得了主，還得更進一步，做到無夢的境界，在睡眠中還能知道心性的根本，這才是有照有覺的境界。能夠達到這個境地，只是菩薩境界的初步，以圓覺自性來講，有照有覺還是障礙，是故「**菩薩常覺不住，照與照者，同時寂滅**」。所以，真正登地以上的大菩薩常覺不住。常覺，永遠在清醒中，這個覺就是菩提，菩提就是覺悟。假如你永遠有個覺，動都不敢動，一動就不覺了，那就是有住，而不是不住，真的菩薩境界是常覺不住，不住在覺的境界中，也不抱著一個覺照的境界，有一個覺照的境界就有所住了。禪宗的六祖因《金剛經》裡的一句「應無所住而生其心」而悟道。「應無所住而生其心」是修行的一個方法，如果以圓覺的境界來講，應該改為「本無所住而生其心」，悟了道以後，就是本無所住了，此心本無所住，物來則應，過去不留。「**照與照者**」，第一個照是能照，下面的照者是所照，例如妄念是所照。能照與所拿掉，自然就沒有障礙。「**礙已斷滅，無滅礙者**」，問題解決了，就一切沒事了，也沒有另一個不受障礙的境界。

修多羅教如標月指，若復見月，了知所標，畢竟非月，一切如來種種言說，開示菩薩，亦復如是。

「**修多羅教**」是指佛所說一切經藏，佛說他所講的一切經典如同指出月亮在哪裡的標記，假如我們看見了月亮，知道了月亮在哪裡，那麼，這隻指出月亮的手指就不需要了，因為指頭不是月亮，在《楞嚴經（宗通）》裡，有八個字「如手指月，指非是月。」不要把指頭當成月亮了，佛經只是指頭，指出真理在哪裡，不要把佛經所講的道理抓住不放。在《金剛經》上說，「如我說法，如筏喻者。」我所說的法，如過河的船，已經上了岸，不要把船背著走，「過河須用筏，到岸不須舟。」一切如來種種的開示言說，就像指月的手指以及渡河的船一樣，只是工具而已。

此名菩薩已入地者隨順覺性。

假如有人因佛的指示而悟到上述境界了，這種情形叫作已登地菩薩的隨順覺性，這是正統的菩薩境界，不過，還是沒有到家。

善男子，一切障礙即究竟覺，得念失念，無非解脫；成法破法，皆名涅槃；智慧愚癡，通為般若；菩薩外道所成就法，同是菩提；無明真如，無異境界；諸戒定慧及婬怒癡，俱是梵行；眾生國土，同一法性；地獄天宮，皆為淨土；有性無性，齊成佛道；一切煩惱，畢竟解脫；法界海慧，照了諸相，猶如虛空；此名如來隨順覺性。

現在要講的是佛地、如來地——成佛的境界。這也是中國禪宗如來禪的境界，當然不是祖師禪。這一段經文的文字極其優美，同時也涵蓋了一部《維摩詰經》，整部《維摩詰經》的道理都在這一段裡。

在談到成佛的境界之前，我們先大略討論一下宗教的問題。任何一個人先天自然的都有宗教的情分，因為人生下來，在整個生命的過程之中，都會有解決不了的問題。大的就整個人類文化而言，無論東方或西方，幾千年來始終無法解開「人從哪裡來」以及「宇宙如何開始」之謎；現在的太空科學如此發達，其目的就是為了探求宇宙的來源。小的就每一個人而言，人生有許多不如意的事情，人生下來就是一個有問題的東西，生命本身的問題就很大。當人碰到問題時，到最後都有一個共同的心理，如韓愈所講「人窮極則呼天，痛極則呼父母。」一人在走投無路、無可奈何之際，總要找個依賴；人類的依賴性是天生的，這也是人性脆弱的一面，由此自然而然想尋找一個可以依靠的神，這就是宗教的來源。

所謂宗教，在於使人的思想、情緒有所依賴，有所寄託，而且這個宗教可以掌握你的思想和情緒。再進一步來探究宗教的哲學，就要問這個我所信賴、依託者，它究竟存在不存在？這是大問題。一般的宗教都把這個所信賴、依託者人格化以及神格化、超人化，因為人的力量不夠，所以信賴一個超越人的神。於是，人放棄了自我，人喪失了自我。那麼，如果神存在，這個神又從哪裡來的呢？探究這個問題同樣是宗教哲學的課題。接著我們又要問：我為什麼要信他？我所信賴的對或不對呢？萬一不對，那又怎麼辦？這些都值得研究。研究到最後，一切問題都清楚了，見到了生命的本來，見到了宇宙的本來，這叫作「佛」或譯為「佛陀」，佛陀是覺悟的意思，就是把宇宙人生等一切問題都弄清楚了。

幾千年前，這位把一切問題都徹底解決的人，叫作釋迦牟尼佛。他開始也和我們一樣，對於人生問題、生命問題充滿著疑惑，從小就思索這些人生之中生、老、病、死等等問題，而且小時所受的教育比一般人好，他接受的是宮廷教育，集中了最優秀的老師，傳授了最精華的學識，再加上他天生稟賦優異，所以，在十幾歲就精通各種天文、數學等學問。他是獨子，在當時不用競選就可以當皇帝，但是，以他的智慧看來，一個國家社會沒有真正三十年的太平，人類無法過安樂的日子，所以皇帝他不想幹。

為了追求探索人生無法解決的煩惱問題，他十九歲捨棄了王位，跑去出家。但是，在出家之前，他盡了他的義務，娶了妻子，生了兒子，然後才出家。這點要特別留意，釋迦牟尼佛的作為並沒有違反家庭的孝道。

當他大澈大悟之後，得到了答案，瞭解了宇宙、人生的道理，宇宙人生一切的事情乃無主宰，並不是閻王主宰了你的生命，也不是上帝主宰你的命運，但是也非自然，不是唯物所變化。一切萬有的生命和事物乃因緣所生。什麼叫作因緣呢？「因」是前面的一個動機；只要前面一動，連鎖的關係就來了，就是緣。因緣的連鎖關係如何來的呢？自己來的，無主宰，不是他力，也非自然。

因緣又分為親因緣和疏因緣的差別，什麼是親因緣呢？自己的起心動念所作所為，例如一粒麥子，在那裡擺久了，它自動會起變化，非他力。但是，與他力也互相關聯，親因緣是由過去的時間、空間和自我的累積，所帶來的種子，這其間的關係還很複雜。種子生現行，現行又變成未來的種子，循環不已。什麼是疏因緣？增上緣與所緣緣以及等無間緣是屬於疏因緣，例如我們生命的來源，必須由男性的精蟲和女性的卵子相結合，再加上精神體三緣和合而成，此三緣是親因緣，精蟲和卵子中所帶來父母的遺傳是增上緣。遺傳的因素對我們生命的影響也很大，人的思想、行為動作都會和父親或母親相像；有些人的個性則與父母親完全相反，譬如父母很老實，生的孩子很調皮，這是否與遺傳無關？不，這是遺傳的反動，因為老實的人也有調皮的一面，只是他壓抑不敢發出來，到了下一代就發出來了。一個人生下來以後，其思想個性慢慢也受到學校教育、家庭教育、社會風氣的影響，這些因素乃屬於增上緣。還有一個所緣緣，現在的生命由於過去的種子生現行，前生所累積的習性和父母的遺傳以及所受到的教育和當代社會思潮的影響，種種因素加起來，形成了主觀的思想意識，再產生新的思想和行為，與別的人和事物發生牽聯，互相影響，這就是所緣緣。這些現狀又變成種子衍生下去，如此循環不斷，這也就是輪迴的道理。種子生現行，現行生種子，永遠沒有間斷地轉，叫等無間緣。

我們的生命就是這樣不停地轉下去，如果要了生脫死，不受這連鎖性的生命力量所束縛，必須要切斷了此因緣的作用。如同我們的思想永遠沒有停止過，睡時仍然在思在想，所以睡覺都會做夢，沒有一個人真正睡著過，有些人以為沒有夢，其實是醒來以後忘記了。那麼，死亡以後會不會思想？一樣在思想，那是另外一種境界。如果把我們的思想從中截斷，叫作「三際托空」，過去的思想已經成為過去，不復存在了；未來的思想還沒有來，當然也不存在；現在呢？也沒有一個現在，剛說現在，現在立刻變成過去了。宇宙間沒有過去，也沒有未來，只有現在，永遠都是現在，但是，現在也無法把握，它不斷地流逝，這種現象，我們暫且稱之為「空」。釋迦牟尼佛瞭解了宇宙生命中這個道理，畢竟無主宰，非自然，「因緣所生法，我說即是空」。空是它的本體，因緣所起是它的作用，稱為「緣起性空，性空緣起。」例如我講話，必須有緣起，要有我的生命、思想、身體、呼吸系統、聲帶、嘴、舌、牙齒等等許多因素湊合才能發出聲音，這叫「因緣所生法」。說完就沒有了，故言「我說即是空」。

釋迦牟尼佛解決了這個問題，大澈大悟，生命得到自在。他得到了一個結論：「人即是佛」，「心、佛、眾生三無差別。」他在菩提樹下，夜睹明星而悟道，說：「奇哉！一切眾生皆具如來智慧德相，只因妄想執著，不能證得。」奇怪啊！真奇怪！每一個人都是佛，不只是人，每一個有知覺的生命，包括動物，都具備了和佛一樣的智慧功能，那麼，一般眾生為什麼不是佛呢？只因為自己的思想把自己障礙住了，把自己虛妄不實的思想當成真的，緊抓著不放，所以不能證到佛的境界。佛悟道所講的話，我們簡單地說就是：唉呀！修行搞了半天，原來我就是道。此時悟了道的釋迦牟尼佛原想涅槃，所謂涅槃就是把生命回歸到原來的地方，例如把冰融化為水。但是，大梵天的天主請求佛不要涅槃，還要弘法度眾生啊！釋迦牟尼佛說：「止！止！吾法妙難思。」好了！不要說了！不要說了！我所瞭解到的道理，不可思議，無法表達，每個人都是佛，叫我講什麼呢？

釋迦牟尼佛由三十二歲開始出來宣揚這個道理，當時在印度所受的打擊非常大。佛說無主宰，非自然，他們以為釋迦牟尼佛是無神論者。其實，他們搞錯了，釋迦牟尼佛並沒有否定神的存在，只是他把神與人視為同一生命，平等無二，神與人同一本體。他提倡人要找到這個所有生命共同的本體，找到了這個生命的本體，叫作無上正等正覺，也叫作阿耨多羅三藐三菩提。所以，佛法不是迷信，而是大智慧的成就。釋迦牟尼佛從開始說法，一直到了晚年卻說：「我說法四十九年，未曾說過一字。」這是什麼道理呢？緣起性空，一切現象、一切境界的本體都是空的，若談到本體，那真是不可說，說一個「空」已經不對了，因為它「無我相、無人相、無眾生相、無壽者相」，無所執著，這是佛的境界。他還怕人們不相信，在《金剛經》中再三強調「如來是真語者、實語者、如語者、不誑語者、不異語者」。

好了，我們現在再回過來看《圓覺經》這段經文。這段很難懂，也很難解釋，所以才先說了一段序文以為解說的背景。

第一句話，「**一切障礙即究竟覺**」，什麼是障礙？貪、瞋、癡、慢、疑、妄想、感情、情緒、知覺這些都是障礙，障礙就是冤家，冤家就是障礙，起心動念皆是。佛說這些障礙就是究竟覺，這些障礙用不著清除，翻過來就是了，你也可以由貪、瞋、癡而悟道，它是一體的兩面。

「**得念失念，無非解脫**」。不要以為守住清淨一念就是道，清淨的境界掉了就以為糟了。道是不垢不淨，清淨是道，不清淨也是道，這才叫解脫。若只守住一個清淨的境界，認為這才是道，這還叫解脫嗎？

「**成法破法，皆名涅槃**」。很多人想修道成佛，拚命打坐，千方百計設法打通氣脈，感覺到這裡發熱了，那裡氣又動了，心裡沾沾自喜，好像很有工夫，成佛有望。而假如打坐很久，沒有反應，就開始懊惱，是不是我業力深重？大概成佛沒有什麼指望，還是算了吧！不要以為工夫就是道，對不起！工夫是工夫，不是道。工夫是可以修得起來的，既然可以修得起來的東西，自然就有毀壞之時，工夫不修就沒有了，是不是？注意！道是不增不減。你多坐一天，道也不增一分，你少坐一天，道也不減一分。什麼叫「**成法破法，皆名涅槃**」？舉個例子：蓋房子，拆房子，皆是虛空。蓋了房子，虛空在哪裡？把牆打個洞，虛空又出來了，虛空還是虛空。《楞伽經》不也提到：「無有涅槃佛，無有佛涅槃。」

「**智慧愚癡，通為般若**」，聰明人與傻瓜都一樣有智慧，而且，笨蛋講的話，聰明人不一定講得出來，不相信，你笨笨看，愚癡之人也有般若，並且沒有短少。

「**菩薩外道所成就法，同是菩提**」。真正的佛法並不排斥、仇視其他的宗教，無論基督教、天主教、回教、道教、一貫道，甚至鬼道、魔道，與佛教都在道中，均平等看待。《金剛經》上說：「一切賢聖皆以無為法而有差別。」每一位教主都悟了道，只是所見的程度有深淺而已。

「**無明真如，無異境界**」，不管你有沒有成佛，有沒有悟道，境界都一樣，沒有悟道的人也一樣在佛境界中，只是不知道而已。

「**諸戒定慧及婬怒癡，俱是梵行**」。悟了道以後才曉得戒定慧是把婬怒癡轉過來，戒定慧與婬怒癡乃是同一體性。什麼是梵行？就是清淨行。你說貪瞋癡不清淨，嘿！佛卻在這裡說貪瞋癡是梵行呢！不過你不要看了這句話，就去亂搞，這是佛說的，這是佛的境界，你不是佛，你沒有悟道，不要亂來啊！

「**眾生國土，同一法性**」。眾生是一切有知覺的生命，國土指的是沒有知覺的物質世界。換句話說，精神世界與物質世界是同一本體來的。

「**地獄天宮，皆為淨土**」。什麼是淨土呢？《維摩詰經》告訴我們：「心淨則國土淨。」學淨土的人要注意，南無南無拚命買飛機票，想到極樂世界，什麼時候出境呢？躺進棺材之時才能去呀！如果是這樣，我們常常聽到：唉呀！我什麼都不想，只想往生西方。那不是求早死嗎？淨土在哪裡？就在這裡，一念之間，只要心淨，處處皆是淨土。

「**有性無性，齊成佛道**」。一切眾生，不管有靈性或無靈性，都本已成佛。佛道是什麼？覺性也。你明白了，就悟了道，那麼簡單。

「**一切煩惱，畢竟解脫**」。煩惱本身就是解脫，煩惱本身停留不住，不信你看看哪一個煩惱能一直煩你一年、十年、二十年、一輩子？再不然，你去留一個煩惱看看，能留多久？一個小時都留不住。留得住的話，還算是本事呢！很多人找我說：我好煩惱，怎麼辦？我說：有一個好辦法，再去找多一點煩惱的事來煩一煩。他說：我沒有辦法。好，煩不下去，只好放下，放下就成功了。

「**法界海慧，照了諸相，猶如虛空**」。我們的智慧如同大海一樣，充滿整個法界，充滿整個虛空；「**照了諸相**」，對於外界的一切現象，以及內心的現象，都能清清楚楚地知覺明瞭。

「**此名如來隨順覺性**」。到了這個境界就叫作佛。看完了這一段，只好一笑，原來凡夫就是佛。有位禪師悟了道，說：「鼻孔原來是向下」。還有一位禪師悟了道，人家問他：你悟到什麼？他說：「師姑原來是女人作的。」這一段就是最高的佛境界，如此如此。

接下來，佛講用功的方法，而且是成佛最好，最快的方法。

善男子，但諸菩薩及末世眾生，居一切時，不起妄念；於諸妄心亦不息滅；住妄想境，不加了知；於無了知，不辨真實。

這一段是大乘道平時修持的法門。在修持這個法門之前，先要認定「心即是佛」。一般人學佛修道都在希求一個東西，都向心的外面去找，因此，犯了一個最大的毛病——不敢承認「此心就是佛」，這是眾生的大病所在。

人總是把佛、菩薩的境界幻想成非常高不可及，深不可測，所謂「高推聖境」。人都受幻想或回憶的宰制，就是不願面對眼前的現實。如果能夠很平實地認清平等的心就是佛，那又何必汲汲外求呢？

若能認清這個道理，那麼便能「**居一切時，不起妄念**」，在任何時間，不起虛妄的幻想，此心就是那麼平靜就好了。假如真能做到了，這就是菩薩道，不須再唸什麼咒，或是觀想、拜佛。這時就如古德所說的：

南臺靜坐一爐香　終日凝然萬慮亡
不是息心除妄想　只緣無事可思量

什麼是佛呢？心即是佛。什麼是道？平常心即是道。如何平常呢？平常就是不加任何的方法。「不是息心除妄想，只緣無事可思量」，非常平實，這是真正的觀心法門，正修行之路，這也就是禪，如來禪所標榜的法門。

但是，你說我做不到，還是有妄想怎麼辦？「**於諸妄心亦不息滅**」，妄想來了就讓它來嘛！妄想自己會走，用不著急急忙忙拿個掃把去趕走它，它自來還自去。我在《楞嚴大義今釋》上寫了十七首詩，透露了用功的方法，其中一首：

秋風落葉亂為堆　掃盡還來千百回
一笑罷休閒處坐　任他著地自成灰

我們的妄念像秋天的落葉一樣，到處飄，到處落，想要去空它，想要去掃它，那就差了。你把第一個妄念去掉了，第二個妄念又來了，你把舊的樹葉掃乾淨了，新的樹葉又掉下來，這樣你一天到晚忙不完。「一笑罷休閒處坐」，不如我不掃了，不管了，「任他著地自成灰」。妄想用不著你去空它，它自然就空掉了。唐代的詩人杜甫有兩句詩，可以拿來形容妄想自性空：「自去自來樑上燕，相親相近水中鷗。」

佛告訴我們第二步，「**於諸妄心亦不息滅**」，什麼道理呢？因為你很平靜坐在那裡，妄想來時，自己都知道。既然知道了，此時，妄想早已跑掉了。你能夠知道妄想的那個「**知**」，他沒有動過，他是「**居一切時不起妄念**」的。

接下來，佛告訴我們第三步，「**住妄想境，不加了知**」。我們學佛的人往往認為妄想不對的，妄想來，我總要看住他，沒有妄想才是道。佛說你錯了，例如我現在講話是不是妄想？是妄想。不要怕妄想，妄想就妄想。妄想來的時候，不要再去研究這是無明啊！因緣啊！業力啊！「**不加了知**」。

第四步，「**於無了知，不辨真實。**」你就傻乎乎地坐在那裡，聽也聽到了，看也看到了，很平安，很自在，坦然而住，這樣就好了。你不要再去分辨這是不是清淨境界？這是不是空？這樣不曉得對不對？那麼簡單，應該不是吧？自己又騙起自己來了。

什麼是佛？心即是佛；什麼是道？平常心就是道；就這麼簡單。一切眾生何以不能明白？因為不肯平常。一個真正了不起的人，一定是很平凡的。

真正的平凡，才是真正的偉大。一般人學佛修道何以不能成就呢？只因不肯平常。各位看看學佛的人好忙哦！這裡拜佛，那裡聽經；又是供養，又是磕頭；又是放生，又是捐款；忙得連自己家人都不顧。結果，什麼都沒有，當然沒有，因為太忙了，太不平常了。

彼諸眾生聞是法門，信解受持，不生驚畏，是則名為隨順覺性。

佛說假如將來的眾生聽到我講的這個法門，信，相信「心即是佛」、「平常心就是道」；解，也理解到了；受，接受；持，照這樣修持。你說我有時做不到，忙時，開車時，做生意時，辦公時，都要用精神，動妄想，怎麼辦？此時如何修持？「**住妄想境，不加了知。**」這是入世的修持。等事情辦完了，則「**居一切時，不起妄念。**」好了，出世法與入世法都講了。你不要聽了以後認為這樣才是佛法，那我吃了十二年的素，不是白吃了？又起妄想，又起後悔。吃素就是吃素，吃素與佛法有什麼關係？那是你培養自己的慈悲心、清淨心，很好。但是，可不要認為吃素就會得道。你能如此「**信解受持，不生驚畏。**」這樣就有資格學佛了，「**是則名為隨順覺性**」，隨而順入菩提覺性。

善男子，汝等當知如是眾生，已曾供養百千萬億恆河沙諸佛及大菩薩，植眾德本，佛說是人名為成就一切種智。

佛說假如有人聽了我剛才所講的修行正路，能夠「**信解受持，不生驚畏**」，此人過去生過去世曾經供養百千萬億位的佛和菩薩，已經種下了許多的功德，今天才會有這樣的智慧和信心。「**佛說是人名為成就一切種智**」，此人以後將會通達真空妙有一切法門和一切學問。那麼，在其他的佛學上，也有不同的說法。明心見性悟了道的人，稱為得根本智。得根本智的還要修，不算學佛完成，還要學佛法、外道法、魔法、世間法等等一切法，如此成就一切差別智。根本智也可以權作一切種智看，只要瞭解了自心，就可以開發一切智慧。

爾時，世尊欲重宣此義，而說偈言：

這個時候，釋迦牟尼佛要把自己所講的話，再扼要總結，作成可以歌頌的偈語。

清淨慧當知　圓滿菩提性　無取亦無證　無菩薩眾生
覺與未覺時　漸次有差別　眾生為解礙　菩薩未離覺
入地永寂滅　不住一切相　大覺悉圓滿　名為徧隨順
末世諸眾生　心不生虛妄　佛說如是人　現世即菩薩
供養恆沙佛　功德已圓滿　雖有多方便　皆名隨順智

清淨慧當知
圓滿菩提性
無取亦無證
無菩薩眾生

清淨慧菩薩，你應該瞭解。清淨慧菩薩的名字就代表了這個法門，我們的心智本來清淨，不用再去求個清淨。不管你打坐不打坐，在任何時間、任何地方都是清淨的。你懂得了清淨，自然開發了智慧，此名為清淨慧。

明心見性、大澈大悟以後，到達了大圓滿的菩提覺性。這是什麼境界呢？

什麼都沒有，無所得。佛法是空的，什麼都抓不住，你們拚命要抓，阿彌陀佛，阿彌陀佛，阿彌陀佛能讓你抓得住呀？念佛不是嘴裡叫佛。心念一清淨，阿彌陀佛無量壽光本來就在這裡。念佛，念佛，念就是佛，心即是佛。

到這個時候，就明白無佛道可成，亦無眾生可度，每一個人都是佛。佛一生下來就說：「天上天下，唯我獨尊。」這個「我」不是佛的我，是我們每一個人的我，我就是佛。那麼，你說我就是佛了，你要聽我的，那你是混蛋！

真正佛不是這樣。佛是無取無證，但是，天下的眾生都在有取有證。人一生下來就開始取，從吃開始，然後抓錢、抓名，什麼都要，最後兩手一攤，進了棺材，什麼都帶不走。要懂得「**無取亦無證，無菩薩眾生。**」

覺與未覺時

悟與未悟之間有所差別。有人說我悟了，我已經看破紅塵，所以吃素、拜佛、修道。

漸次有差別

你說他看破了沒有？嘿！又在取。在修心的進度上，悟得徹不徹底？是有所差別。差別在哪裡呢？

眾生為解礙

一般眾生被自己的知識、觀念、見解所障礙住了，所以不能認識自己的心，不能悟入佛境界。例如有些人認為自己打坐坐不好，就以為成佛沒有希望了。佛在心不在腿呀！又如許多人發覺自己妄念很多，認為是業力重啦！就不敢打坐，不能學佛囉！這些都是因為自己不正確的觀念、見解，把自己障礙住了。

菩薩未離覺
見了道的菩薩為什麼沒有成佛呢？因為還怕自己的清淨境界搞掉了，始終還在覺悟的境界裡，把道的境界保持得太厲害了。

入地永寂滅
真正登了果地的菩薩就不同了。菩薩的等級可分為十地，十個程序。到了十地菩薩則永遠寂滅，什麼是寂滅呢？就是清淨慧。永遠在清淨中，自然有智慧，而且慧如泉湧，此是無師智，無師自通，一通百通。

不住一切相
不執著一切事物、現象、境界等等，心無所住。

大覺悉圓滿
真成了佛，則覺性圓滿徧一切處。

名為徧隨順
此時無論是出世法、入世法、魔法，以及外道法皆是佛法，圓融無礙。

末世諸眾生
未來末世的一切眾生，

心不生虛妄
隨時保持平常心，不去幻想，坦然而住，這就是觀心法門，這就是正修行之路。

佛說如是人

佛說如果有人能做到平常心即是道，

現世即菩薩

此人就是現在世因地上的菩薩。

供養恆沙佛

他於過去生已經供養了無數的佛，

功德已圓滿

功德已經圓滿了。

雖有多方便

雖然佛法中有很多不同的方法，

皆名隨順智

這些不同的方法都是為了引導眾生走上覺悟菩提之路。

第七章　威德自在菩薩

內容提要

成佛漸修的法門如何

修行人一共有幾種

如何修止

如何修觀

如何定慧等持

如何修禪那

於是威德自在菩薩在大眾中，即從座起，頂禮佛足，右繞三匝，長跪叉手而白佛言：

接下來是威德自在菩薩上場。真正的威德是道德的成就，而不是權勢大、地位高。密宗裡有大威德金剛的修法，在此不講。威德自在菩薩的涵義是德性的成就，自然解脫自在而威儀莊嚴。他從座位上站起來，行禮如儀，向釋迦牟尼佛提出問題。他提什麼問題呢？

大悲世尊，廣為我等分別如是隨順覺性，令諸菩薩覺心光明，承佛圓音，不因修習而得善利。

他說感謝佛大慈大悲廣為我們分析說明如何學佛而成佛，從任何一條路都可以隨順進入佛的境界，使我們修習菩薩道的人曉得心就是佛，進入自心光明境界。承蒙您老人家圓滿清淨的音聲教化，使我們明瞭不須勞苦修行就可以得到真正佛法的利益。

這是威德自在菩薩的讚歎之辭，先恭維一番，然後再將主題提出。

世尊，譬如大城，外有四門，隨方來者，非止一路，一切菩薩莊嚴佛國及成菩提，非一方便。惟願世尊廣為我等宣說一切方便漸次，并修行人總有幾種？令此會菩薩及末世眾生求大乘者，速得開悟，遊戲如來大寂滅海。

佛啊！您所說隨順覺性的道理，譬如一個大城有四個大門，可以從東方進城，也可以從西方進城；可以從南方進城，也可以從北方進城；不只一條道路。一切菩薩成就的方法各有不同，各種莊嚴佛國亦有所不同，成就菩提的方法，不只一種。您所說「心即是佛」的道理太高了，大家不敢相信，而且也認識不到呀！

希望佛大慈大悲為我們再開個廣大的法門，告訴我們成佛漸修的方法，以及修行人一共有幾種？使我們這些參加法會的菩薩以及未來求大乘道的眾生，能夠快快悟道，然後，遊戲於如來大寂滅海。悟了道的菩薩們一切都在遊戲中，宣揚佛法度眾生也只不過是遊戲而已，此乃大自由、大自在也。

作是語已，五體投地，如是三請，終而復始。

話講完了，跪下來拜，如是三請，終而復始。

爾時，世尊告威德自在菩薩言：善哉！善哉！善男子！汝等乃能為諸菩薩及末世眾生，問於如來如是方便，汝今諦聽，當為汝說。

此時，佛告訴威德自在菩薩說：好的！好的！你們能夠發心為了一切大乘道的菩薩，以及將來的眾生，問我成佛的各種方法。你們好好仔細地聽，我為你們說明。

於是威德自在菩薩奉教歡喜，及諸大眾默然而聽。

於是威德自在菩薩非常歡喜，在座大眾靜默聆聽。

善男子，無上妙覺徧諸十方，出生如來與一切法，同體平等，於諸修行，實無有二。

「**無上妙覺**」就是阿耨多羅三藐三菩提，至高無上正等正覺，在此不用梵音，譯為無上妙覺。佛法沒有祕密，真正的大道沒有祕密，所謂的密宗只是一種方法而已，道是天下的公道，「**徧諸十方**」，無所不在。天下的真理昭昭彰彰，人人都可以認識得到，學佛就是悟得真理。真理是什麼呢？就是悟到「心就是佛」。悟到了「心就是佛」的真理，就可以瞭解到不管是悟與未悟都一樣平等，成佛與未成佛一樣平等，在生命的本體上而言，成佛並沒有多一分，不成佛也沒有少一分。佛說你問我修行的方法有幾種？「**實無有二**」。真理只有一個，所以許多佛教寺廟的大門或大殿上寫著「不二法門」。

方便隨順，其數無量，圓攝所歸，循性差別，當有三種。

佛說若是一定要加以分門別類，這其中的數量太多了，但是依眾生性向的差別，歸納起來有三種。哪三種呢？

善男子，若諸菩薩悟淨圓覺，以淨覺心，取靜為行，由澄諸念，覺識煩動，靜慧發生，身心客塵，從此永滅。

第一類的人，屬於大菩薩的種性，「**悟淨圓覺**」，他悟到了心就是淨土，此心本來清淨，本來就是「不生不滅，不垢不淨，不增不減」，你的心從來就沒有齷齪過。就是有齷齪，壞事想過，但是，它沾不住的。心同虛空一樣，有烏雲密佈的時候，但是，下過雨以後，還是乾淨的。不管天晴也好，陰雨也好，虛空仍是虛空，毫無障礙。學佛要先悟到此心本來清淨，本來圓滿。這個很難唷！雖然很難，但是，也很容易。如何容易？只要你悟到「平常心就是道」，就可以了。此心本來清淨，好好的，何必另外再求個清淨？但是，有些人喜歡。

「**以淨覺心，取靜為行。**」很多人認為內心清淨才叫修行，把自己的念頭靜在那裡，用什麼方法靜呢？「**由澄諸念**」，什麼是澄呢？把一杯渾水靜止擺在那裡，擺久了，水中的雜質慢慢沉澱下去，水就澄清了。所以，很多人一打坐靜下來，妄念反而特別多，怎麼辦呢？不理它，如同那杯水慢慢就澄清了。

念頭澄清了以後怎麼樣呢？「**覺識煩動**」，又起個妄念，很討厭。你不要討厭它，釋迦牟尼佛已講過「**於諸妄心亦不息滅**」，不要討厭人家，它來也蠻好嘛！認清妄想是第六意識在動，不要討厭它，慢慢你就曉得每一個妄想與你都不相干，如此用功下去，需要時間，時間就叫工夫。所謂工夫，就是方法加上時間，加上練習，加上實驗，然後得到成果。

「**靜慧發生**」，不斷地靜下去，於是另外開發一個境界，「**身心客塵，從此永滅。**」我們的妄想都是客，來了會走，留不住，你的主人則沒有動過。例如各位坐在這裡，我講的話，各位都聽進去了，這個話是客，屬於外來的，什麼是主人呢？你聽到了，覺得有道理，我懂了，這個是主人，他沒有動過。我們心理上的動態是心理的客塵。什麼是生理的客塵呢？打坐腿發麻、發脹，氣脈通囉！這裡動了！那裡跳了！這些是屬於身體上的客塵，知道就好，不理它。你不理它，一切不管，慢慢就過了！可是，一般人都被生理上的客塵拉著走，哦！氣脈通了，不得了了！於是，便玩弄氣脈、工夫去了，心也就無法真正靜下來，這樣修行怎麼會有成果呢？

便能內發寂靜輕安，由寂靜故，十方世界諸如來心，於中顯現，如

鏡中像。

身心客塵澄清了以後怎麼樣呢？「**便能內發寂靜輕安**」，注意！這個「**內**」不是指身體內部，此內是不分內外之內，不以身體為標準，所以，中國的禪宗稱身體叫「色殼子」，或叫「臭皮囊」。你慢慢靜下去，身心澄清了以後，由寂靜而發生輕安，身體輕靈，心理清明安詳，生理上的痠、脹、麻、痛都沒有了，內心寧靜平安。其實唸佛也可以達到輕安，但是，我看到你們打念佛七，走著唸，坐著唸，一天忙死了。走著唸、坐著唸，沒錯，但是，要慢慢地唸，不能急著像趕集一樣。只要方法對的話，也可發生輕安，頭頂清涼。

輕安只是第一步，還有其他很多境界。佛說：「**由寂靜故，十方世界諸如來心，於中顯現，如鏡中像**。」因為寂靜到極點，十方世界諸佛的心在你心中顯現。為什麼諸佛之心會在你心中顯現呢？因為「心佛眾生三無差別」。

此方便者，名奢摩他。

這個方法稱為奢摩他，奢摩他翻譯成中文是「止」的意思，這是真正的大止觀，不是小止觀，小止觀中六妙門中的最後一步「淨」，是這裡的第一步。

關於這一段「**寂靜**」與「**輕安**」的止──奢摩他，再作補充說明。求止的方法有很多種，例如守竅、煉氣、念佛、觀想等，都是把心念專一止於一點上，這些修法也屬於奢摩他，但是，這是屬於小乘的奢摩他。這些修法有四個原則，第一步是求得「專一」，止於一點。第二步驟是「離戲」，離開了「空」的境界，離開了「有」的境界，離開了「非空非有」的境界，離開了「即空即有」的境界，這叫「離戲」，離開了戲論，戲論就是說笑話。達到了「空」的境界，不要以為了不起，不要以為「空」就是道；「空」是戲論、笑話，「有」「非空非有」「即空即有」這些境界，都一樣是笑話。離開了這些笑話，算不算「**寂靜**」？還沒有。接下來，第三步是「一味」，在靜中，在動中，始終如一，始終不變，不受外界環境的干擾，也不受內心情緒的干擾。第四步是「無修無證」，不須用心做工夫，也不認為證得什麼道。到此階段，才是「**寂靜**」，無事而不定，無時而不定，無處而不定，這才是大乘的止。

再說「**輕安**」的情形，初步的輕安，由頭頂發生清涼，然後下降偏及全身。清涼以後，便是得煖。得煖不是發燙、發熱，得煖是有溫煖的感受，但不是發燒。得煖是全身的肌肉、骨節、經脈都柔軟了，所以，打坐入定的人，不可以拉他，不可以碰他。得「煖」以後，再進一步是得「頂」，自己的精神可以與天地相往來，與宇宙合一。到了這個階段，已經不是氣脈通不通的問題，氣脈只是初步而已。再下來是「忍」，把一切忍住截止，所有煩惱妄想，以及憂、悲、苦、樂都切斷了，但不叫作「空」，如果還有一個「空」的境界，那是戲論。經典上說大乘菩薩可以得「無生法忍」，沒有生起動的作用。再進一步是「世第一法」，在這個世界上是第一等。「煖」「頂」「忍」「世第一法」叫作四加行，修任何一個法門，乃至外道法門，在工夫境界的階段上，都有四加行的作用。四加行都成就了，才是大乘真正的「**輕安**」。

修行打坐種種的法門，都是在修止的階段，止是定的因，定是止的果。但是，一般人的修止，初步的止都止不住。禪宗臨濟祖師臨終時留下一首偈子：

沿流不止問如何　真照無邊說似他
離相離名人不稟　吹毛用了急須磨

我們的心念像流水一樣永遠在流，雜念妄想停不住，怎麼辦？雜念妄想不要怕，它像空中的灰塵，只要心靜下來，你知道雜念妄想很多的那個「知」，就是《心經》所謂「照見五蘊皆空」的照，這個「知」它本身沒有雜念妄想，它猶如虛空無量無邊，這個「知」沒有形相，沒有名稱，叫它是佛也可以，叫它是道也可以，叫它是「圓覺」都可以，可是一般人都認不到。即使你認到了，悟了，不要以為就到了就沒事了，吹毛用了急須磨，吹毛是指非常銳利的寶劍，拔下一根毛髦放在劍鋒上，吹一口氣，毛髦就斷了。還要注意修行，我們的心念用過了就要丟，隨時在止中，隨時在定中。

善男子，若諸菩薩悟淨圓覺，以淨覺心，知覺心性及與根塵，皆因幻化，即起諸幻，以除幻者，變化諸幻，而開幻眾，由起幻故，便能內發大悲輕安。

剛才講止，現在講觀。講到止觀，其實，止中有觀，觀中有止。一般的修行方法中，如道家的守竅，守丹田，都是求止。又如唸阿彌陀佛、阿彌陀佛，唸到一心不亂，這也是修止。而觀在哪裡呢？當你在唸阿彌陀佛，阿彌陀佛，唉呀！糟糕！我又亂想。你知道在亂想，這就是觀。所以，止與觀是同時，換句話說，不止不能真觀，有止才有觀，有觀才有止，止與觀的作用在一起。但是，其中有所差別，例如念佛，念到一心不亂，這是止；能不能真念到一心不亂？這就靠觀了。觀是什麼？觀是慧的因，慧是觀的果，般若智慧是觀行的成果，觀修到了，般若就出來了，得大智慧成就，成佛了。

我常告訴各位，你們修行，有一本書叫作《小止觀六妙門》，不曉得你們讀過沒有？修止觀有六個步驟，一數，二隨，三止，四觀，五還，六淨。據我個人幾十年看來，許許多多的人修了幾十年，都還在那裡數息，我坐了幾個鐘頭了，數了多少息了，幾百下了，幾千下了，幹什麼呢？你在學會計？還是當出納？而且，很多人在數呼吸的時候，還拚命想把呼吸的氣留在丹田，留得住嗎？你去解剖屍體看看丹田有氣嗎？

為什麼要數息呢？你心靜不下來，不能得止。一上座，先聽自己的呼吸，一，二，三……等到自己的呼吸由粗變細，再靜下去，耳朵聽不見自己的呼吸了，只有感覺來去，乃至感覺到鼻子都沒有氣了，胸部也不動了，只有小肚子輕輕地很久動一下，這樣才叫「息」。到達了這個地步，不要數了，換第二步「隨」，隨著這個息定下去。第三步「止」，把呼吸都停掉，這時才沒有雜念，內發的寂靜輕安就來了。得止以後要起「觀」，不起觀，那是外道定。觀是用智慧觀察，轉入修慧的境界。觀行成就了以後，第五步是「還」，還我本來面目，空也不住，有也不住。最後達到「淨」，心淨則國土淨，修持到此地步，所謂「不移一步到西天，端坐諸方在眼前」，這才是真正唯心淨土。

為什麼提這些？現在《圓覺經》準備講觀，我順便告訴大家修觀的道理。修止是定學，修觀是慧學，希望大家有個初步的概念，才能瞭解本經的重要。

接下來，我們看《圓覺經》原文。注意！《圓覺經》這裡所講的觀，不是普通的觀，而是大菩薩境界的觀。

「**若諸菩薩悟淨圓覺**」，證悟到了自心淨土的圓滿覺性。「**悟淨圓覺**」很難解釋得清楚，希望有心修持者多多努力，自己去證悟，否則，講得再好，仍是隔靴搔癢。悟淨圓覺是菩薩見道的境界，見道以後才能修道，道都沒有見到，你修個什麼？所以禪宗的五祖告訴六祖：「不識本心，學法無益。」

佛說菩薩悟淨圓覺以後，見道以後，「**以淨覺心**」，什麼是淨覺心？就是現代人很喜歡提的禪宗六祖的那首偈子：

菩提本無樹　明鏡亦非臺
本來無一物　何處惹塵埃

這個境界就是淨覺心。

講到這裡，請諸位小心！現在人喜歡說大話，一講到禪就提六祖的這首偈子，好像自己就是六祖似的。其實，各位不要忽視六祖的師兄神秀那首偈子，那首偈子並沒有錯，那是真講實際修行的工夫：

身是菩提樹　心如明鏡臺
時時勤拂拭　勿使惹塵埃

這正是修行的境界，平時用功，隨時拿把掃帚，把自己的內心掃乾淨，纖塵不染，這是真修行。做到這步工夫以後，再進一步，可以談到六祖的那首偈子，把心如明鏡的境界還要打破，就是「菩提本無樹，明鏡亦非臺，本來無一物，何處惹塵埃。」這是佛菩薩的境界，這是智慧成就的境界。普通人沒有達到，未證言證，未悟言悟，這是撒謊，犯大妄語戒，罪過非常大，萬萬不可。

到達了悟淨圓覺，心如明鏡以後，「**以淨覺心，知覺心性及與根塵，皆因幻化**」。由前面修定的境界，到達真正淨覺的心境，自然瞭解知覺自己的本心本性，和眼、耳、鼻、舌、身、意六根，以及色、聲、香、味、觸、法六塵，這些都是幻化。幻化並不是沒有，例如看電視、看電影，我們所看到的影像就是幻化。修行到達了這個境界，才知道宇宙萬象以及我們的生命、身體、思想、感情、知覺這些都是幻化。由幻化所生的東西，無法永恆存在。例如我們人類的歷史，幾千年來、幾百年來的人、事、物到哪去了？你看《三國演義》開章那闕詞：

滾滾長江東逝水，浪花淘盡英雄，
是非成敗轉頭空，青山依舊在，幾度夕陽紅？

這是多美的文學境界，也是最好的佛經，不用佛學名辭描寫人生的幻化，多美！又如《桃花扇》的「眼看他起高樓，眼看他樓塌了。」人生一切都是幻化，眼睛所看到的都是幻化，我們自己也是幻化，今日之我已非昨日之我，諸行無常。

「**即起諸幻，以除幻者**」。修行到一切如夢如幻的時候，真空中要生出妙有來，所謂「性空緣起」，在空的境界裡自己起觀，觀出東西來。修行真到達了此一地步，可以在一念之間，把自己變成千手千眼觀世音菩薩。不只是想，而是真的，別人看到的不是你，而是千手千眼觀世音菩薩。比如，以前在大陸上，一位能海法師，到西藏學密宗，回來以後，開了一個密宗黃教的道場，修大威德金剛。大威德金剛是文殊菩薩的化身，三個頭，一個頭有三隻眼，三十六隻手，每隻手上各拿一件法器，十八隻腳，腳下踏著男人、女人、死人、老虎……什麼都有，行者一彈指剎那之間，要把自己觀想成大威德金剛。能海法師經常晝夜不分在大殿中修法。有一天晚上，有人進殿一看，能海法師不見了，大殿裡多了一尊大威德金剛。這就是「**即起諸幻**」的故事。

為什麼要「**即起諸幻**」呢？「**以除幻者**」，以幻除幻，以楔出楔。例如唸佛，為什麼要唸阿彌陀佛？因為念頭太多，用唸佛號來除掉念頭，其實，阿彌陀佛這句佛號也是妄念，以妄念除妄念。

「**變化諸幻，而開幻眾**」。修行必須「性空緣起，緣起性空」，空中可以生起妙有，妙有又須化空。空有之間，任運自在，「**變化諸幻**」。我們是幻眾，不信，八十年後一定沒有你了。像釋迦牟尼佛就是「**變化諸幻，而開幻眾**」，講了那麼多佛法，留下了不少經典，他自己也是幻化，他的確來過人間，但是，後來又消失了。

「**由起幻故，便能內發大悲輕安**」。因為菩薩明白眾生是幻眾，所有一切均是幻化，不執著幻化，不為幻化所困，而能起幻。救度眾生，這是幻行，大慈大悲之心。菩薩之慈悲即是菩薩之煩惱，但是，他在煩惱中有其不煩惱的一面，因為他知道這些都是幻化。

一切菩薩從此起行，漸次增進，彼觀幻者，非同幻故，非同幻觀，皆是幻故，幻相永滅。

佛說一切大乘道的菩薩從此幻觀開始修，漸次增進，一步一步慢慢地進步。「**彼觀幻者，非同幻故**」，這個能夠知道幻化的，能夠起幻觀的，與幻化並不相同。例如牙痛，疼痛的感覺是幻，但是，那個能知道疼痛的並不痛，疼痛與他毫不相干，要從這裡去體會，注意！這是傳大法唷！「**非同幻觀，皆是幻故，幻相永滅**」。再進一步，把那個能知道的也把他拿掉，因此一切幻相永滅。

講到幻相，現代的社會中，精神病人越來越多。十九世紀的絕症是肺病，二十世紀的絕症是癌症，未來二十一世紀的絕症是精神病。尤其搞修道、打坐的，很容易患上精神病，因為在打坐中看到東西了，一不小心就精神分裂去了。正統學佛的就要記住佛在《金剛經》所講的：「凡所有相皆是虛妄，若見諸相非相，即見如來。」現在《圓覺經》所講與《金剛經》所講的，一模一樣，表達方式不同。學佛千萬不要著相，不要被幻相牽著走，越平實，越通俗，越好。

是諸菩薩所圓妙行，如土長苗，此方便者，名三摩鉢提。

這些菩薩所修的如夢如幻觀行，漸次增進，慢慢有所成果，這個方法叫作三摩鉢提。三摩鉢提就是止觀等持、定慧等持。

善男子，若諸菩薩悟淨圓覺，以淨覺心，不取幻化，及諸靜相。

佛說學大乘道的菩薩們悟到了我們心本來是清淨的，本來在圓覺中。

以此淨覺心，不取幻化，不被外界的幻境所騙，也不要以為我打起坐來，內心空洞洞的很寧靜，哦！這就對了，這就是佛。打起坐來很清淨，不打坐就沒了，這是生滅法。修之則有，不修則無，這是靠不住的。佛法是「不生不滅，不垢不淨，不增不減」。如果在增一點、減一點上面搞，就偏差了，有些人一入佛堂，看到佛像，就覺得好清淨，哈！你被佛堂的幻化所騙了，打坐唸佛非得在佛堂，然後面對著佛像，再點個檀香，這樣才清淨，這是取幻化，取靜相。不要以為在佛堂才有佛法，到了廁所就沒有佛法；唸佛一定要在佛堂唸，在廁所就不敢唸了，萬一你坐在馬桶上，突然要死了怎麼辦？不垢不淨，佛法徧一切處。

了知身心皆為罣礙，無知覺明，不依諸礙，永得超過礙無礙境，受用世界及與身心。

「了知身心皆為罣礙」，我們修道之所以不能成功，就是被身心所障礙住了，打坐剛有一點境界，腿就不對勁了，屁股也坐不住了，這是身的障礙。再來就是心的障礙，思想雜亂，念頭來來去去，靜不下來。所以佛叫我們修夢幻觀，不取動相，也不取靜相，徹底明白身心就是我們的大障礙。

「**無知覺明**」，這四個字可真妙了，這一句在文辭上不通，無知與覺明是相互矛盾的，卻擺在一起，這是有其道理的。無知與覺明是同樣一個東西，沒有悟道以前是無明，是無知，我們天天在用，能思想，能感覺，能造業，我們用了一輩子，還不知道他是什麼東西。悟道以後，你就明白他是空的、幻的，「**不依諸礙**」，不在身體上，也不在心念上，「**永得超過礙無礙境**」，永遠超越身心的障礙，也超越無礙——空的境界。到此地步，有什麼效果呢？「**受用世界及與身心**」，此時可以享受物質世界的一切，也可以轉過來享受自己的身心。我們一般人活在世上，都被物質所用，都被身體所用，都被我們的思想、情緒、欲望所用，是不是這樣？我們學佛修道，要反過來，善用其心。

相在塵域，如器中鍠，聲出於外，煩惱涅槃不相留礙。

這個時候，活在世間，一樣講話，一樣吃飯，一樣做事，但是心中無事，「**如器中鍠，聲出於外**」，他同普通人一樣，有血有肉，有喜怒哀樂，而內心是空的。此時，煩惱也空，涅槃也空，「**煩惱涅槃不相留礙**」。

便能內發寂滅輕安，妙覺隨順寂滅境界，自他身心所不能及，眾生壽命皆為浮想。此方便者，名為禪那。

如果能夠「**以淨覺心，不取幻化及諸靜相**」，同時解脫身心障礙，「**便能內發寂滅輕安**」，一切煩惱妄想滅了，「生滅滅已，寂滅為樂」。「**妙覺隨順寂滅境界**」，無處不寂滅不清淨，無時不寂滅不清淨，「**自他身心所不能及**」，自己以及他人的身心所不能及，已經超越了人世間，此時，「**眾生壽命皆為浮想**」，如同《金剛經》所說：「無我相，無人相，無眾生相，無壽者相。」「**此方便者，名為禪那**」，如此身心解脫了，這叫作禪。注意！這樣才是真正禪宗的境界，不是一句話聽懂了，一本書看懂了，雲淡風輕便是禪，那毫不相干，雲也不淡，風也不輕，身心都是障礙，沒有用，那是狂禪、口頭禪。

善男子，此三法門，皆是圓覺親近隨順，十方如來因此成佛，十方菩薩種種方便，一切同異，皆依如是三種事業，若得圓證，即成圓覺。

「**此三法門**」是哪三個法門？第一是講修止，第二是講修觀，第三是講修禪。這三種法門都是成佛最容易、最方便的方法，十方世界的佛都因此法門成佛。十方世界的菩薩有種種修行方法，其中有相同的，也有不同的，「**皆依如是三種事業**」，都是從「止」、「觀」、「禪」這三事業變出來的。為什麼叫事業呢？成佛也是一件事，也是造業，造什麼業？造善業，造成佛之業。若能圓滿證得了，就成佛了。

善男子，假設有人修於聖道，教化成就百千萬億阿羅漢辟支佛果，不如有人聞此圓覺無礙法門，一剎那頃，隨順修習。

佛說假如有人學佛、修行、做功德，修於聖道。不只自己修，還能夠教化別人，幫助百千萬億人修成了阿羅漢和辟支佛果，辟支佛又稱緣覺佛或獨覺佛，可以無師自通。像這類阿羅漢及辟支佛轉生在人世間的並不少，到處都有，不過，一般人看不出來，要靠各位的智慧去找。雖然教化百千萬億人成就了阿羅漢果及辟支佛果，此功德多大啊！但是，「**不如有人聞此圓覺無礙法門**」，所以，諸位比他們還高，不過，光聽到沒有用，還要修。「**一剎那頃，隨順修習**」，聽到以後要相信，馬上依照佛所說的方法去做，這樣的話，功德比前述的人還要大。

最後，佛作結論。

爾時，世尊欲重宣此義，而說偈言：

此時，佛重新以偈語再說一遍。

威德汝當知　無上大覺心　本際無二相　隨順諸方便
其數即無量　如來總開示　便有三種類　寂靜奢摩他
如鏡照諸像　如幻三摩地　如苗漸增長　禪那唯寂滅
如彼器中鍠　三種妙法門　皆是覺隨順　十方諸如來
及諸大菩薩　因此得成道　三事圓證故　名究竟涅槃

威德汝當知　威德菩薩你應該知道，
無上大覺心　一切眾生本有的無上佛性，
本際無二相　在本體上，諸佛菩薩以及每一個眾生都一樣，並無差別。
隨順諸方便　隨順眾生的修持方法，

其數即無量　其數量無限，

如來總開示　佛將其總歸納起來，

便有三種類　有三個種類。

寂靜奢摩他　第一種是修止的方法，

如鏡照諸像　修止的方法要把自己的心念拂拭乾淨，猶如明鏡一樣。

如幻三摩地　第二種是修觀，觀世間一切如夢如幻，以幻除幻，

如苗漸增長　幻觀成就就是真空生妙有，性空緣起，所修妙行，如土中長苗，漸漸增長。

禪那唯寂滅　第三種是修禪那，一切寂滅，一切放下，

如彼器中鍠　修禪那要像發聲的樂器，中心是空的。

三種妙法門　總歸納成此修止、修觀、修禪那三種法門，

皆是覺隨順　這三種法門都是成佛最容易、最方便的方法。

十方諸如來　十方世界一切佛，

及諸大菩薩　以及諸大菩薩，

因此得成道　都依此三種法門而成道。

三事圓證故　這三種方法都修成功了，

名究竟涅槃　就成佛。

第八章　辯音菩薩

內容提要

成佛之道有幾種修行方法

修止修觀修禪那如何搭配

如何選擇適合自己的修行方法

於是辯音菩薩在大眾中，即從座起，頂禮佛足，右繞三匝，長跪叉手而白佛言：

現在是辯音菩薩出來提問題。辯音菩薩比文殊菩薩、普賢菩薩在程度上差一點，對我們而言，容易學一點了。他問什麼呢？

大悲世尊，如是法門，甚為稀有。

先來兩句恭維話。大慈大悲的佛啊！你所講的法門世上少有啊！難聽難聞啊！

世尊，此諸方便，一切菩薩於圓覺門，有幾修習？

辯音菩薩問：世尊，一切菩薩要走上圓覺之路，成佛之道，有幾種修行的方法？

願為大眾及末世眾生方便開示，令悟實相。

希望您為大家及未來末世的眾生方便開示，讓大家大澈大悟，證到成佛的境界——實相般若，也就是智慧的成就。

作是語已，五體投地，如是三請，終而復始。

至誠請法，行禮如儀。

爾時，世尊告辯音菩薩言：善哉！善哉！善男子，汝等乃能為諸大眾及末世眾生，問於如來如是修習，汝今諦聽，當為汝說。

這是佛的答話，也是一番客氣的話。你們好好仔細聽，我來為你們講。

時辯音菩薩奉教歡喜，及諸大眾默然而聽。

這都一樣，不贅。

善男子，一切如來圓覺清淨，本無修習及修習者，一切菩薩及末世眾生，依於未覺幻力修習，爾時，便有二十五種清淨定輪。

佛說一切如來的本性圓覺清淨，本來就不須你去修的，修也修不起來，也沒有一個修習的人，誰來修？沒有辦法去修。明心見性的本性，是本來就有的，不是你修成了才出現本性，你修也多不起來，不修也少不了。所以《心經》上講：「不生不滅，不垢不淨，不增不減。」譬如虛空，地球的表層還怕原子彈，虛空則不怕，不管你怎麼炸，虛空還是虛空。自性同虛空一樣，所以說「**本無修習及修習者**」。

有沒有可以修的方法呢？有。什麼方法？「**依於未覺幻力修習**」，修行是幻法，幻人修幻法。換句話說，學佛修行靠什麼來學？靠我們的妄想來學，沒有妄想怎麼學？因為我們都是靠幻法來修，此時，便產生了二十五種修行的方法。

若諸菩薩唯取極靜，由靜力故，永斷煩惱，究竟成就，不起於座，便入涅槃，此菩薩者，名單修奢摩他。

佛現在告訴我們第一條路。「**唯取極靜**」，只求靜，由靜的力量也可以「**永斷煩惱**」，證得阿羅漢果。有人喜歡在山上搭個茅棚專修，長坐不臥，脇不至席，《圓覺經》在這裡說：「**不起於座，便入涅槃**」，叫作「**單修奢摩他**」，這樣也可以有所成就。

若諸菩薩唯觀如幻，以佛力故，變化世界，種種作用，備行菩薩清淨妙行，於陀羅尼不失寂念及諸靜慧，此菩薩者，名單修三摩鉢提。

這裡提到「**唯觀如幻**」，我們學佛經常講一切如夢如幻，普通都把夢與幻當成比喻，形容人生如夢。實際上，夢幻是一個實在的境界，如果你仔細研究，這裡面就有方法。其實，一般人所講人生如夢，那是在痛苦、煩惱時，偶爾的感嘆而已，並沒有真把人生當作是夢。在佛法裡有夢成就的修法，控制自己的夢，要自己做夢就能做夢，要不做夢就不做夢。要把自己的精神訓練到這個地步，很不容易，一般人都做不到，作不了主。經過正式修持的人，是可以做到的。做到了以後，要修轉變夢，夢到水，把水變成花，你能不能做到？在夢中知道自己在做夢，這一步已經很難了。

有人喜談修心養性，白天作人做事都能控制自己，就是理智超過了情緒，要發脾氣不發了，要講這句話不講了，這樣已經很不容易。學佛的人儘管說戒，身口意都要守戒，戒就是理性地管理自己、控制自己。理論這麼講，但是，一到節骨眼，要說的還是說了，要發的脾氣還是發了。發了脾氣以後，唉呀！慚愧，懺悔，不過，並沒有真慚愧，也沒有真懺悔，只是口頭說說而已。假如你白天能夠作主，能夠隨時在念佛中，在夢中就不見得靠得住了。一般人在夢中不能作主，也不知道有夢。若在夢中能夠作主，修行則有點像樣了。再進一步，開眼做夢，開眼做夢並不須另外做了，現在眼前的生活就像在夢中似的，對於現實生活中的喜、怒、哀、樂，以及是、非、善、惡，這些與你都不相干。然後，再把夢幻境界空掉，此時，看整個世界則是清淨、光明，不是說說理論而已，必須這樣修行才有把握。

我剛才講的是「夢」話，《圓覺經》這裡講的是「幻」，夢與幻不一樣。夢是睡眠時理性不作主所產生的。幻則指清醒時，例如沙漠的海市蜃樓。佛法中有修夢成就法，也有修幻成就法。如現代的催眠術，也是夢幻修法所演變出來的，如果修夢幻法不當，很容易走入催眠境界，也很容易變成精神分裂。現代年輕人很喜歡搞打坐，學各種修法，結果，很多人搞得神經兮兮，很可憐！

佛說有些菩薩只修幻觀法門，得到佛的感應，自他的力量合一，心物的力量合一，可以「**變化世界**」，也就是說有神通了，產生種種作用。菩薩為什麼玩弄這個神通呢？下面一句話：「**備行菩薩清淨妙行**」，為了實現菩薩道，濟世救人。但是，要注意「**清淨妙行**」這四個字。我們普通人做好事並不清淨，無論如何都有夾帶的心理，幫助了別人，心裡總有一點得意、自喜，雖說不希望回報，但是，心裡還是覺得自己幫助了他。在菩薩道來說，這已經犯了戒，免不了貢高我慢，不是清淨妙行。以菩薩道來看普通人行善，那是在造業，造什麼業？造他生來世福報之業，這福報之業也讓你不得解脫，也很可怕。

真正的菩薩行是「**清淨妙行**」，心裡不留一絲痕跡，所謂三輪體空，例如我有錢，這個人痛苦需要錢，你給他錢，幫助了他；施者空，受者空，所施之物也空；無所謂我給你，這個東西也不是我的，財物是屬於這個世界的，金錢是流動的，今天在我這裡，明天就流到你那裡去了，你的我的差不多。好事是做了，但是，在內心裡，做與沒有做一樣，始終是清淨的。中國人講「救人一命，勝造七級浮圖」，救人一條命的功德比蓋一座廟塔的功德還大，假如你救了人一命，真這麼想而沾沾自喜的話，那就不是清淨妙行了。做了就做了，管他七級浮圖還是八級浮圖！

「**於陀羅尼，不失寂念及諸靜慧**」。注意！剛才以上所講的夢幻觀、變化世界、清淨妙行等等，這些是有為法，有所作，有所為。真正的佛法是無為法，假如在此有為法中，喪失了無為法，忘失了本心、本性、本源，就成了外道。所以，佛說：「**於陀羅尼，不失寂念及諸靜慧。**」對於佛法的總體、總綱，清淨智慧的無為之體，沒有忘失。

這樣的修持的菩薩，叫作「**單修三摩鉢提**」，三摩鉢提也有人翻譯為三摩提，最簡單的中文叫三昧，翻成中文叫正受，定慧等持之意。一邊是定力，一邊是慧力，智慧與妄念有別，智慧是聖道，妄念是凡夫道，智慧的發揮是動相，在修如幻觀的動相中仍須保持定力，所以要定慧等持。

若諸菩薩唯滅諸幻，不取作用，獨斷煩惱，煩惱斷盡，便證實相，

此菩薩者，名單修禪那。

《金剛經》上說：「一切有為法，如夢幻泡影，如露亦如電，應作如是觀。」說明我們生活的世界如夢幻般地不實在，佛經以泡、影、露、電、水中月、空中花、鏡中相、芭蕉、陽焰、海市蜃樓來作比喻。除了夢幻觀的修法外，另外就是透過理性的認知，瞭解我們的人生是虛幻不實的，妻子、兒女、家庭、事業等等都靠不住。真正的修持不是什麼觀、什麼法，而是大智度，用智慧觀察一切如夢如幻。

「**若諸菩薩唯滅諸幻**」，這個幻怎麼滅呢？不是你想辦法去滅它，知道這一切是幻以後，不去執著，不去沾染，過去就過去了，要來的就讓它來，反正是假的嘛！不要太認真，不受這些現象欺騙。「**不取作用**」，就是《金剛經》所講：「應無所住而生其心」，就像吃飯一樣，吃過了就過了。「**獨斷煩惱**」，因為不執著，人生便沒有煩惱，過去心不可得，現在心不可得，未來心不可得，但是，煩惱斷得了嗎？李白的詩：「抽刀斷水水更流，舉杯消愁愁更愁。」不容易啊！煩惱的根——習氣還在，而且人喜歡自尋煩惱，不找些煩惱來煩，活不下去的，尤其是文人，喜歡為賦新詞強說愁，喜歡講究情調，而所謂的情調其實也是找煩惱。這是什麼道理呢？習氣問題，煩惱沒有斷盡。獨斷煩惱是初步，再進一步要「**煩惱斷盡，便證實相**」，什麼實相？般若實相，實相無相，圓滿清淨。走這樣修行路線的菩薩叫單修禪那，禪那不是禪定，正確的翻譯叫正思惟，用思想觀察來修，真正學佛是要用頭腦的，要用思想，要用智慧，觀察清楚，思考清楚，不是南無南無就算了的。南無了半天，越來越迷糊，越來越笨，那不是學佛教，那是學笨教了。

若諸菩薩先取至靜，以靜慧心，照諸幻者，便於是中，起菩薩行，此菩薩者，名先修奢摩他，後修三摩鉢提。

這又是一種修法，《圓覺經》是大乘法門。中國流行大乘佛教，但是，大乘佛教流行以後，一般學佛者，在家也好，出家也好，就沒有東西抓了，不曉得怎麼開始修？因此有淨土宗的產生，至少要抓一個東西，走路要抓個手杖，阿彌陀佛就是手杖。事實上，小乘的修法不只念佛一個，有十念法：念佛、念法、念僧、念天、念戒、念施、念死、念身、念休息、念安般，等於有十根手杖。淨土宗的念佛，念阿彌陀佛，只是念佛法門中的一部分而已，真正的念佛是念十方三世一切諸佛，不過，念阿彌陀佛就比較簡單了，這是一條修行之路。其他，當時釋迦牟尼佛所親傳的有為法，有所依歸而快速的修法，一般人都忽略了。所以，我常感嘆佛法的沒落，從東漢以後到隋唐以前，學佛證果的人很多，唐代以後，大乘佛法一流行，尤其是禪宗，講理論玩嘴巴的人多，真修行的人少，所以，越到後來，證果者越少。

所以，我常常講要學佛，跟佛走——我們的真正老師「釋迦牟尼」。阿彌陀佛是釋迦牟尼佛介紹的，大家只念阿彌陀佛，把釋迦牟尼佛丟開了，甚至有些道場連釋迦牟尼佛都不供了。現在，我們要回轉來跟釋迦牟尼佛學，有些寺廟花了錢買《大藏經》，自己不看，供養書蟲去了，多可憐！再說，釋迦牟尼佛在世時的弟子，跟著他三天、五天、七天，甚至當場證阿羅漢果的人很多，為什麼我們做不到？為什麼不去研究？這道理在哪裡呢？第一，最重要的，我經常講，那就是修習白骨觀。只要一修白骨觀，馬上迅速成就。白骨觀也包括了念佛法門。其次，就是修安般，修出入息，像有神通的目連尊者也都主動傳授安般法門。所以，最近六七年來我一直在提倡白骨觀。

「**若諸菩薩先取至靜**」，如何先取至靜呢？如何能達到靜呢？大家學打坐，有誰真達到靜呢？恐怕沒有，越坐越鬧倒是真的。唉唷！腳痛，頭脹，妄念又來了。為什麼不能達到靜？因為沒有方法，修行的法門沒有專一，真專一，這一切都沒有了。例如唸佛也一樣，心心念念在佛號上，阿彌陀佛，唸到阿就定住了，兩個小時以後才唸出彌字，中間沒有雜念，也沒有身體的感覺，那才算是唸佛專一了。

告訴各位，這些都是法門，就看你們的智慧夠不夠。假如學密宗，這是要隆重傳法，送上供養的。一上來！阿——，弄上半個鐘頭，再來彌——，又是半個鐘頭，這樣熱鬧了半天，傳法完畢，五體投地磕頭！這樣你們就會珍惜重視，喔！上師傳了大法。人就是喜歡自欺、欺人、被人欺。我現在那麼明白跟你們講，你若等閒視之，那就錯了。我不喜歡搞這一套，我認為道是天下之公道，都講了，再來就靠各位的智慧了。智慧不夠，什麼經都聽，有什麼用？

剛才講專一，專一到極點，把雜念、妄想都打下去了，把念佛這一念停住了，或者某一個觀念停住了，這樣才達到靜。《圓覺經》看起來好像很容易懂，佛法就是如此。我問你，至靜你做到了？其實，中國的老子也講過至靜，「致虛極，守靜篤。」「夫物芸芸，各復歸其根；歸根曰靜，是謂復命。」生命的根本是靜，靜到了極點，才能夠把握住生命的真諦，才能夠恢復生命的本能。無論唸佛也好，修止觀也好，要先專一，才能修到靜，靜還不算，要達到「**至靜**」，但是，我們有幾個人真修到靜？真修到靜，則忘掉身體了，也的確可以袪病，因為靜到極點，病也空了，受也空了，苦的感受也沒有了。很多人打起坐來，這裡痛，那裡痛，都在苦受之中，哪裡靜得了？真靜的話，病苦也靜了，煩惱也靜了。妄想也靜了。

明代的憨山大師在五台山修行，住在溪邊，溪水衝激，如萬馬奔騰，吵得不得了，定不下去，他一氣，一氣是我講的，不大好聽，意思就是煩死了，這樣一吵就定不下去，這叫修行啊？乾脆就在橋上打坐，一天，忽然之間，萬籟俱寂，什麼聲音都沒有了，這也是入定，入什麼定？靜的定。

現在《圓覺經》提到至靜，憨山大師當時這個境界算不算至靜呢？不算。那麼，怎樣才算至靜呢？這就要到《楞嚴經》去找了，《楞嚴經》裡有觀世音菩薩的音聲入定法門，「初於聞中，入流亡所，所入既寂，動靜二相，了然不生。」聽一切聲音，聽自己唸佛的聲音也好，聽汽車的聲音也好，聽自己的呼吸也好，聽！聽！聽到「入流亡所」，進入法性之流，「亡所」，所聽的聲音聽不見了，「所入既寂」，聲音寂滅了，清淨到極點，然後，動相，一切的聲音；靜相，沒有聲音；「動靜二相，了然不生」，了然無礙，一念不生。以上我只是作簡單的解釋，詳細講的話，不只如此。

這樣才接近於《圓覺經》的至靜。真到達至靜的話，也就是《楞嚴經》所謂的：「淨極光通達，寂照含虛空，卻來觀世間，猶如夢中事。」所以，《圓覺經》在這裡講：「**以靜慧心，照諸幻者，便於是中，起菩薩行**。」靜極了，出現了般若智慧之光，自然證到了一切都是夢幻，便於這裡，起菩薩行。走這條路線的菩薩，叫作「**先修奢摩他**」，先修止，「**後修三摩鉢提**」，再修幻觀的成就。

若諸菩薩以靜慧故，證至靜性，便斷煩惱，永出生死，此菩薩者，名先修奢摩他，後修禪那。

這是另外一種路線的修法，由靜而發慧。講到靜，一般人都會想到打坐，打坐只是修靜的一種練習，打坐本身並不一定是靜。真正的靜必須忘掉了身體，忘掉了感受，心念不動了。其實心念不動這個話是不對的，應該說心念靜下來了。心念靜下來，忘掉了身體，忘掉了感覺，並不是無知。什麼都不知那是昏沉，大昏沉！平常打坐所謂氣脈發動，感覺舒服不舒服，這些是生理的反應，有此反應，已經不是靜了，那是慢慢向靜的路上走。靜到後來，身體的感覺都沒有了，靜到什麼樣子呢？只能勉強以「萬里晴空」作比方，沒有一點雲，沒有一絲妄念，這才是靜的境界。話講起來很簡單，有人一生，甚至好幾生，能不能修到還是個問題。但也不一定，也有人一下子就到了，這也不是這一生修來的，那是過去前幾輩子累積而來。

這樣靜下來，到家了沒有？沒有。下面有句話：「**證至靜性**」，這怎麼解釋呢？學過唯識就懂得了，證至靜性就是唯識所講的證自證分，或稱證自證量，什麼叫「證自證分」呢？我們剛才拿「萬里晴空」作比方，萬里晴空，一點雲都沒有，這晴空哪裡來的呢？還不是自己的心量變出來的，晴空是個境界，還要更進一步，證到能夠變出萬里晴空境界的是什麼東西，這個時候證到了，悟到了，才可以斷煩惱，所謂頓斷煩惱，就是跳出了生死。

走這種修持路線的菩薩，叫作「**先修奢摩他**」，先修止，「**後修禪那**」。唐宋以來的禪宗大都是走這種路線。下面又是另一種路線：

若諸菩薩以寂靜慧，復現幻力，種種變現，度諸眾生，後斷煩惱，而入寂滅，此菩薩者，先修奢摩他，次修三摩鉢提，後修禪那。

西藏密宗的黃教就是走這種修持路線。西藏的達賴和班禪，乃至蒙古的章嘉活佛，都是屬於黃教宗喀巴大師的法系，所依據的經典是宗喀巴大師的《菩提道次第廣論》和《密宗道次第廣論》。

這種路線怎麼修呢？先修「**寂靜慧**」。修寂靜慧之前，還有所準備的，詳細的修法過程在《菩提道次第廣論》裡網羅最多。修寂靜慧，先要瞭解教理，三藏十二部的教理都要清楚。現在很多人學密宗，我覺得蠻好玩。真正學密宗的話，差不多七八歲就出家接受教育，專門研究佛學，到了二十幾歲要接受考試，必須把一萬多卷的《大藏經》都讀過了，要深思佛經的教理，然後加以考試，就是說佛學的學問成就了，慢慢才開始修加行，先修拜佛、懺悔等等，到了中年，才正式修學觀法，而能夠有所成就，已經四五十歲五六十歲了。這是密宗正統的修法，不是拿點水在頭上滴一滴，灌了頂了，會唸個咒子，哦！我學了密宗了，開玩笑！真正學密要先瞭解教理，《菩提道次第廣論》有句話「周偏尋思」，用自己的智慧去研究、去思想、去參究，每一個理都要懂，周偏尋思，每一個理都要想透，而且要很精密，不能遺漏。再經過修證，這樣才能發起寂靜當中的智慧。

寂靜慧有了基礎之後，再修觀想。修觀想也不容易，譬如你修紅觀音也好，綠度母也好，喜樂金剛也好，你坐在這裡，或走在路上，隨時感覺到菩薩就在前面，在意境上完全看得見，乃至身心與菩薩完全合一。當然，自己知道，進一步，使別人也看到你有特殊的現象，這是「**復現幻力**」，達到幻觀成就，心力的作用呈現出來，那麼，自己也感覺到各種境界的變化，別人也感覺到你有各種境界的變化，此所謂「**種種變現，度諸眾生。**」

以密宗來講，到這一步是初步的成就，叫作「生起次第」，本來沒有的，在空地上，建起房子來，這是心力堅固所造成的，產生種種變現，近於神通，這是屬於緣起，也是妙有。由此再轉入圓滿次第，本來無中生有，等到有修成了，再歸到無，再把它空掉，徹底的空了。這是宗喀巴大師所創黃教走的路線。

最後，「後斷煩惱，而入寂滅」，把有法再歸到空。什麼是煩惱？就是教理所講的見思惑。思想上、觀念上、理上、情緒上所有的無明都斷完了，入到寂滅境界。

這樣一類的修法，「先修奢摩他」，先修止；「次修三摩鉢提」，次修觀；「後修禪那」，進入涅槃。

若諸菩薩以至靜力，斷煩惱已，後起菩薩清淨妙行，度諸眾生，此菩薩者，名先修奢摩他，中修禪那，後修三摩鉢提。

這個路線是先修至靜，至靜的方法那就很多了，譬如唸佛、止觀等等，八萬四千法門都可以達到至靜的境界，不修密宗「有」的觀想，一路靜下去，靜到極點，也可以斷除煩惱，也可以斷除見思惑的習氣，證到果位。然後，再出山，行菩薩道，度化眾生，中國很多禪宗祖師走這個路線。

例如牛頭山法融禪師就是如此。法融禪師是四祖道信的弟子，他的法系與五祖的弟子神秀和尚（六祖慧能的師兄）的法系影響唐代的文化很大。法融禪師在牛頭山住茅棚，萬緣放下，專修禪定。修到什麼程度呢？百鳥銜花供養，工夫定力當然很高。

這個時候，中國禪宗四祖道信禪師已經退休了，雲遊四海，來到牛頭山一看，曉得山裡有個修道人，於是，想入山看看。到了山中的寺廟，就問：「師父，請問這山裡有修道的人吧？」有位和尚回答他：「我們出家人哪個不是修道的人？」四祖說：「啊？那你說哪個是修道的人？」這個和尚再不敢說話了，旁邊一位和尚說：「在後山有個和尚，一天到晚只管打坐，見到人也不起來，也不合掌，我們叫他懶融，莫非這個人就是您所說的修道人。」

四祖就進後山去了，看到法融禪師坐在那兒，四祖來到，法融視若無睹，不理不睬。四祖明明知道他在觀心修定，卻故意問他：「在此做什麼？」法融答：「觀心。」四祖再問他：「觀是何人？心是何物？」這下子法融答不出來了，於是趕緊起立行禮，問四祖說：「請問大德從哪裡來？」四祖答說：「貧道居無定所，或東或西。」法融就問四祖：「請問您認識道信禪師嗎？」四祖說：「你怎麼問他呢？」法融說：「我久仰他的大名，想去參訪。」道信大師說：「貧道就是。」法融聞之大喜。

山中很清淨，此時道信大師卻問法融說：「這裡是否有清淨休息的地方？」四祖怪，法融也怪，他說：「有啊！後山有個小庵。」他們來到庵所，周圍都是老虎、狼、熊之類野獸的足跡。四祖看了，作了恐怖的樣子，法融對四祖道信說：「大師，您還有這個嗎？」意思說您得了道，還會怕老虎呀！四祖也不說話，過了一會兒，就在法融打坐的石頭上寫一個「佛」字，然後就坐上去了。法融看了很緊張，趕緊合掌道：「阿彌陀佛！罪過！」四祖說：「你還有這個嗎？」法融後來就在四祖門下悟道。

法融悟了道以後，下山說法辦道場，自己親自出去化緣，天天挑米來回走八十里路，供養三百位出家人修行。你看！法融禪師在還沒有悟道以前，只管學懶法——打坐，所以叫懶融。悟了道以後，就不同了，自己下山去背負米糧，讓別人去懶去修行，這就叫作「披上袈裟事更多」，度眾生是很痛苦的事，那是完全犧牲自我，成全他人。

走這個路線的菩薩，叫作「**先修奢摩他**」，先修止；「**中修禪那**，後**修三摩鉢提**」，斷一切煩惱。斷一切煩惱以後，才敢到這個世間來，這個世間是充滿著煩惱的，自己沒有能斷金剛般若波羅蜜是不敢入世的。

若諸菩薩以至靜力，心斷煩惱，復度眾生，建立世界，此菩薩者，名先修奢摩他，齊修三摩鉢提禪那。

以我的看法，走這種入世菩薩路線的人很少，像中國的聖人孔夫子就是走這個路線。孔子傳道與曾子，曾子著《大學》，所謂「知止而后有定，定而后能靜，靜而后能安，安而后能慮，慮而后能得。」就是《圓覺經》這裡所講的「**至靜力**」。但是，靜到什麼程度？工夫到什麼程度？若說完全沒有工夫也不對，的確也有工夫，也能心斷煩惱，達到聖賢境界。但是，沒有去掉煩惱的根，非最高菩薩境界，不夠圓滿。

這一類的菩薩們，以入世為主，以救眾生為主，以修功德為主，建立人道世界，講究作人的道理，形成孔孟學說，影響中國幾千年。一般佛教所講修行是走出世路線，而儒家則專走入世路線，以入世度眾生為主，這一類的菩薩名為「**先修奢摩他**」，先修止，再「**齊修三摩鉢提禪那**」。

講到這裡，要瞭解孔子的大乘道，要到哪裡去找呢？不要以為讀了《論語》就瞭解了孔子，沒那麼簡單。真要瞭解的話，要到《禮記》和《易經》的〈繫傳〉去找，這裡面有孔子的形而上道。而要瞭解他的入世之道，則要看懂《春秋》了。

若諸菩薩以至靜力，資發變化，後斷煩惱，此菩薩者，名齊修奢摩他三摩鉢提，後修禪那。

由靜的工夫入手，靜到極點，達到神通變化境界。普通一般人喜歡神通，為神通而修道，但是，卻達不到真神通，有也是二號神通，就是神經啦！我看了幾十年，玩神通的人最後都沒有好下場，都很糟糕！

真的神通是什麼呢？有一個原則，請大家記住，通由定發，你看這幾段都提到三個字——「**至靜力**」，靜定到了極點，到了身心皆忘的境地。你坐在那裡，眼睛閉起來看光呀！看影子呀！那還是這個肉眼在看，這個身子都沒有忘掉啊！所以，看久了，神經就崩潰了。真的神通根本就不用這些，那是心性自力的功能，不須動念就來了；要動念，哪叫神通啊？

「**以至靜力，資發變化**」，注意這個「**資**」，資者助也。由至靜力的幫助，使心性道體的作用增強，由體起用，行菩薩道，然後再攝用歸體，「**後斷煩惱**」，返本還源。此菩薩者，走這樣修行路線的人，「**名齊修奢摩他三摩鉢提**」，同時修止修觀，「**後修禪那**」。這一類人並不是找個清淨的地方住茅棚專修，而就在行上修，不談出世或入世。這些人到哪裡找呢？這要看你有無慧眼了。依我幾十年人生經驗看，多得很，有些人明明是菩薩行，但是，打死他也不會承認，看起來很普通，你也看不出他有沒有神通，他的靜定不在外形打坐中。

若諸菩薩以至靜力，用資寂滅，後起作用，變化世界，此菩薩者，名齊修奢摩他禪那，後修三摩鉢提。

這種菩薩比較不容易舉例，他的靜定工夫已經到了，但是，不走神通的路線，而馬上轉入寂滅涅槃的境界，然後，再由體起用，變化世界，轉變現實世界，這是大菩薩的境界。《華嚴經》上佛說十地以上的菩薩才有資格轉生為治世的帝王以及大魔王，其中的道理很深。目前可以說沒有一個帝王可以轉變這個世界，以未來的趨勢來看，不可忽視科學的力量，一個新的理論出現，馬上可以使整個世界改觀，在科學上的成就也是最高的智慧，也是菩薩，並不簡單！不要以為慈眉善目坐在那裡不動才是菩薩。

這一類菩薩很難舉例，「**名齊修奢摩他禪那**」，齊修止靜寂滅，「**後修三摩鉢提**」，再修觀行起用，變化世界。我剛才所說的科學成就，就是三摩鉢提，來自於幻想，再加上實驗，實驗成功了就是科學。我在此預言，今後的菩薩大都將出現於科學界，不如此不能轉變這個世界。我們現在的世界不是靠敲敲木魚、打打坐所能改變，這是時代的趨勢，各位拭目以待吧！

若諸菩薩以變化力，種種隨順，而取至靜，此菩薩者，名先修三摩鉢提，後修奢摩他。

「**變化力**」有兩種，一種是如來的變化力，就是說這個法界內，包括我們這個世界，一切萬有都是如來神力所變化出來。在《華嚴經》上講，這個宇宙萬有的生命都是毗盧遮那佛所變化，包括釋迦牟尼佛、阿彌陀佛都是他的化身，我們也是他的化身。道理是什麼呢？本體只有一個，「心、佛、眾生三無差別」，心、佛、眾生同一自性，同一自體，如來代表了本體，什麼叫如來呢？《金剛經》上說：「無所從來，亦無所去，故名如來。」如來是本體，並非如宗教徒所幻想的種種神化，要懂這個理。

第二種變化力乃是宇宙萬有的變化，物理變化和化學變化，質量與能量的互變等等，例如我們把米飯吃下去，就化成熱能，維持生命。同時，萬有時時刻刻皆在變化中，印度佛學稱為無常，中國文化則產生《易經》的學說，佛學譯為「**變化力**」，中國文化則稱為「造化」，這種變化力絲毫沒有神祕的色彩，我們學佛不要誤解了。

「**種種隨順，而取至靜。**」我們盤腿打坐不是想求靜嗎？那是笨方法。若是有智慧的大菩薩，隨此世間法，可以處處得靜，例如看見佛像，當你第一眼觸及佛像時，於此剎那間，保持不動，不起第二念，就可以靜下去。「**以變化力，種種隨順，而取至靜**」，所以看流水也可以定，聽聲音也可以定。

懂得這個道理的人，叫作「**先修三摩鉢提**」，先修觀，後修止，「**後修奢摩他**」。先觀察清楚，觀察什麼呢？要瞭解所謂靜不靜的關鍵，在於你自己的內心，而不是外在變化動亂的環境。譬如我講了一個多小時的話，有一句話留住嗎？沒有一句話留住。你聽過就沒有了，它沒有擾亂你的靜唷！

你本來就那麼靜，你不靜就聽不見了；你聽見了，可見你很靜，就在這個地方去體會「**種種隨順，而取至靜。**」

若諸菩薩以變化力，種種境界而取寂滅，此菩薩者，名先修三摩鉢提，後修禪那。

這一段講的是在種種境界上都可以悟道，這一類的例子很多。隨便舉個例子，有一個樓子和尚，為什麼叫樓子和尚？這個和尚修行了幾十年不能悟道，有一天到街上去，經過歌樓，鞋絆斷了，蹲下來繫鞋絆，聽到樓上的歌女（現代叫歌星）唱「你既無心我便休」，這下子他大澈大悟了，悟到本來無心，自然就放下了。因此，他悟了道以後，就叫樓子和尚。所以說種種境界而取寂滅，歌女唱的是情歌，唱的人沒有悟道，聽的人悟進去了。

金聖嘆批《西廂記》，他說如果把《西廂記》當成淫書，此人非下十八層地獄不可，《西廂記》完全是道書，可以令人大澈大悟的書，一點也沒錯。會看的人，《紅樓夢》《西廂記》《金瓶梅》就是道書，都可以因此大澈大悟。不會看的人，看佛經也會入地獄，真的唷！

「**此菩薩者，名先修三摩鉢提，後修禪那。**」

若諸菩薩以變化力，而作佛事，安住寂靜，而斷煩惱，此菩薩者，名先修三摩鉢提，中修奢摩他，後修禪那。

「**以變化力，而作佛事**」，濟顛和尚就是走這個路線。《濟公傳》是小說，故事編得非常好，把南北朝梁武帝的故事以及其他高僧的故事都編進去，所以非常熱鬧。真正的濟顛和尚是愛喝酒，愛玩神通，但不是小說中所寫的那個樣子。他是名士派，沒有那麼瘋，文學境界高，他的詩留傳下來的不多，其中有一句說：「願化西湖作酒池，一浪來時吞一口。」他一生瘋瘋癲癲，愛喝酒，「**以變化力，而作佛事**」，臨終時作了一首偈子：

六十年來狼籍　東壁打倒西壁
於今收拾歸來　依舊水連天碧

六十年來吊兒郎當不正經，東方世界、西方世界都參透了，如今要走了，依舊水連天碧，赤條條來去無牽掛。

大陸靈隱寺的羅漢堂過去被燒了，靈隱寺很怪，每碰到中國有大變化，樑柱就斷了。羅漢堂內塑有濟公像，拿著酒杯喝酒，很傳神，以前每天都要在酒杯內供酒，早上倒下去，下午就沒有了。後來給一個方丈罵了，對著濟顛的像罵：「你活著不正經，現在還不正經，從今以後要守戒，不准喝酒！」以後就不再供養酒了。濟顛和尚走的就是這個修行路線。

若諸菩薩以變化力，無礙作用，斷煩惱故，安住至靜，此菩薩者，名先修三摩鉢提，中修禪那，後修奢摩他。

「**變化力**」不一定指的是神通，變化力也是中國道家所講的「造化」，我們現在的生命都在自然的造化中，每一分每一秒都在變化中，這也就是「無常」，但是，這「無常」的現象也是自己的心力所造成的。所謂變化力也是心力的作用，例如儒家所提出來的「變化氣質」，變化氣質是靠自力在變化，不是靠他力。

這裡所講「**若菩薩以變化力，無礙作用，斷煩惱故，安住至靜**」，這一路的修法是以理論入手，道理明白了，曉得變化本來無主宰，非自然，不是有一個佛菩薩或是上帝或是閻王主宰你的，都是自己的心力、業力的作用。瞭解了這個道理，任他自然地變化，不妨礙他的作用，無著無依，無礙無作，不著相，不依求，不去障礙他，不去造作他，聽其自然。如此修持，便可以斷煩惱，達到安住至靜的境界。為什麼如此可斷煩惱呢？因為煩惱的自性本空，假如你用一個方法去斷除煩惱，這一個方法本身就變成煩惱，能斷與所斷之間，都是心起了障礙，違反了自然變化的道理。

這種修持的方法叫作「**先修三摩鉢提**」，先修觀，也就是《心經》所講「照見五蘊皆空」，先從理入手，「照」住一切變化，一切變化皆空，不去管他。「**中修禪那**」，道理弄清楚了以後，自然寧靜下來了，再修持禪那。「**後修奢摩他**」，最後到達如來大止，大寂滅海。

若諸菩薩以變化力，方便作用，至靜寂滅，二俱隨順，此菩薩者，名先修三摩鉢提，齊修奢摩他禪那。

剛才講的是以變化力，無礙作用，聽其自然，不假方便。現在講的「**以變化力，方便作用**」，可以借用方便。例如念佛也好，持咒也好，這些都是方便而已，不是目的，其目的是「**至靜寂滅**」，最後到達「**二俱隨順**」。如何二俱隨順呢？使用任何一個方法之後，就是靜。所有的方法都是生滅心，到最後，前念已滅，後念不起，就是空，就是寂滅。

這樣的修行原則叫作「**先修三摩鉢提**」，先修觀；「**齊修奢摩他禪那**」，止與禪定同時到達。

若諸菩薩以變化力，種種起用，資於至靜，後斷煩惱，此菩薩者，名齊修三摩鉢提奢摩他，後修禪那。

這又是一種修法。在理上清楚了一切唯心所造以後，並不一定到山上住茅棚清修，就在人世間應用之際，種種作用，觀察清楚自己的起心動念，自體本空。由理幫忙了工夫，見地清楚了，功用自然就到了，自然到達了至靜的境界。靜極了，自然頓斷煩惱。

這一類的大乘修法叫作「**齊修三摩鉢提奢摩他**」，在理上觀察清楚，工夫也就到了，也就止了，觀與止同時齊修，最後自然到達禪定的境界。

若諸菩薩以變化力，資於寂滅，後住清淨無作靜慮，此菩薩者，名齊修三摩鉢提禪那，後修奢摩他。

這一種的修行路線猶如禪宗的悟後起修，就是《楞嚴經》所提的「理則頓悟，乘悟併銷；事非頓除，因次第盡。」先在理上通達變化力，理通頓悟以後，自然見到涅槃寂滅的自性境界。後住清淨無作靜慮，這是悟後起修，修定。

這樣的修法叫作「**齊修三摩鉢提禪那**」，同時修觀及禪，「**後修奢摩他**」，後修止。

若諸菩薩以寂滅力，而起至靜，住於清淨，此菩薩者，名先修禪那，後修奢摩他。

以上講的是變化力，接下來講的是寂滅力。寂滅力是本來的功能，我們的心本來就是寂滅的，不必另外去求個寂滅，人的生命本來在寂滅中，不須造作修持。藉此寂滅力，而起至靜，此心自然放下，住於清淨，不須另假方便修行。

這個修行方法叫作「**先修禪那**」，先證到自性的寂滅，然後自然住於至靜清淨中，住於止的境界中。

若諸菩薩以寂滅力，而起作用，於一切境，寂用隨順，此菩薩者，名先修禪那，後修三摩鉢提。

講到寂滅力，我們可以舉禪宗二祖神光大師的例子來說明。大家都認為禪宗講頓悟成佛，其實，沒有那麼簡單。二祖神光在出家以前，學問非常好，在東海講《易經》，學生很多。後來他覺得《易經》不徹底，看了《大般若經》以後，決定出家。出家以後，在香山修持九年，專修禪定。二祖神光聽說達摩大師來到嵩山，就去見他。但是，達摩祖師一直沒有理他。《指月錄》上記載很簡單，只說「祖常端坐面壁，莫聞誨勵。」其實，神光在達摩祖師那裡待了很久，有一天發了狠心，在雪地上合掌站立，等達摩祖師開示。語錄上說積雪過膝，這個時候達摩祖師才開口問他：幹什麼啊？神光悲從中來，流著淚說：請老和尚慈悲，開示甘露法門。神光在雪地上站了那麼久，那麼誠心，以現代的我們來說，應該好好地鼓勵鼓勵，愛的教育嘛！結果，不是這樣，達摩祖師把神光大罵一頓；就憑你恭敬合個掌，在雪地上站一站，就想要求得無上大法？沒有用的，只是徒勞勤苦而已。你看！神光被罵得多慘！一般人早就掉頭走了，說不定還捅你一刀。神光聽了以後，抽取戒刀，把自己的手臂砍下來，放在達摩祖師前面，以此供養。這下子達摩祖師才問他：你學佛想求個什麼？神光說：我心不安，求師父替我安心。各位注意，神光在香山修行了九年，心還不能安，這就是說只具有寂滅力，但是，不敢起作用，一起作用，心就不安。

等到二祖悟了道以後，明白萬法本自寂滅，起作用亦無妨，隨用隨消，就像這一段所講的「**以寂滅力，而起作用，於一切境，寂用隨順。**」在任何境界上都能寂用隨順，都能安心。這種大乘的修法叫作「**先修禪那，後修三摩鉢提**」。

若諸菩薩以寂滅力，種種自性安於靜慮，而起變化，此菩薩者，名

先修禪那，中修奢摩他，後修三摩鉢提。

這種修法是先瞭解自性本來寂滅，不須另求寂滅。種種自性是指一切事、一切理、一切物。在任何事理上，在任何作為上，知道自性本空，因此自然安於靜定中，定久了，自然智慧神通具足，而起變化，這一類的菩薩叫作「**先修禪那，中修奢摩他**」，修止，「**後修三摩鉢提**」，後起觀行。

若諸菩薩以寂滅力，無作自性起於作用，清淨境界，歸於靜慮，此菩薩者，名先修禪那，中修三摩鉢提，後修奢摩他。

在理上瞭解一切法本來寂滅，本來無作，作而不作，因此，敢入世，敢行菩薩道，很多人學佛以後，變得很拘束，為什麼？因為修空嘛！既然修空，為什麼要那麼拘束呢？所作皆空，明白了這個道理，一切作為皆在清淨境界中，最後歸於靜慮、止的路線。這樣的菩薩叫作「**先修禪那，中修三**

摩鉢提」，中間修觀；「**後修奢摩他**」，最後修止。

若諸菩薩以寂滅力，種種清淨而住靜慮，起於變化，此菩薩者，名先修禪那，齊修奢摩他三摩鉢提。

先在理上明瞭自體本來寂滅，本來清淨，不必另外再求清淨，因而住於靜慮、止的境界上，漸漸生起智慧神通變化。這一類的修法，叫作「**先修禪那，齊修奢摩他三摩鉢提**」，同時修止觀。

若諸菩薩以寂滅力，資於至靜，而起變化，此菩薩者，名齊修禪那奢摩他，後修三摩鉢提。

認識自性本來寂滅，認識就是見地，見到了道的境界，因此幫助自己達到至靜，靜極了而起變化。這樣的修法叫作齊修禪那及止，後修觀。

若諸菩薩以寂滅力，資於變化，而起至靜清明境慧，此菩薩者，名齊修禪那三摩鉢提，後修奢摩他。

知道了自性本自涅槃，本自寂滅，由此見地，自然生起慧力，而達到至靜清明的境界。這一類的修法叫作齊修禪那及觀行，後修止。

若諸菩薩以圓覺慧，圓合一切，於諸性相，無離覺性，此菩薩者，名為圓修三種自性清淨隨順。

假如這個菩薩智慧特別高，以圓滿覺性，明白世間法及出世間法，一切形而上及形而下都不離於佛法。一切法皆不生不滅，不增不減，不垢不淨，無所不在，無所在，在在處處都可以成佛，「**圓合一切**」，一切皆歸於圓滿。

於諸性相，性是指形而上的道體，相是形而下的形相。要如何見到形而上的道體呢？透過般若來悟到自性。般若分為（一）實相般若：此是般若的體，也就是形而上的道，明心見性就是指認識這個實相般若。（二）境界般若：不管涅槃也好，菩提也好，都是講一個東西，但是，境界不同。（三）文字般若：真見了道，智慧開發了，言語文字思想自然高明，這是智慧的境界。（四）方便般若：所謂方便就是般若道體起用的方法、法門，應用有不同，隨眾生心，應所知量，這也是隨見道以後自然發生。（五）眷屬般若：只要見了道，布施、持戒、忍辱、精進、禪定等都跟著來，八萬四千細行，樣樣都達到至善。這五種般若，我們以前講過了，再一次在這裡提醒各位。透過了般若，悟到了自性。那麼，實相般若是怎麼樣呢？「空」。因此，後世把般若宗稱為性宗，性宗以畢竟空為宗旨。

相是現象，透過現象來認識菩提叫作法相宗。法相講的是「有」，有法可依，有法可循。法相的有也叫勝義有，什麼叫勝義有呢？這不是我們普通一般人所說的有，那是凡夫的妄有，不真實的。

性宗講的是畢竟空，相宗講的是勝義有。那麼，到底是空還是有呢？

空也好，有也好，還都是方便，如果拿圓覺境界來講，都是方便。禪宗的最高境界，所謂「離四句、絕百非。」哪四句呢？空，有，非空非有，即空即有；凡著了一邊都不是。這些都是說法的方便，言語文字表達的方便，非究竟，不可以執著。明心見性，性從哪裡見？無可見處。真無可見處？性從相上見，起用才可以知道他是怎麼樣一個東西。用過了自然便休，相空了自然見性。「**於諸性相，無離覺性**」，不管性宗所講空的道理，或是相宗所講的有的道理，空也好，有也好，都不離於圓覺自性。

走這種路線的方法稱為圓修三種自性清淨隨順，這是大乘的最高境界，禪那、止、觀三者一體，三者清淨無礙，也就是《華嚴經》所講事事無礙法界。

善男子，是名菩薩二十五輪，一切菩薩修行如是。若諸菩薩及末世眾生，依此輪者，當持梵行，寂靜思惟，求哀懺悔，經三七日，於二十五輪，各安標記，至心求哀，隨手結取，依結開示，便知頓漸。一

念疑悔，即不成就。

佛經很有意思，你說佛法是科學呢？還是宗教呢？例如《楞嚴經》講到明心見性的問題，有七處徵心，八還辨見，非常科學，非常合乎邏輯，但是，到了中間講到修行的問題，佛告訴我們要唸一個楞嚴咒，還要佈置一個壇場，這不能拿科學來解釋了。《圓覺經》也是這樣，以上所講的道理都非常透徹，非常解脫，分析得非常清楚，非常科學。但是，到了這裡，就是宗教了。

佛說你懂了這二十五種修行法門以後，不過，注意哦！這是修行大乘道的法門，小乘的人能不能走這個路線？你觀察自己的能力了。這二十五輪怎麼修呢？他有個方法告訴我們。

佛說若有菩薩以及未來末世的眾生要依此方法來修的話，先有個準備工作——「**當持梵行**」，先修清淨行，清淨行就是持戒，中國文化所謂的齋戒沐浴就是梵行。齋不是吃素，齋是齋心，也叫作心齋，嚴格地反省自己、克制自己，達到莊嚴、聖潔、清淨。持就是拿著不能放掉，為什麼叫修持呢？就是有個方法可依，而且不能放棄。持此梵行、戒行、清淨行以後，還要「**寂靜思惟**」，求哀懺悔。讓自己安靜下來，懺悔過去種種的罪過。

如此專修二十一天以後，在二十五種方法上各作標記，一個標記代表一種方法。誠心拜佛，抽取其中一個；抽到哪一種，就按照哪一種方法去修。「**一念疑悔，即不成就**」。中間沒有一點懷疑，絕對信，純宗教。

不管你抽到哪一輪，不管你走哪一種路線，最後的結果都是一樣，歸元性無二，方便有多門。假如你不用這個方法抽取其中一種，自己選一種修可以不可以呢？可以，你有這種自信力也可以成就，但是，也要注意最後一句話：「**一念疑悔，即不成就。**」

爾時，世尊欲重宣此義，而說偈言：

佛最後用偈子作結論，把要點再重複說一遍。

辯音汝當知　一切諸菩薩　無礙清淨覺　皆依禪定生
所謂奢摩他　三摩提禪那　三法漸次修　有二十五種
十方諸如來　三世修行者　無不因此法　而得成菩提
唯除頓覺人　并法不隨順　一切諸菩薩　及末世眾生
常當持此輪　隨順勤修習　依佛大悲力　不久證涅槃

辯音汝當知　辯音菩薩你應該知道，

一切諸菩薩　任何過去、現在、未來一切的大乘菩薩們，

無礙清淨覺　每一個人本來都是清淨無礙的，有所謂障礙都是自己找的。

皆依禪定生　為了清除自己所生的障礙，必須依靠修行，如何修呢？有三個綱要，

所謂奢摩他　有所謂至靜止的原則，

三摩提禪那　變化觀的原則及寂滅禪定的原則，

三法漸次修　三種原則互相搭配，
有二十五種　共有二十五種方法。
十方諸如來　十方上下一切佛，
三世修行者　過去現在未來一切修行人，
無不因此法　沒有不走這二十五條路線，
而得成菩提　而成佛道的。
唯除頓覺人　除此之外，尚有頓悟法門，除了頓悟之人，
并法不隨順　一法都不要，直接明心見性。
一切諸菩薩　佛吩咐一切菩薩，
及末世眾生　以及末世的眾生，
常當持此輪　應該持此二十五輪的修法，
隨順勤修習　隨著這些法門勤奮修習，
依佛大悲力　依靠佛的大悲力，
不久證涅槃　不久即可證得涅槃。

於是淨諸業障菩薩在大眾中，即從座起，頂禮佛足，右繞三匝，長跪叉手而白佛言：

現在要講的是淨諸業障菩薩。此菩薩的名號「**淨諸業障**」四個字，已經點出了此篇的重點所在。學佛的重心是淨諸業障，能夠徹底淨諸業障就是佛。如果以這個觀點來看，一切佛法的修持，無論大小乘，都是淨諸業障。

業是佛法所特別提出的，業包括了三世時間，過去、現在、未來，也包括了十方無盡的空間，所謂宇宙就是無限的空間和無限的時間。在這時空中形成了國土世間、器世間、有情世間。我們所住的地球就是器世間，也是國土世間，另外屬於有靈性的眾生就是有情世間。這些世間都是業力所形成的，業力的根源是心力，世間是由眾生共同的業力所形成。每個人的遭遇不同、個性不同、思想不同、感受不同，那是眾生的別業。別業之中亦有共業，例如生在同一時代，同一地區，同一環境，共業是一樣。業又有善業與惡業之分，世間的人類是惡業多，善業少。

往昔所造諸惡業　皆由無始貪瞋癡
從身語意之所生　一切我今皆懺悔

這是《華嚴經》中的一首偈子，懺悔是淨諸業障的第一步。懺悔是由兩個觀念組成的，懺的意思是對以前所做的錯事感到難過、慚愧，悔是警策自己以後不要再犯了，也就是孔子說顏回的話——不貳過。孔子說顏回了不起，所有學生中只有顏回做到「不遷怒，不貳過。」這就是菩薩道。一個人有了痛苦煩惱，不把自己的痛苦煩惱加到別人身上，就是不遷怒。平常我們心裡煩的時候，誰找你談話，他一定倒楣，你一定沒有好的心情對他，你一定沒有好的言語對他，這種心理行為叫作遷怒，這是我們最容易犯的過錯。不貳過，犯了一次過錯，下次決不再犯，可是，我們很難做到。孔子所提的「不遷怒，不貳過。」就是淨諸業障的辦法。

大悲世尊，為我等輩廣說如是不思議事，一切如來因地行相，令諸

大眾得未曾有，覩見調御，歷恆沙劫勤苦境界，一切功用，猶如一念，我等菩薩，深自慶慰。

淨諸業障菩薩首先讚歎佛，大慈大悲的佛能夠為我們這些人講這樣不可思議的法門。「**一切如來因地行相**」，這是點題。佛告訴我們一切成佛的基礎，所謂基礎也就是最高的，我經常講：「最初的就是最後的」，學佛如此，作人也是如此，最平凡的也就是最高深的。所以，如來因地行相就是成佛最高的結果。

「**令諸大眾得未曾有**」，「**得未曾有**」是佛經文學的創作，過去不曾有過，第一次接觸到。

「**覩見調御**」，看見什麼呢？看見調御師，調御師就是佛的別號。調是調伏，調教。御是駕御。佛是大調御師，大教育家。

「**歷恆沙劫勤苦境界**」。佛何以有此成就呢？不是一生所能成就，歷恆沙劫勤苦境界。恆沙劫是無數劫，多到如恆河的沙數，不可數，不知有多少。劫，還不止一生，劫有大劫小劫之分，在此不多說明，我們把它簡化，代表生生世世。要怎麼樣才能修成佛呢？「**歷恆沙劫勤苦境界**」。任何一個人的成就都不簡單，都要從窮苦中來，都要從勞苦中站起來。很順利起來的人，結果都很快下去，因為基礎不牢固。修行人更是如此，所以這裡讚歎佛是歷恆沙劫勤苦修行而來，不是偶然成功。但是，那麼多的勤苦境界靠什麼修持呢？靠一心，心志堅定，「**一切功用，猶如一念**」。

成佛須歷恆沙劫勤苦境界。我們聽了，覺得害怕。我以前年輕的時候，不管是基督教、天主教、回教、佛教都去研究過，覺得很好，都是勸人為善。但是，要我去修，不幹！為什麼？成佛要經三大阿僧祇劫，我的命沒那麼長，來生的事誰知道呢？來生還有沒有我呢？那麼，辦個出境證，唸個阿彌陀佛，死後到西方極樂世界去留學。但是，覺得天上人間渺茫無憑，不幹。後來，碰到禪宗，直指人心，頓悟成佛，即身成就，好，這個好，這下幹了。人家說你現在也學這個呀？這個好啊！非學不可。甚至到處拉人去學。但是，教理明明說成佛須經三大阿僧祇劫，與禪宗所說的頓悟成佛，不是衝突嗎？而且成佛要經三大阿僧祇劫那麼久的時間，聽了也令人害怕。不要緊，「**一切功用，猶如一念**」這句話就把你救回來了。一切唯心，這一念之間包括了十方三世。人在快樂的時候，一百年猶如一剎那；在痛苦的時候，過一分鐘如一年。因此，李長者告訴我們：「十世古今始終不離於當念，無邊剎境自他不隔於毫端。」時間與空間都在一念之間。

「**我等菩薩，深自慶慰**」淨諸業障菩薩說我們這些學大乘道的菩薩們，聽了這段話非常高興。這段話非常重要，也是點題。

世尊，若此覺性，本性清淨，因何染污？使諸眾生迷悶不入。

接著淨諸業障菩薩提問題。在《楞嚴經》中，富樓那也提過這樣的問題，這是個大問題。眾生本來是佛，自性本來都是清淨光明，為什麼又變髒了？為什麼我們現在不是佛？這個原因何在，我們不懂。

唯願如來廣為我等開悟法性，令此大眾及末世眾生，作將來眼。

請求佛慈悲方便，為我們開示悟入諸佛之法性，證得清淨之自性。使我們以及末世的眾生具有正法的眼睛，這個眼睛是智慧之眼，能夠認識真正的佛法。

說是語已，五體投地，如是三請，終而復始。

這段我們不重複解釋了。

爾時，世尊告淨諸業障菩薩言：善哉！善哉！善男子，汝等乃能為諸大眾及末世眾生，咨問如來如是方便。汝今諦聽，當為汝說。

這段重複的話，也不再解釋了。

時淨諸業障菩薩奉教歡喜，及諸大眾默然而聽。

此時淨諸業障菩薩非常高興，在座大眾都靜默聆聽。

善男子，一切眾生從無始來，妄想執有我人眾生及與壽命，認四顛倒，實為我體，由此便生憎愛二境，於虛妄體重執虛妄，二妄相依，生妄業道。有妄業故，妄見流轉，厭流轉者，妄見涅槃。

我們注意這一段佛的答話。剛才淨諸業障菩薩問佛說：本性清淨，因何染污？眾生本來是佛，為什麼變成眾生呢？注意！佛在這裡並沒有正面回答這個問題。佛在《楞嚴經》的回答是：「覺明為咎」，無明從哪裡來的？覺明所生。這個答案好像沒有答一樣。那麼，佛在《圓覺經》總該好好回答這個問題了吧！嘿！誰知他老人家卻輕輕帶過，不作正面答覆。

這種不作正面答覆叫作置答，也是佛的一種教育法。置答並不是答不出來，答出來的話，你們永遠去搞思想去了，不會修證佛法。他要眾生大家個個成佛，只要你自己親自證到了佛的境界，答案自然就出來了。

一切眾生從無始來。無始是佛學的名辭。這個宇宙從何時開始？儘管目前科學如此發達，到現在仍然沒有答案。無始就是沒有開始，宇宙是循環性的，猶如一個圓圈，任何一點都是起點，同時也是終點。那麼，無始究竟是什麼時間呢？如何確定呢？佛剛才已經告訴你了，「**一切功用，猶如一念**」，就在你的一念之間。

「**妄想執有我人眾生及與壽命**」。所謂妄想就是虛妄不實的思想心念，它是偶然的，暫時的，因緣所生的。我們天生自然就認為有一個我，有了我就有你，就有他，就有人，有眾生，眾生就是社會、世界，乃至一切生物；還有壽命，希望活得長壽，最好不要死，永遠活著。《金剛經》也是講這四樣，叫作「無我相，無人相，無眾生相，無壽者相。」

認四顛倒，實為我體。這是第二重錯誤。四顛倒就是地、水、火、風四大類，認為身體的肌肉骨骼、血液內分泌、熱能、呼吸等等是我的實體。

「由此便生憎愛二境，於虛妄體重執虛妄」。這是第三重錯誤。第一重錯誤是認為有一個我的存在，第二重錯誤是把現有生命的四大所構成的肉體認為是我，由這二重錯誤所加起來的矛盾，演生出心理上的憎恨與喜愛。喜歡的就去佔有，失去的時候就憎恨，人生就在這兩種境界裡打滾。在此虛妄不實的我相、人相、眾生相、壽者相以及誤認四大是我的錯誤之中，更加執著假象。

「二妄相依，生妄業道」。由於執著身心兩種假象，相互為因，相互依傍，形成業力。有人問業力是不是宿命論？對，宿命論是根據業力而來。站在宿命論的立場來講，人生的命運都有一定。很多人說學佛不應該相信宿命論，其實，宿命論也與佛法有關。命運是誰主使的？不是上帝，也不是閻王，也不是佛菩薩，是自己造成的，心造的。今生的果報是過去生的種子生現行，今生的生理行為及心理行為又變成來生的種子。所以說：「欲知前生事，今生受者是；欲知來生事，今生作者是。」

命運就是業的道理。我們講過業分為別業與共業，每個人的命運遭遇不同，這是別業。共業呢？我們所生的時代，這個時代是苦惱的時代，是戰爭的時代，尤其像我們這種年紀的中國人，碰到北伐戰爭，抗日戰爭，又碰到共產黨的變亂，這一輩子就如此消磨過去了。在四十年前，我就跟同學講，算了，我們這一輩子不用算命了，所有中國人的命我都算好了，八個字──「生於憂患，死於憂患」，當然這是指我們這一代。這是我們這一代的共業，這共業怎麼來的呢？古人說：「欲知世上刀兵劫，且聽屠門夜半聲。」我們的肚子吃掉了多少條生命，像台北市一天要吃掉多少條牛，多少條豬，多少隻雞、鴨，你統計過沒有？你吃了人家，不用還帳的呀？我們以前小時候經常去看人家殺豬殺牛，牛只要一到了屠宰場，眼淚就掉了出來，真靈光！牛就有這種靈感。豬老哥就不同了，上了刑場，還唔呀唔的。這種事情看多了，也看怕起來，你看那殺豬的，殺多了，他自己就變成了豬相，那個相就出來了，真的唷！後來科學進步了，殺豬變成電動，一頭豬進去，幾分鐘以後就清理完畢了。以前上海首先有電動屠宰場，建好以後，那個工程師去檢查試驗機器，衣角不小心碰到機器，整個人就被捲了進去。

殺生是很可怕的，所以，他們諸位菩薩們就吃素了。不過，吃素也殺了一半，植物也有生，無命有生。生與命有分別，萬物都在生生不息。命再加上妄想，有靈性。真要做到不殺生很難，除非你的禪定工夫到達三禪天，可以不吃不喝不呼吸，否則，你呼吸也在殺生，空氣中有細菌。嚴格說不殺生，太難了！我們只好姑且培養一點慈悲心。

「**二妄相依**」，生理的四大與心理的妄念，兩者互相影響，我們整個人生都受它們影響。有時候，心理的理性告訴我們不要衝動，但是，生理上的需要控制不住。有時候，生理很正常，心理受了刺激，也顛倒造業了。

「**有妄業故，妄見流轉**」。這是第四重錯誤，產生不正確的觀念、思想、見解，這叫妄見，誤認為生命在輪迴流轉。於是，拚命修行想跳出輪迴，想要達到涅槃境地。這樣對不對呢？佛說你錯了，這也是妄見，妄見涅槃；這也是大妄想、大貪心，把小貪心換成大貪心而已。《圓覺經》屬大乘佛法，不講小乘，所以這裡說：「**厭流轉者，妄見涅槃**。」實際上我們的輪迴不要緊，沒有事，輪迴也空，旋轉跟我們有什麼相關？像現在我們坐在這裡，生命有沒有流轉？有。心臟在跳動，血液在流動，細胞不知死了多少，也不知生了多少。不過，你還是你，沒有變過，也沒有動過。

由此不能入清淨覺，非覺違拒諸能入者，有諸能入，非覺入故，是故動念及與息念，皆歸迷悶。

因此，凡夫不能入道，凡夫不能成佛，乃至包括聲聞、緣覺、菩薩不能成佛，什麼作障礙？妄想顛倒。「**由此不能入清淨覺**」，不能恢復本來清淨的自性。並非我們本來的覺性抗拒你悟道，假如你認為有個可以入道的方法，或者覺得有個空的境界，那就不對了，那就不是本來清淨，那就已經不清淨了，只要有一個境界存在就不是清淨本覺。清淨不是你修出來的，若有修有證就不是了。「**是故動念及與息念，皆歸迷悶**」。注意！凡夫的動念是錯，修道人想把妄念息滅剔除求個清淨也是錯。

何以故，由有無始本起無明，為己主宰。

那麼，錯在哪裡呢？都是一念無明障礙住了，由無始劫來的無明作了自己的主宰，沒有真正明白自己的本來自性。

一切眾生生無慧目，身心等性，皆是無明，譬如有人不自斷命。

一切眾生自有生命以來，就沒有真正的智慧。所以，學佛的成就不是工夫的成就，而是智慧的成就。身心等性，皆是無明。什麼是無明？我們的生理以及心理，包括思想、觀念、見解、感受，身心全體都是無明。動念是無明，息念也是無明，所以都不對。無明本身不能破無明，例如人自己不能作自己生命的主宰，不能決定自己想活多久就活多久，不能想了斷自己的生命就了斷自己的生命，說走就走，你辦不到。

是故當知，有愛我者，我與隨順，非隨順者，便生憎怨。為憎愛心，養無明故，相續求道，皆不成就。

我們的身心都是無明，從誤認為有一個我開始，有我就有你，你跟我就不一樣，你是你，我是我。喜歡我的人，我就跟他交往，他對我很好，他很愛我，好吧！我就跟他結婚。他做事順我的心，自然就陞他的官。這就是「**有愛我者，我與隨順**」。「**非隨順者，便生憎怨**」，看不順眼的人，或不如我意的人，就討厭他。我曾經講過所謂愛情都是自私的、自我的，我愛你那是因為「我」愛你，而且愛本身就是佔有慾，你是屬於我的；然後，愛不到就恨，或者相處久了，對方的缺點被發現了，看不順眼了，彼此的想法不同，於是怨恨就來了。這就是人，是不是這樣？

「**為憎愛心，養無明故**」。憎愛心從哪裡來的？從無明而來。由無明產生的憎愛心，再養無明，再增加無明，連環相續，在此循環中求道，永遠不能成佛。

善男子，云何我相？謂諸眾生心所證者。

什麼是「**我相**」呢？「**謂諸眾生心所證者**」，就是我們心理上或觀念上所認為、所知道、所證得的境界。譬如張開眼睛，我可以看見東西，我注意一下，我的身體有所感覺，就是這個「**我**」。這個「**我**」是什麼？這是心的作用，心在哪裡？不知道。大家閉起眼睛打坐，有個黑洞洞的境界，好像這就是我，這是我所證的。睡眠時，躺在床上，閉起眼睛，我要睡了，慢慢地睡著了，這也是我相。

「**諸眾生心所證者**」所包涵的意義很廣，我們自己所認為如何如何，這都是我相的作用。我活著，我會思想，我有感覺，我有煩惱，這些都是我相，「**諸眾生心所證者**」，再進一步對修行人來說，不管在家或出家，修行一天有一天的效果，唉呀！我昨天拜了佛，回去做了一個夢，夢到了菩薩，這本來是個夢，結果把夢抓得牢牢的，認為這就是效果，這就是我相。甚至於修行打坐做工夫，我今天好清淨啊！一個念頭都沒有，我空了。你覺得空了，那是你「**心所證者**」，那是你的心所造出來的，這也是我相。

「**心所證者**」就是我相，三藏十二部所有佛經要我們破除的就是這個，譬如講唯識的法相宗，把心的我相分為百法，《俱舍論》把心歸納為九十八個結，如果能解開此九十八個心結就成道了。

善男子，譬如有人百骸調適，忽忘我身，四肢絃緩，攝養乖方，微加針艾，則知有我，是故證取方現我體。

佛說譬如有一個人，身體非常健康，沒有任何病痛，沒有任何不舒服，則忘記了身體，忘記了我的存在。假如這個人身體不健康了，生病了，不舒服了，此時，「**微加針艾**」，用針灸治療，在身體上扎一針，則知有我。由此證明身體內部，乃至皮膚外表，處處有我。「**是故證取方現我體**」，這是很好的一個證明，我在哪裡？每一個細胞都有我。

其實，身體是身體，不是我，它只是個機器，可是，人會愛惜這個身體。佛在此說明一個道理，本來無我，我的存在只是一念之間，我們搞錯了，認不清楚，以為處處有我，因此不能成道。學佛或是出家修行就是為了成道，成道就是證得無我，可是，世間的修行人天天打坐修行，搞了十幾年，有沒有我呢？那個我愈來愈大，因為他覺得我有工夫，別人都不如他，所以，這個「我」更大。

善男子，其心乃至證於如來，畢竟了知清淨涅槃，皆是我相。

你看！佛說一切眾生認為自己悟道，修道成功了，乃至證得如來境界，無所從來亦無所去，最後以為我已經空了，清淨了，沒有妄念了，涅槃了，寂滅了；有得道、悟道的觀念，這正是我相。注意！《圓覺經》是了義經，瞭解儘管瞭解，很不容易到達。《圓覺經》說即使到達了這個境界，已經落於我相。照這樣說來，修行要達到無我，幾乎做不到。到了清淨涅槃，一念不生，這正是我相呢！換句話說，這正是業力的根本呢！你看難不難？

善男子，云何人相？謂諸眾生心悟證者。善男子，悟有我者，不復認我，所悟非我，悟亦如是，悟已超過一切證者，悉為人相。

什麼叫作「**人相**」？人相的根本是我相，有了我相，就覺得我與你與他不同，人相是由我相所分化出來的。《圓覺經》說：「**謂諸眾生心悟證者**。」這又是另一句話。上面說過我相是「**謂諸眾生心所證者**」，心所證者是我相，心所瞭解到的感受、思想等等。什麼是人相呢？心悟證者，悟到了什麼事，此悟心即是人相。

「**悟有我者，不復認我，所悟非我，悟亦如是**。」這四句話不太容易瞭解。悟到另外有一個我存在，離開這個肉體，另有一個靈明覺知的我存在，空空洞洞，清清楚楚，道家謂之「元神」，或者認為這就是「法身」，此時，不再認為肉體就是我。「**所悟非我，悟亦如是**」，其實，此所悟到靈明覺知的我也是假的，這也是我們一念所造成的。例如我們在夢中所覺得的我，這個我是假的。悟亦如是，所悟非我，所悟到的清淨境界不是我，能悟之心也不是我。

「**悟已超過一切證者，悉為人相**」，認為自己已經悟了，而且認為自己超過一切聖賢，這個人不行，那個居士不行，那個法師也不行，那個活佛也不行，現在人都不行，古人呢？古人也不行，他們都錯了，只有我對，這都是傲慢的心理，一副得道的樣子，這都是人相。所以，很多學佛的人，一見面就是阿彌陀佛，滿口佛話，一身佛氣，著相著得厲害，一聽到對方也學佛，好哦！信佛好哦！假如對方不學佛，則眉頭一皺，好像罪大惡極似的，幾乎所有的宗教徒都是這樣，這都是我相、人相。

善男子，其心乃至圓悟涅槃，俱是我者，心存少悟，備殫證理，皆名人相。

佛說修行人已經明心見性，證到涅槃境界，若有一絲一毫我已成佛的念頭存在，就是我相。「**心存少悟，備殫證理**」。心中存有一點點我已經悟道的心理，唉呀！這些眾生好可憐哦！這是指真已經悟道了，可是悟跡未除。「**備殫證理**」，什麼般若呀！唯識呀！無所不通，道理都懂，工夫也到了，如果有一點悟心未忘，「**皆名人相**」。好難啊！

善男子，云何眾生相？謂諸眾生心自證悟所不及者。

有了我相，就有人相；有了人相，就有眾生相。我相、人相、眾生相都是差別心理、不平等心理。佛說眾生平等，什麼平等呢？性相平等，一切眾生生命的根本都是一樣的，以及生命的作用現象是一樣的，但是一般凡夫不會覺得平等。不平等，就有眾生相。

什麼是眾生相呢？「**謂諸眾生心自證悟所不及者**」。我相，「**心所證者**」；人相，「**心悟證者**」；眾生相，「**心自證悟所不及者**」。很清楚，條理分明，而且文字又優美，這就是佛經文學。「**心自證悟所不及者**」，人瞭解自己容易，瞭解他人難，人所想到的都是自己，別人如何就不管了，所以，你所想不到的就是眾生相。

善男子，譬如有人作如是言：我是眾生，則知彼人說眾生者，非我非彼。云何非我？我是眾生，則非是我。云何非彼？我是眾生，非彼我故。

接下來佛舉個例子來說明眾生相，譬如有一個人說：「**我是眾生。**」我們聽了這句話，就知道他所說的眾生，並不是指我，也不是指他，而是指許多人。「**云何非我？我是眾生，則非是我**」。例如有人罵：「這些眾生多可惡！」我聽了決不生氣，因為他說的是眾生不是我。「**云何非彼？我是眾生，非彼我故**」。為什麼不是他呢？因為眾生這個觀念指的是羣體，不是他也不是我。假如有人罵我：「你這個傢伙，混蛋！」我們兩人非打架不可。假如有人自己罵自己說：「我這個傢伙混蛋！」你決不會生氣，還笑呢！假如罵說：「一切眾生都混蛋！」你聽了覺得無所謂。人就是如此，打了你，罵了你，非報復不可。打了別人，罵了別人，殺了別人，我們一點關係都沒有。假如今天空難死了十幾個人，唉呀！好可憐唷！可憐歸可憐，飯還是照吃。如果死的是自己的親人，飯就吃不下了，還鼻涕眼淚一大堆呢！

修行要在這個地方去體會，如何去得掉我執？如何空得掉我？人家罵你譭謗你，沒有關係，但是，真要侵害你，割你的肉，那就受不了。有人學佛聽到要布施，甚至有人跑到我面前說：「老師啊！你是大善知識，我身口意供養你呀！」那牛吹得可大了，真哄死你了，我說：「真的呀？」「真的！」「好！你身口意供養我，那麼，你的身體是我的了，我現在拿一把刀，割一塊肉下來，可以不可以？」唉！這些都是騙人的話，怎麼做得到？所以，平常會騙人，學了佛以後，更會騙人，那是唬人大學畢業的，這就是眾生。

善男子，但諸眾生了證了悟，皆為我人，而我人相所不及者，存有所了，名眾生相。

只要是一切眾生在修行上認為有所證有所悟，都是我相人相。你覺得我已經空了，我已經得定了，我已經得戒了，我已經悟了，我所悟的就是至高無上的道，可惜你們不懂啊！這正是我相人相，貢高我慢。「**而我人相所不及者**」，你覺得空了、清淨了，我悟了，你們眾生可憐啊！可悲啊！「**存有所了**」，存有一絲得道的念頭，應該度眾生啊！今生不度來生度啊！只要有這種心理存在，不是妖魔，就是鬼怪。這種心理都是「我」在作怪，所謂眾生相就是由我相來的，我相的第三重投影。

善男子，云何壽命相？謂諸眾生心照清淨覺所了者，一切業智所不自見，猶如命根。

現在講到「**壽命相**」，《金剛經》稱為壽者相，壽者相是我相的第四重投影。壽者相很嚴重，老實講我們很多人學佛，都不是為了求道，你問他為什麼打坐學佛？為了健康長壽，希望多活幾年。佛法的目的並不在此，可是一般人學佛的目的，真正講起來，還是壽者相。身體是假的，這個我知道，不過，我悟了道，法身是不生不死，永恆存在，這是壽者相。另外一種人則認為想要悟得此不生不死的法身，恐怕我不行，所以，我先辦個手續，向西方阿彌陀佛國度申請留學，萬一我修不成，中途要走了，阿彌陀佛！往生西方極樂世界，據說那邊只有快樂沒有痛苦，想要什麼就有什麼，又不要勞苦出力，一本萬利，甚至，還不用本錢，只要你唸一唸就可以了，無本生意。這種心理還不是壽者相？想讓自己活得舒服一點，活得長久一點，基本還是由我相來的，四相難除啊！

「**云何壽命相？**」什麼是壽命相？「**謂諸眾生心照清淨覺所了者**」，這第四句話又不同了。什麼是壽命相？「**心照清淨**」，就是說你已經悟了道、得了道，照見五蘊皆空，什麼都空了，照到清清淨淨的境界，一念不生，但是，知道這個清淨就是本體，這就是道，這就是法身。「**覺所了者**」，覺悟到妄念都沒有了，什麼都空了，身心都空了，靈明覺知，一靈不昧，不管打坐不打坐，都在空的境界中，到達這個境界已經很高了，很少人能夠到達這個境界。「**一切業智所不自見，猶如命根。**」一切眾生由業力所生的智慧是看不見這個境界，好像命根是看不見一樣。你說我們的命根在哪裡？在心臟？心臟可以換掉，現在有換心手術。在生殖器官？也不是。在腦？不是。「**一切業智所不自見**」，自己還找不出來呢！真正的命根在哪裡呢？身體不好的朋友請注意！真正的命根在心，一念之間。所以，求生意志力強的人，生命力強。其實，命根就是我相，這是關鍵，要研究清楚。

善男子，若心照見一切覺者，皆為塵垢，覺所覺者，不離塵故，如湯銷冰，無別有冰，知冰銷者，存我覺我，亦復如是。

佛說：如果你已經照見一切皆空，這一念靈明不昧之覺，也是塵垢，也是染污。能覺與所覺都是塵垢，能覺之知與所覺的清淨境界，都是意識上的業力習氣，你覺得一念放下，清清明明這就是道，其實，這正是我。道理在哪裡？佛說「**如湯銷冰，無別有冰**」，拿熱水在冰上一澆，冰就融化成水，冰就不存在了。這個比喻很好，我們凡夫把思想妄念抓得牢牢的，等於把水結成冰，修道的人天天求空求清淨，認為這清淨的境界就是道，明心見性了，這只是把冰化為水而已，還是妄想。你覺得空了，這清淨境界就是大妄念。「**存我覺我，亦復如是**」，凡夫覺得有個我，羅漢覺得無我，認為空就是道，落在空中，一個半斤，一個八兩，所以，不能成佛。

悟到空的境界，守著這個空的境界，可以修到長生不老的境界，例如道家用心念將精氣神凝固住，的確可以長生不死，《楞嚴經》叫作堅固妄想。淨土宗追求往生極樂世界，如何往生呢？要修到「一心不亂」，一心不亂是長壽佛的法門，這是祕訣，這是水結成冰的道理。但是，如此並不能成佛，沒有圓覺，要把水變成冰就變成冰，要把冰變成水就變成水，一切自在，成佛有望。你不敢動念，想維持清水，不敢把水結冰，還不行。所以，叫你們好好修密法的生起次第與圓滿次第，是有道理的，悟到的話，這是大圓覺境界。

善男子，末世眾生不了四相，雖經多劫勤苦修道，但名有為，終不能成一切聖果，是故名為正法末世。

佛說將來的眾生不了我相、人相、眾生相、壽者相，雖多生多世勤苦修行，永遠不會成佛，不能證得果位。為什麼呢？因為後世的眾生執著厲害，抓得很牢，尤其對於我相，越抓越牢，越來越堅固妄想。因此，後世成佛的人越來越少，不要說成佛，得羅漢果的人也越來越少，此為正法末世。

未來的時代講求速度，什麼都要快，機器發達，人就懶了，人腦不用，用電腦，人慢慢要變成廢物了，人都成「糊」了。人的智慧有多高，眾生的業力就有多高，兩者是相對的。你們好好用功修個長生不老，再過三十年後，看看我的話如何？那時候的生活已經不是我們此時的形態。變了就是變了，拉不回來，真是江水東流去不回啊！有些人說：「老師啊！你要力挽狂瀾啊！你要中流砥柱呀！」不要騙我了，你去挽挽看！你去站在中流砥柱看！挽不回也抵不住的，為什麼？大勢所趨，一點辦法也沒有，此所謂大勢至菩薩也！擋不住，什麼才擋得住？阿彌陀佛，阿彌陀佛才有辦法。這其中的道理，自己去悟。

何以故？認一切我為涅槃故，有證有悟名成就故。譬如有人認賊為子，其家財寶，終不成就。

為什麼不能成佛？你那清淨境界、空境界、光明境界都是「**我**」所變的，我是什麼變的？業所變的，業是心所變的，心是一念無明所變的，把這一念無明所變的我認為是涅槃，把我所變的清淨認為是成佛的境界。「**有證有悟名成就故**」，一切眾生都容易著相，只要有一點理解，有一點工夫，就傲慢得不得了，佛學叫作增上慢，我相更重，不學佛還好，一學佛，看人家都看不順眼，唉呀！這個人愚癡啊！唉呀！這個人貪心好重啊！只要認為自己有所證有所悟有所成就，就是凡夫。譬如有人把賊當兒子在家養著，這家的財產遲早會沒有了。我們認為一念不生清淨境界就是道，這正是賊，這正是業力的根本，永遠不能成就。

何以故？有愛我者，亦愛涅槃，伏我愛根，為涅槃相。有憎我者，亦憎生死，不知愛根真生死故。別憎生死，名不解脫。

為什麼呢？佛在這裡說得很清楚，眾生不能成佛，是因為我相。有愛就有憎，愛不到就恨，愛有多深，恨就有多深。這個愛不只是指男女之間的愛，愛錢，愛吃，愛車子，愛寵物，愛旅遊，愛釣魚等等，其實，人最愛的是什麼？自己。《圓覺經》在這裡說：「**有愛我者，亦愛涅槃**。」你說我什麼都不愛，只愛修道，只愛清淨，哈！這還是愛我，這是佛說的唷！想想看，你為什麼愛修道？唉呀！世間都是假的，只有修行是真的，這還是做生意的心理，認為修道對你比較有利，而且這是我所喜歡的。「**伏我愛根，為涅槃相**」，你只是把世俗的觀念壓伏下去，覺得我已出家，我在修行，認為要清淨，要涅槃，這樣才對，這還不是我見？

因為愛的心理，想要求道，就發生另一種恨的心理——討厭生死。你為什麼修道？我為了生死修道，這個人已經是第一等了，普通人修道不是為了生死，而是求長壽，其實也是為了生死，不過，只是要生不要死。人都怕死，為什麼怕死？死了就什麼都沒有了。為什麼怕生死呢？因為有我。「**不知愛根真生死故**」，其實這個愛的心理就是生死的根本，為什麼有生死？因為有愛，有求，有取。所以，了生死並不是了肉體的生死，而是自己心念的愛憎。「**別憎生死，名不解脫**」，你討厭現實的人生，想要脫離生死，這叫作不解脫。照《圓覺經》這麼說，哪一個學佛的人真解脫了？沒有，都走了錯誤的路子。

云何當知法不解脫？

以上講的是「人」解脫的道理，接下來講的是「法」解脫的道理。

善男子，末世眾生習菩提者，以己微證，為自清淨，猶未能盡我相根本。

佛說將來末世的眾生，有學佛求道的人，以自己稍微有所悟解或修行達到的境界，以此些微的效果認為自己得道了，認為清淨就是真理，「**猶未能盡我相根本**」，這還是我相啊！

若復有人讚歎彼法，即生歡喜，便欲濟度。若復誹謗彼所得者，便生瞋恨。則知我相堅固執持，潛伏藏識，遊戲諸根，曾不間斷。

假如有人讚美他所證得的佛法，就心生歡喜，就要度他。很多學佛的人都認為不學佛的人好可憐啊！學了佛以後，滿口慈悲啊！度眾生啊！對不學佛的人或信仰其他宗教的人則看不順眼，若聽到有人說佛法不好，那更氣得不得了！這都是愛憎之心，這都是我相根本。

「**則知我相堅固執持**」，人對我相抓得極牢，我見極深，不容易去得掉，「**潛伏藏識**」，生生世世潛伏在第八阿賴耶識裡，逢境遇緣就爆發。「**遊戲諸根**」，我相的根本存在於眼、耳、鼻、舌、身、意六根之中，「**曾不間斷**」，事情一來，魔境一來，就發作了。魔境並不一定是壞事，魔者磨也，磨練你，你過不去就是魔，你過得去就是佛了。

善男子，彼修道者不除我相，是故不能入清淨覺。

其實，要學佛修道很簡單——除我相，只要除我相就可以入清淨覺；不除我相，就不能入清淨覺海。

善男子，若知我空，無毀我者。有我說法，我未斷故。眾生壽命，亦復如是。

接下來佛對大乘菩薩說，假如已經證得了我本來空，人家怎麼罵你、侮辱你都無所謂。其實，對修行人來說，人家罵你，侮辱你，折磨你，那是幫助你早點消滅罪業，早點清淨，早點成道，應該感謝他。各位看看「寒山拾得問對」，好得很！「寒山問拾得曰：世間謗我、欺我、辱我、笑我、輕我、賤我、惡我、騙我，如何處治乎？拾得云：只是忍他、讓他、由他、避他、耐他、敬他、不要理他，再待幾年，你且看他。」接下來還有一段：「有人罵老拙，老拙只說好。有人打老拙，老拙自睡倒。涕唾在面上，隨他自乾了。我也省力氣，他也無煩惱。」哈！這就是我空，這才是無我。

「**有我說法，我未斷故**」。如果講經說法，還覺得我在說法，我是善知識，我在度眾生，那就是我相未斷。「**眾生壽命，亦復如是。**」眾生相、壽者相也是同理，不用多說了。

善男子，末世眾生說病為法，是故名為可憐愍者。雖勤精進，增益諸病，是故不能入清淨覺。

佛又進一步為菩薩們說，不是為我們說，我們還沒有資格。佛說其實只要「無我」就可以成道了，但是，我講了一句「無我」，末世眾生聽到「無我」，就死死抓住一個「無我」，這本來是治病的藥方，但是，眾生抓住這味藥拚命吃，這又變成病了。所以，在《金剛經》上說：「知我說法，如筏喻者，法尚應捨，何況非法。」佛說我所說的法如過河的工具，利用竹筏過河，上了岸，竹筏就不用了，就可以丟掉了。可是，眾生往往上了岸以後，還把船揹著走，這不是瘋子是什麼？我們不學佛還好，一學佛以後，什麼八識囉！什麼密法囉！越抓越多，越抓越緊，「**是故名為可憐愍者**」，所以說眾生真是可憐啊！不要以為不學佛可憐，學佛以後更可憐啊！

「**雖勤精進，增益諸病。**」這話說得很嚴重，我們學佛本來是為了治病，結果，眾生死死抓住藥方，把病情加重了，還多生出其他病來，你說可憐不可憐？「**是故不能入清淨覺**」，是故不能成道。

善男子，末世眾生不了四相，以如來解及所行處，為自修行，終不

成就。

佛說末世的眾生去除不了四相，四相就是我相、人相、眾生相、壽者相。其實，這四相就是一相——「我相」。「**以如來解及所行處**」，即使佛經可以倒背如流，佛學的理論與見解都清楚，而且依照佛所說的方法修行，守戒修定做工夫叫作依教奉行，「**為自修行，終不成就。**」這很嚴重哦！這話可是佛說的，不是我說的。假如是我說的，有九個頭都給人家打破了，這簡直是魔說嘛！照著佛說的去做還錯了，為什麼呢？著相，著什麼相？執著法相。

或有眾生，未得謂得，未證謂證。見勝進者，心生嫉妒。由彼眾生未斷我見，是故不能入清淨覺。

佛說世界上還有些人，「**未得謂得，未證謂證**」，尤其是現在，這類人多得很，無論禪宗或是密宗，大師級的人多得很，寫書啦！演講啦！看到這些現象，唉呀！沒辦法，要造孽就去吧！「**見勝進者，心生嫉妒**」，看到別人比他好，自然就嫉妒起來。人的嫉妒心理是天生的，每一個人都有，不只是女人嫉妒，男人也一樣嫉妒，看到別人地位比他高或比他有錢，心裡就不舒服。不要以為你沒有嫉妒心理，有很多是自己檢查不出來的，看到別人拜佛拜得勤，趕快起來吃飯嘛！實際上是怕人家多拜兩下有功德。人如果不嫉妒的話，已經成道一半了，已經是菩薩了，已經是無我相了。要是沒有這種心理的話，那才叫修行。為什麼眾生有這種心理？「**未斷我見**」，都是因為有我的緣故，「**是故不能入清淨覺**」。

善男子，末世眾生希望成道，無令求悟，唯益多聞，增長我見。

佛再吩咐說，末世眾生希望成道的話，不要一心想求開悟，尤其是所謂的禪宗盛行，這個也是禪，那個也是禪，人人都想開悟，結果，都誤進去了，變成「**唯益多聞**」，道理懂得很多，越聽越亂。「**增長我見**」，我見越來越大，每一個人的本事都大得很。我見包括了身見、邊見、邪見、見取見、戒禁取見。所謂見就是思想觀念，這是業力的根本。所謂修道成佛，就是修養到無我境界。

無我有兩種意義，一是人無我，一是法無我。人無我又分為身無我與心無我。父母所生的身體是暫時和合而生，我們的肉體只是暫時借用而已，時間到了，就衰老壞去，這是身無我。心的無我，我們的思想每分每秒都不停留，如水中的波紋，如天空的浮雲，隨時變去。一般學佛修道的人，比較容易瞭解人無我，可是，在自己的修行方法上和修持境界上，認為有一個佛可成，有一個道可得，有一個希求的觀念，認為道修成功了，有一個東西永遠屬於我的，認為我可以永生不滅，這屬於我見，把平常的我見，換成佛法的我見，換湯不換藥，還是落在我見之中，因此不能淨諸業障，不能調伏煩惱，不能入清淨覺海。那麼，怎麼辨呢？請看下文。

但當精進降伏煩惱，起大勇猛；未得令得，未斷令斷；貪瞋愛慢，諂曲嫉妒，對境不生；彼我恩愛，一切寂滅。佛說是人漸次成就，求善知識，不墮邪見。

佛說要努力精進降伏自己心念思想的煩惱，煩就是擾亂，惱就是困擾，討厭的意思。人生就是在困擾中過一輩子，人的一生都在煩惱中度過，甚至連做夢都還在煩惱，煩惱的根本就由我見來的。「**起大勇猛**」，就是發狠心。發狠心很難，現在學佛修道的人很多，哪有幾個人真發狠心修行？無論唸佛也好，持咒也好，打坐也好，哪有人精進勇猛？都把學佛當消遣，想到的時候，或是遇到挫折的時候，才唸唸佛、打打坐，都沒有勇猛切斷的決心，世人都是「看得破，忍不過，想得到，做不來」，不是大勇猛的人做不到。

「**未得令得，未斷令斷**」。得什麼呢？清淨圓明。要「**得**」容易，要「**斷**」可就難了。煩惱、我相、感情、習氣斷不了，很多人學打坐問如何斷除妄念，其實，方法在你那裡，你想斷就斷，哪有什麼方法？拿出勇猛心，說放下就放下。

斷什麼呢？貪心、瞋心、慢心，他沒有說癡心唷！因為癡包括了整個，斷不了就是癡，智慧不夠，看不破，也忍不過。下面還有諂曲與嫉妒，諂就是獻媚，俗稱拍馬屁；曲，不直，轉彎，人是喜歡轉彎的唷！人都喜歡說假話，直心是道場的人非常少。作人很難，不諂曲不轉彎，太直的話又容易得罪人。人不只是對別人諂曲，也對自己諂曲；人不只是喜歡欺騙別人，也喜歡欺騙自己。你不要說我們修行人不諂曲不拍馬屁，哼！才拍得厲害呢！哦！我最近特別用功，每天打坐坐了三次，拜佛拜了五百拜耶！這是不是對自己諂曲？

再來就是嫉妒，我們上次講過，人的嫉妒心理非常可怕。人類這些貪、瞋、慢、諂曲、嫉妒的心理，是人性中最壞的一面，與生俱來，每一個人都有。乃至於這個人很清高，與社會都不來往，這是瞋心大，因為他討厭這個世界，討厭人家做壞事，討厭人家追求名利。譬如有些人說你有錢又怎麼樣？你有地位又如何？我又不求你，有錢有地位是你家的事，這也是嫉妒，這也是慢心。把這些心理都拿掉，此心才能平靜，如古人所講的「人平不語，水平不流。」你說我打坐的時候很清淨，這些心理都沒有，不算本事！你到外面做事，與人接觸一下看，《圓覺經》這裡說要「**對境不生**」，碰到人家欺負你、侮辱你、取笑你，這個時候看你心動不動？你說我一個人住在山裡頭，在佛堂裡燒個檀香，看的是菩薩，菩薩又不惹你，當然清淨！什麼是修行？要在這些地方下工夫。

「**彼我恩愛，一切寂滅**」。既沒有恩，也沒有愛。既沒有怨，也沒有恨。這是學佛第一步，這是學佛的基本修養，也是作人的基本修養，做到這些基本的修養，儒家叫作君子，道家叫作真人，佛家叫作菩薩。假如拿小乘道來講，能夠做到「**精進降伏煩惱，起大勇猛，未得令得，未斷令斷；貪瞋愛慢，諂曲嫉妒，對境不生；彼我恩愛，一切寂滅。**」已經到家了，那是羅漢境界。以大乘道來講，還不夠，還須「**漸次成就**」，再求進步，還要「**求善知識，不墮邪見。**」這是佛對淨諸業障菩薩作最後吩咐，就是中國人所講的求明師指點。是明師，不是名師；名師容易找，明師難啊！沒有明師指點，容易墮入邪見，這也是由小乘道轉入大乘道的關鍵。

若有所求，別生憎愛，則不能入清淨覺海。

嘿！你看佛說話多有意思！剛才吩咐說求善知識，這裡卻又講心裡有所求就是煩惱，只要有一點想成佛成道的觀念存在，已經不對了。只要有一點下意識有所求的觀念，不是愛心就是憎心，喜歡就是貪愛，就是佔有，就是我相。討厭就是憎，就是怨恨，為什麼討厭？我不喜歡，還是我相。我討厭這樣的人生，所以喜歡學佛修道，這裡就有了憎與愛。有了憎愛，就「**不能入清淨覺海**。」學佛真難呵！

爾時，世尊欲重宣此義而說偈言：

此時，佛準備重新歸納作結論。

淨業汝當知　一切諸眾生　皆由執我愛　無始妄流轉
未除四種相　不得成菩提　愛憎生於心　諂曲存諸念
是故多迷悶　不能入覺城　若能歸吾剎　先去貪瞋癡
法愛不存心　漸次可成就　我身本不有　憎愛何由生
此人求善友　終不墮邪見　所求別生心　究竟非成就

淨業汝當知　淨諸業障菩薩你當知道，
一切諸眾生　一切所有的眾生，
皆由執我愛　都是因為執著我相，
無始妄流轉　無始以來在生死輪迴中流轉。
未除四種相　未能去除我相、人相、眾生相、壽者相，
不得成菩提　所以不能成佛。

愛憎生於心　心中有貪愛憎恨之心，
諂曲存諸念　諂曲也是自己內心所生起，
是故多迷悶　自己製造了許多煩惱，所有一切煩惱都是庸人自擾，
不能入覺城　所以不能成就。
若能歸吾剎　如果能夠歸依清淨莊嚴之佛土，
先去貪瞋癡　先去除自己內心貪瞋癡，
法愛不存心　連有法可得有道可成之心也去除，
漸次可成就　慢慢就可以成就。
我身本不有　如果明白本來沒有我，
憎愛何由生　怎麼會有憎愛之心呢？
此人求善友　再一進步求善知識指導，
終不墮邪見　才不至於墮入邪見之中，因為中間岔路很多呀！
所求別生心　還不能存有所求之心，
究竟非成就　否則就永遠不能成佛。

第十章　普覺菩薩

內容提要

誰是善知識

學佛應依何等法

行何等行

除去何病

如何發心

於是普覺菩薩在大眾中，即從座起，頂禮佛足，右繞三匝，長跪叉手而白佛言：

淨諸業障菩薩之後，就是普覺菩薩；業障清淨之後，就悟道了。《圓覺經》裡菩薩出場的順序就告訴了我們修行的方法。原文不再重複解釋了。

大悲世尊，快說禪病，令諸大眾得未曾有，心意蕩然，獲大安隱。

普覺菩薩提什麼要求呢？佛在前面說過必須把貪瞋癡慢疑拿光了以後，才可以修行，才可以學禪。但是，真正學禪還有許多岔路。所以，普覺菩薩請求佛說禪病有哪些？也就是所謂的「走火入魔」。希望後世的修行人不會走入岔路，此心此意空蕩蕩，了無罣礙，得到真正的平安。

世尊，末世眾生，去佛漸遠，賢聖隱伏，邪法增熾，使諸眾生求何

等人？依何等法？行何等行？除去何病？云何發心？令彼羣盲，不墮邪見。

接下來是申訴理由。普覺菩薩說佛啊！將來末世的眾生，離開佛的時代越來越遠，聖賢菩薩們都不容易被發現，旁門左道和邪魔歪道越來越多，使得想要學佛的人不知「**求何等人？**」學佛要依善知識，哪個是善知識呢？「**依何等法？**」是修止觀好呢？還是參禪好呢？還是修密法好呢？還是學唯識對呢？持戒，持哪一種戒？菩薩戒？比丘戒？菩提心戒？「**除去何病？**」修習禪定會有哪些病？「**云何發心？**」發心並不是出錢，發心是發菩提心、道心，菩提心的用是大悲行，菩提心的體是覺悟。發心非常重要，學佛修道沒有起大悲心，想要成就，那是不可能的。就我所知，一般學佛的人都是自私的，都沒有真發心。

想想我們學佛，「**求何等人？**」哪一個是善知識？你分得出來嗎？「**依何等法？**」你知道嗎？「**行何等行？**」「**除去何病？**」都不知道。所以，普覺菩薩稱為羣盲，一羣瞎子，然後，瞎子牽瞎子，以盲引盲，結果，都掉入水溝裡去了。眾生就是這麼可憐，所以，普覺菩薩心生慈悲，希望佛指示一條大道，「令彼羣盲，不墮邪見。」

作是語已，五體投地，如是三請，終而復始。

這是求佛說法的禮儀。

爾時，世尊告普覺菩薩言：善哉！善哉！善男子，汝等乃能諮問如來如是修行，能施末世一切眾生無畏道眼，令彼眾生得成聖道，汝今諦聽，當為汝說。

此時，佛告訴普覺菩薩說：好的，好的，你們能夠詢問如何成就佛道的修行方法，給予末世一切眾生智慧之眼，不再盲目修行，使一切眾生得成聖道。你現在好好注意聽，我來為你們說。

時普覺菩薩奉教歡喜，及諸大眾默然而聽。

此時普覺菩薩聽了非常高興，以及其他大眾均默然而聽。

善男子，末世眾生，將發大心，求善知識，欲修行者，當求一切正知見人，心不住相，不著聲聞緣覺境界，雖現塵勞，心恆清淨，示有諸過，讚歎梵行，不令眾生入不律儀，求如是人，即得成就阿耨多羅三藐三菩提。

佛說善男子，末世的眾生「**將發大心**」。什麼是大心呢？菩提心，菩薩心又名大心，換句話說，發大心的人就是菩薩，唯有菩薩才有資格稱得上大心眾生，大心就是抱大希望，打大妄想，在這裡的大希望、大妄想是什麼呢？就是「**成就阿耨多羅三藐三菩提**」，成就無上正等正覺。

那麼，如何成就正等正覺呢？首先第一步就是「**求善知識**」，哪一個是善知識呢？接下來《圓覺經》在此描述了一個善知識的榜樣。「**欲修行者，當求一切正知見人**」，正知很難，什麼叫正知？我們曉得佛有十個名號，其中有一個叫正偏知，不但是正知，而且是偏知，天上天下無所不知，這才真叫作博士，這也是儒家所標榜的儒者——「一事不知，儒者之恥」。正見則更難了，正見是見道，證得菩提了，不只是見出世法，同時，也見世間法。

哪一位是正知正見的人？你看得出來嗎？你分辨得出來嗎？分辨不出，怎麼辦？佛說「**心不住相**」，心不住相，這可難了。我們每一個人都住相，出家人是出家相，我是在家相，男人是男相，女人是女相，當教授有文質彬彬的書生相，當軍人有威武相，每一個人有每一個人不同的相，學佛修道的人最容易住相了，一副道貌岸然的樣子就是住相，你學廟裡菩薩低眉閉眼的樣子，住相了。注意！要「**心不住相**」，心不被外形所限制住。

第二，這位善知識不走小路，不著聲聞緣覺境界，聲聞是小乘道羅漢境界，緣覺是獨覺佛，也叫辟支佛，屬中乘道；唯有走大乘道才有資格稱善知識。

「**雖現塵勞，心恆清淨**」，走大乘道的善知識，你不容易看得出來，因為他與一般人一樣在塵勞煩惱中。但是，他的心卻在清淨中，這就是佛教的標誌蓮花的精神，出污泥而不染。

「**示有諸過，讚歎梵行**」，善知識並不是沒有毛病，甚至比一般人更多。但是，你仔細探究他的行為，他的戒律精嚴，「**讚歎梵行**」，梵行就是清淨之行。「**不令眾生入不律儀**」，他教導眾生講究人格修養，守規矩，守戒律。「**求如是人，即得成就阿耨多羅三藐三菩提**」，找到這樣的善知識，就可以大澈大悟。研究這一段可參考《維摩詰經》。

末世眾生，見如是人，應當供養，不惜身命。彼善知識，四威儀中，常現清淨，乃至示現種種過患，心無憍慢，況復摶財妻子眷屬。若善男

子於彼善友，不起惡念，即能究竟成就正覺，心華發明，照十方剎。

佛說後世的眾生，假如找到了善知識，「**應當供養**」，如何供養呢？「**不惜身命**」，即使累死了，被整死了，都不在乎。如此為法忘軀，怎麼做得到？各位看過西藏密宗的《密勒日巴傳》吧！密勒日巴替師父蓋房子，千辛萬苦蓋好以後，還被師父痛罵一頓，誰叫你蓋在那裡的？拆掉！密勒日巴只好一塊一塊拆下來，重新蓋過。蓋好以後，又被罵一頓，再拆掉，重新再蓋。如此蓋了四次，師父就是這樣整他，他的師母看了不忍心，直哭。他走了沒有？他就是不走。

其實，你看看中國的高僧傳與禪宗語錄，這些高僧悟道的經過都不簡單，都不是那麼容易。你看禪宗二祖神光去找達摩祖師，就砍下了一隻手臂。各位曉不曉得雲門祖師怎麼悟道的？賠上了一條腿。雲門去找睦州和尚的時候，睦州也是不理他，不讓他進門。雲門不死心，來了幾次，跪在門口，睦州看到他就把門關起來。假如是我們的話，早就破口大罵了，雲門沒有，他是來求道的，他還在參禪呢！有一天雲門想到一個方法，又來叫門。睦州開門見到雲門，又準備把門關上，雲門一個箭步上前，趕緊把一隻腳伸進去，這下子你總關不了門了吧！睦州禪師可絕了，硬是狠狠地把門關上去，結果，雲門的腳斷了，哎唷一叫，哈！開悟了。

什麼是善知識？善知識很難辨，善知識就有脾氣，奉勸各位學佛儘管學，千萬不要去找善知識，否則遭遇很慘，不小心一條腿就去掉了。佛法不一定在口頭上，而是在行為上，他在行為上折磨你。禪宗祖師的嬉笑怒罵，那是他的教育法，有時整得讓你真受不了。道理是什麼呢？他告訴你，道在你自己那一邊，不在佛那裡，也不在善知識這裡。善知識只是想辦法把你所有的妄念都打斷了，都憋住了，憋到你開悟為止。你看孔子的教育法也是這樣，孔子對每一個學生的答案都不一樣，問仁，對這個說是這樣，對那個說是那樣，用現代的觀念來說，沒有一個標準。孔子說他的教育法是「不憤不啟，不悱不發。」逼著你發憤，你說我不會，我偏要弄會給你看，先刺激他發憤，然後再進一步啟發他。不悱不發就是故意引起他的懷疑，讓他自己去找答案。現代的教育則是鼓勵鼓勵，結果許多都鼓勵壞了，成不了大器。

「**彼善知識，四威儀中，常現清淨**」。所謂真正的善知識，在他的日常生活行、住、坐、臥當中，身心內外都是清淨，也就是說隨時隨地都在清淨中。

「**乃至示現種種過患，心無憍慢**」。善知識與我們普通人一樣，很難分辨。中國人有句話說：「英雄見慣亦常人」，法國的拿破崙也說他在妻子與老勤務兵面前，永遠稱不了英雄，說得極有道理。不要以為善知識就像廟裡塑的菩薩一樣，永遠慈眉善目，永遠紅光滿面，永遠都是對的。善知識也是人，也是有過患。但是，儘管他有許多過患，然而，「**心無憍慢**」，他沒有憍慢之心，永遠慈悲，永遠愛護人。

「**心無憍慢**」還有一層意思，就是說不要看到善知識有了過患，你就覺得善知識也不過如此，你就憍慢起來了。不要如此，你還是要謙卑，誠懇去學。像我一生，算算有九十多位老師，有讀書的，有學武功的，有學道的，有學佛的；有男的，有女的，有老的，有少的。一生欠了九十多個帳，現在一無所成，經常想到《紅樓夢》上批評賈寶玉的兩句話：「負父母養育之恩，違師友規訓之德。」

你說這些老師都對嗎？也有不對的。人在三界中，就有三界中的煩惱。像我以前有位老師，他沒有兒子，看到自己的朋友生了一個兒子，他高興得眼淚都掉下來。在回家的路上，我跟老師說：老師！您還沒有看開耶！我這個人向來調皮搗蛋。老師把我的手抓住，說：你認為我不應該動情？我說：對呀！老師問：你讀過《中庸》沒有？你背背看！在路上，我就把《中庸》背出來，背到「喜怒哀樂之未發，謂之中。」我停下來。老師說：你怎麼不背下去？我說我懂了，老師笑了一笑。背到這裡，我已經挨了一棒了。吃棒子，可不是拿棍子在頭上敲。下一句：「發而皆中節，謂之和。」「致中和，天地位焉，萬物育焉。」聖人也有情啊！菩薩大慈大悲就是多情人，怎麼說是無情？後來，老師到了家，作了兩句詩：「誰謂英雄不灑淚，人情兒女最關懷。」所以說善知識也有過錯，不過，善知識還是善知識，如果要在雞蛋裡挑骨頭，則天下無完人，我們要看老師的好，對父母也是一樣。以前宋儒講過「天下無不是的父母」，這句話我公開反對的，如果是在過去八十年前反對這句話，那不得了，一輩子不要想站起來作人了。天下是有不是的父母，但是，父母終究是父母，還是要孝順。什麼是孝道？孝道就是愛的還報。你看我們大便拉不出來，他要來挖；你吃不下去，他坐在旁邊哭；你生病，他送你去看醫生。你現在長大了，你只要像他以前對待你的一樣對待他就行了。對師長也好，對父母也好，心無憍慢，這才是學佛。

「**況復摶財妻子眷屬**」。善知識也是要吃飯過日子，也有妻子兒女，也是要錢。你看《密勒日巴傳》，密勒日巴當初去見師父的時候，窮得不得了，沒有錢去供養師父，只有一隻跛腳的羊，他只好空手去了。見了師父，跪下來，師父說你拿供養來呀！密勒日巴說我只有身口意供養，只有我這個人，其他什麼都沒有。師父大罵：「你不誠懇，家裡還有隻跛腳羊啊！你就是捨不得！」「是！是！是！」他沒有申辯，趕緊回去把那隻跛腳羊拿過來。他原來的本意是把跛腳的羊送給師父，覺得對師父不恭敬。你看看這個師父，什麼都要，把勞力刮來，把人家跛腳的羊也刮來。所以，善知識也會摶財，也有妻子兒女眷屬，跟普通人一樣。

「**若善男子於彼善友，不起惡念**」。如果你看了善知識這些毛病，不起惡念，不起任何壞的觀念。佛說即能究竟成就正覺，立刻就成佛了。到了成佛的時候，「**心華發明**」，脈解心開，大澈大悟，身心內外一片光明，「**照十方剎**」。

你看這一段成佛的方法，沒有一個什麼法門，只教你如何學作人，自己要作成是一個求法的學生，自己要成器，因為佛法不在老師這裡，而是在你自己那裡。你如果能對一個泥巴做的菩薩起恭敬心，也一樣會成道，何況是一個活人？但是，一般眾生不要說對這個善知識不信，即使一個活菩薩在他前面，他也不信。因為眾生我慢，永遠不能成道。真的放下我慢的話，哪一個不是善知識？就如《阿彌陀經》所講的極樂世界，那些鳥都在念佛念法念僧，那些花鳥都在開示你，其實是你自己在開示自己，「**心華發明**」，就成道了。

佛教在人類社會提出了師道的尊嚴，無論顯教或密教都非常重視，所謂：「一日從師，終生如父。」密宗有馬鳴菩薩著的〈事師儀軌五十頌〉，凡是學佛要先學這個。作人弟子作不好的話，其他都不用談了，人品有問題，還學什麼佛？若是貢高我慢，那真是不堪造就。佛教為什麼那麼尊重師道？那是尊重法統，什麼法統？正知見的存在。順便告訴各位，要瞭解中國文化的師道，要看《禮記》的〈儒行篇〉，說明如何才有資格稱得上知識份子，如同佛教的戒律，說得清清楚楚，其中提到記問之學不足以為人師，那麼，怎麼樣才是師道呢？簡單的分為兩個觀念，經師和人師。經師就是學問能夠承先啟後，人師可就難了，等於佛教的戒、定、慧樣樣俱足，大澈大悟，這才夠得上善知識的標準。在此綜合佛家與儒家的道理向大家介紹。

善男子，彼善知識所證妙法，應離四病。

上面講的是如何事師，對待老師就是要恭敬，是要無條件地信仰。接下來講的是為人之師本身的條件了，假如老師沒有做到下面的幾個條件，則不足以為人之師。這個條件並不是知識，如同《禮記》中所提到的「記問之學不足以為人師」。知識是知識，即使有再多的知識也沒有用。

佛說真正的善知識所證的妙法，應該離開四種毛病，沒有這四種毛病，才有資格稱為善知識。

云何四病？一者作病。若復有人，作如是言：我於本心作種種行，欲求圓覺。彼圓覺性，非作得故，說名為病。

哪四種病呢？第一種是「**作病**」。什麼是作病？就是認為圓覺成佛是造作出來的。我們的一切修行不是在造作嗎？何以說造作是病呢？因為一切眾生本來是佛，我們的自性本來就和佛的自性一樣，何必還要修呢？所謂「不生不滅，不垢不淨，不增不減。」你修個什麼呢？再怎麼修還是一樣不增不減，修並未增加，不修亦未減少。認為有修有證，有佛可成，這是作病。

這是圓覺境界，不是一般人的境界，大家可不要聽了以後，都不修行，都不造作，那不可以，我特地在此強調一句，因為諸位沒有這個氣派，沒有這個膽識，沒有這個智慧。假如諸位有的話，就不來搞《圓覺經》了。「丈夫自有沖天志，不向如來行處行。」

「**我於本心作種種行**」，我們所有的一切修行，都是本心第六意識的造作，以此有修有證求圓覺境界，求直指人心見性成佛的境界，永遠達不到。為什麼呢？佛說「**彼圓覺性非作得故。**」真正的清淨圓明自性是本有的，不是造作出來的，不是修得起來的。所以說有所造作，有所修有所證，這是病態。

二者任病，若復有人，作如是言：我等今者，不斷生死，不求涅槃，涅槃生死，無起滅念，任彼一切隨諸法性，欲求圓覺。彼圓覺性，非任有故，說名為病。

第二種病是「**任病**」，任者放任自然。中國的古人常講學禪宗容易狂，所謂的狂就是任病，不做工夫。現代世界各國講禪學的很多，其實，我們以前哪有聽過什麼「禪學」這個名辭？學禪就是學禪，甚至連禪宗都很少提。現在處處都是禪學，可是，連個狂禪之流的人都沒有。過去我們所看到狂禪之流的人，假如現在在這邊的話，這一班人就不要談禪學了。現在搞禪學者，對《指月錄》《五燈會元》也許能倒背如流，但是，你要他盤腿打坐，則一點工夫都沒有。他認為不需要做工夫呀！懂了就悟了，狂得不得了，上不見佛，下不見眾生，這是狂禪之流，這是任病。

佛說「**若復有人，作如是言，我等今者，不斷生死，不求涅槃**」，生死有什麼可怕？死了就死了。但是，臨死之前痛苦不痛苦呢？當然痛苦。我以前有一位老朋友，學問好，禪也學得好，臨死前，我去看他。「怎麼樣呀？老哥，這個時候還痛不痛啊？」「當然痛啊！」「那你一輩子學佛……」「那有什麼關係？」他答覆得很自然。他也真有這個氣派，他的見地也不能說不到，可惜，沒有下過禪定工夫。所以說任病也是不對。有些人認為不用斷生死，也不需要求涅槃，因為「涅槃生死等空花」，那你去等等看吧！

「**任彼一切隨諸法性**」，一切放下，任其自由自在，如果這樣就可以圓覺成佛的話，永遠不可能。因為「**彼圓覺性，非任有故**」。剛才講過你有意去修成一個佛，不對；相反，不修而能成佛，也不對。

三者止病，若復有人，作如是言：我今自心永息諸念，得一切性寂然平等，欲求圓覺。彼圓覺性，非止合故，說名為病。

第三種「**止病**」，是我們一般學佛最容易犯的，總認為學佛修行是把妄想雜念完全停止，認為妄念不能停止，就不能學佛。尤其大家都想把妄想止息了，「**永息諸念**」，什麼都不動念了，那麼就達到「**寂然平等**」，認為這就是空。有沒有人做到呢？在修持上也有人做到，中國禪宗稱之為「枯禪」，枯木是不能生花的，這是不對的，這是非常嚴重的錯誤。所以無論學顯教也好，學密教也好，假如教理搞不清楚，一切修行都是徒勞無功，那真是「涅槃生死等空花」，成佛毫無希望了。

佛說如果以這樣的觀念來修行，要想成佛，「**彼圓覺性，非止合故**」，並不是說把妄念停止了，那就是圓覺自性。即使打坐坐得好，能夠定千萬年也沒有用，《法華經》上講「大通智勝佛，十劫坐道場」，一定定了十劫，夠久了吧！結果如何呢？「佛法不現前，不得成佛道」。佛在這裡說：「**彼圓覺性，非止合故，說名為病。**」

四者滅病，若復有人，作如是言：我今永斷一切煩惱，身心畢竟空無所有，何況根塵虛妄境界，一切永寂，欲求圓覺。彼圓覺性，非寂相故，說名為病。

第四種是「**滅病**」。止和滅有什麼不同呢？止是用意志力硬是把它壓住，猶如石頭壓草，根柢還在，石頭下面不長草，但是往石頭邊長上去。滅是認為自己永斷一切煩惱，永遠沒有煩惱了；「**身心畢竟空無所有**」，身體與心靈徹底空了，「**何況根塵虛妄境界**」，身體空了，心也空了，六根的作用沒有了，外在的六塵也不相干了，也沒有什麼境界，「**一切永寂**」。這總該是佛境界了吧！釋迦牟尼佛說這也不是，因為「**彼圓覺性，非寂相故**」。自性本來清淨，你有一個寂滅相，那是你造出來的境界，不是自性清淨。

以上所講的是上上乘佛法，可以以此來檢驗自己在修行上是否犯了這些毛病。

離四病者，則知清淨。作是觀者，名為正觀。若他觀者，名為邪觀。

佛說如果能夠離開這四種病——作病，任病，止病，滅病，才真正知道自性本來清淨，不假修證。要離開這四種病，好像很難，造作修行也不對，放任自在也不對，止息妄念也不對，滅盡煩惱也不對，那怎麼辦呢？不知諸位是否記得《圓覺經》前面講過「**居一切時，不起妄念；於諸妄心亦不息滅；住妄想境，不加了知；於無了知，不辨真實。**」各位對這幾句話多加體會，自然曉得怎麼辦，如人飲水，冷暖自知。再提示各位一句，這也是《圓覺經》前面講過的，「**知幻即離，不作方便；離幻即覺，亦無漸次。**」你知道一切妄念、思想、感受，這些都是假的，痛苦是幻，快樂也是幻，「**知幻即離**」，知道這些是幻就不去管它。「**不作方便**」，這中間沒有方法，用一個方法來離開妄想幻境，這一個方法本身也是幻，也是妄念。「**離幻即覺**」，離開了這些妄念、感受等等，就把知覺自性擺在那裡，「**亦無漸次**」，這個中間沒有第一步、第二步、第三步。很簡單，平常心就是道，不用增加，也不用減少，不用吃補藥，也不用吃瀉藥。

我們為什麼不能證道？因為人都不肯平常，拚命好奇去求這個道，求那個法，花一萬五千元買一個咒子，結果把自己給「咒」死了，何苦呢？佛說一切音聲皆是陀羅尼，當年我在峨眉山閉關的時候，有魔障，廟裡的師父拚命唸咒子，沒有用。我說算了，算了，不要唸了，我唸一個咒給你聽。於是，我往桌子一拍，開始罵起來，三字經、六字經都罵出來了，好了，沒事了。師父問我說你這是什麼咒子？咒者咒也，我咒他嘛！萬法唯心，心正念正，什麼魔都怕你。你有所求，有邪心，即使唸咒子，還是邪念，都抗不住魔的，這個道理要搞清楚。

「**作是觀者，名為正觀**」，你有這樣的觀念看法，就是正確的觀念。「**若他觀者，名為邪觀**」，若有其他的觀念見解，那是外道邪見。

善男子，末世眾生，欲修行者，應當盡命供養善友，事善知識。彼善知識欲來親近，應斷憍慢；若復遠離，應斷瞋恨。現逆順境，猶如虛空，了知身心畢竟平等，與諸眾生同體無異。如是修行，方入圓覺。

如果要學真正的禪宗或真正的密宗，必須要依師，依善知識。依師之前，弟子要觀察老師，老師也要觀察弟子。佛說末世的眾生，要想修行佛法，應當「**盡命供養善友，事善知識**」。善友就是善知識，古人說亦師亦友。可是以前是弟子侍候老師，現在時代不同了，反過來是老師侍候弟子，眾生顛倒。

「**彼善知識欲來親近，應斷憍慢**」。只要你是塊料子，夠得上法器，善知識會來找你。善知識都想把自己所知道的東西傳下去，一個有成就的人都想找一個好學生，問題在於你自己是不是法器。「**應斷憍慢**」很重要，如果你有主觀成見，認為不對，完全接受不了，那一點辨法都沒有。

「**若復遠離，應斷瞋恨**」。跟善知識處不好，他走了，不理你了，也不要瞋恨。一般人相處不來分開了，都會恨，就開始譭謗了，說老師這個不對，那個不對。

「**現逆順境，猶如虛空**」。善知識往往故意示現順境、逆境來磨練你，考驗你。在順境時，看你是否沉迷；在逆境時，看你是否能夠忍受。在逆境時，是否能夠維持平常心，不怨天，不尤人；在順境時，也是一樣，是否能夠維持平常心，而不得意忘形。

「**了知身心畢竟平等，與諸眾生同體無異**」，自己明瞭此心畢竟都是空的，與諸眾生並無差別。「**如是修行，方入圓覺**」，這樣修行，才能進入圓覺境界。

善男子，末世眾生，不得成道，由有無始自他憎愛一切種子，故未解脫。若復有人，觀彼怨家，如己父母，心無有二，即除諸病，於諸法中，自他憎愛，亦復如是。

佛說末來末世的眾生，學佛不能成道，是由於無始以來以自我為中心，所產生的憎愛心理。「**一切種子**」包括很多，最基本的貪、瞋、癡、慢、疑五種思惑，所謂修行就是如何轉化這些心理上的毛病。其次就是見惑，見惑是身見、邊見、邪見、見取見、戒禁取見。見取見是自己主觀的成見，戒禁取見是認為某件事不能做，做了就不能成道，如同回教徒不吃豬肉，各種宗教都有不同的規條。見惑就是觀念上的錯誤，而被這些錯誤的觀念困惑住了，不能解脫。見思惑形成了心理思想上的一切種性，形成了現在的個性，必須要把見思惑轉化，才能成就。見惑要在見道、明心見性以後才能斷，才能轉。思惑則在見道以後還不能斷，必須靠修持，慢慢做工夫才能斷。所以，我們深受內心愛憎之念的折磨，貪瞋癡慢疑很難斷除。

佛為什麼要提這一段？善事善知識很難，我常跟同學們說我不是善知識。但是，我曉得世上縱然有善知識，你們也學不好。為什麼呢？一般人學的時候，都是以自己為中心，某某人講的道理很合於我的想法。還有些同學跟我說：老師啊！你講的思想跟我的一樣哩！我說好，謝謝你啦！所以，我說你們不是學佛，而是拿佛的招牌來表現自己。例如現在很多人註解佛經，很多人上台弘法，所講的佛法是不是釋迦牟尼佛真正的原意？很成問題。禪宗有個故事，唐代時有位忠國師，他的一位弟子學問非常好，想要註解佛經。忠國師就叫人拿一碗水，裡面放七粒米，上面放一支筷子，問這是什麼意思？弟子答不出來。忠國師說好了！我的意思你都不懂，你懂佛的意思？

所以，能夠去掉「**自他憎愛**」，一切平等，愛人如己，才是學佛的行為。但是，誰能做到呢？愛人如己，大家都會講，利害關頭一到，當然是我第一，哪裡還有你？修行在平常是看不出來的，到了利害關頭，才是真正的考驗。尤其是宗教徒，排擠別人的心理特別強烈，哎呀！你是基督教！那味道就出來了，就不能平等，就不能慈悲了。為什麼信了宗教，容易排擠人家呢？因為認為我信的才是對的，他的錯了，這是犯了見取見及戒禁取見的錯誤，這也是「**自他憎愛**」的心理，合於我的則喜歡，不合於我的則討厭。

「**若復有人，觀彼怨家，如己父母，心無有二，即除諸病**」。這一段話，有哪一個佛教徒做到了？我常說我不是佛教徒，因為我沒有資格當一個佛教徒。佛說假定有一個人，看見怨家，如己父母，這多難啊！視怨家猶如自己的親人，怨親平等，這才是學佛之人。恩怨分得太明就不行，那麼，恩怨分不清楚，好不好呢？那也不行，那是愚癡，要恩怨是非善惡分得清而又能包容。

現在有很多年輕人來學佛，我問他你的父母怎麼樣了？他說這不要管了。咦？父母都不要管了，好不孝順的東西！還跑來學佛？孝順都沒有做到，人道都沒有做好，還想成佛呀？哎呀！老師，我那個媽媽脾氣好古怪，好難相處。對呀！父母難相處，夫妻難相處，這些做不到，還想度眾生？父母不是眾生啊？丈夫、妻子、兒女不是眾生啊？欺人乎！欺天乎！自欺嘛！自己的親人父母都沒有盡到孝心、愛心，對別人，對怨家，那就更不用說了。一個學佛的人看一切眾生如同自己的父母，視一切眾生如同自己的子女，也視自己的子女如同一般眾生。

從釋迦牟尼佛所說的這一段，就可以知道學佛是從作人開始。人都沒有作好，我要打坐，我要修法，我要灌頂，灌了頂就可以往生西方，唸個咒就可以成佛了，你看這個貪心多重啊！

「**於諸法中，自他憎愛，亦復如是**」，你懂得了這個道理，曉得如何起步走，然後再修一切佛法。佛法的基本立足點是在慈悲、平等，在修持的方法上也是一樣平等，沒有好壞，沒有憎愛，不要說信了佛教，就看不起不信佛教或信其他宗教的，不要說學了禪就看不起淨土，學了密宗就認為密宗才能成佛，學了淨土就認為禪宗不踏實。八萬四千法門，沒有哪個好哪個壞，要在和你相應，而你能老實修行，就如《楞嚴經》所說「歸元性無二，方便有多門。」

善男子，末世眾生，欲求圓覺，應當發心，作如是言：盡一切虛空，一切眾生，我皆令入究竟圓覺，於圓覺中，無取覺者，除彼我相一切諸相。如是發心，不墮邪見。

佛說末世的眾生要想成就圓覺境界，「**應當發心**」，發什麼心呢？「**盡一切虛空，一切眾生，我皆令入究竟圓覺**」。《圓覺經》的文字很美，文字後面的意義則很不簡單，不僅要度一切眾生，沒有時間性，永遠永遠入世救人，最苦難的時代，在最苦難的地方，都要來。這是菩薩發心，這一段可參考〈普賢行願品〉。每一個學佛的人都應該先讀〈普賢行願品〉，至少我當年學佛是這樣。〈普賢行願品〉裡有一句：「虛空有盡，我願無窮。」虛空很大，沒有邊際，假如這麼大的虛空有邊際有窮盡的話，我救眾生的願力比虛空還要大。地藏王菩薩就是走普賢行願品的路線，「地獄未空，誓不成佛。」注意！學佛的目的不只是自己要成佛，所有一切眾生都要讓他成佛。大乘佛法是先利他，再利己。其實，利人就是利己，天道好還。記住，佛法的精神只問施出去，絕不求收回。

「**於圓覺中，無取覺者**」，不能存有我在度眾生之心，若有度眾生之心，我今年度了幾個人，我又救了幾個人，就不是菩薩道。「**除彼我相一切諸相**」，沒有你我之相，也沒有一切諸相，不被外界的現象所困，也不被自己內心的思想境界所困。

「**如是發心，不墮邪見**」，這樣發心才不致於落入邪見之中。我們經常聽到發心，你學佛要發心啊！發心並不是你捐了幾百元幾千元，或是到廟裡做了什麼事，而是發菩提心。什麼是菩提心呢？發菩提心就是我要大澈大悟成佛之心，不僅自己要覺悟成佛，而且也要所有一切眾生都能成佛。發大慈大悲之心，救一切眾生之心，這樣才是真正的發心。

爾時，世尊欲重宣此義，而說偈言：

此時，釋迦牟尼佛再用偈語來作總結：

普覺汝當知　末世諸眾生　欲求善知識　應當求正見
心遠二乘者　法中除四病　謂作止任滅　親近無憍慢
遠離無瞋恨　見種種境界　心當生希有　還如佛出世
不犯非律儀　戒根永清淨　度一切眾生　究竟入圓覺
無彼我人相　當依正智慧　便得超邪見　證覺般涅槃

普覺汝當知　普覺菩薩你應當知道，
末世諸眾生　未來末世的一切眾生，
欲求善知識　學佛要依善知識，
應當求正見　應當求具有正知正見的人，
心遠二乘者　遠離聲聞緣覺不走大乘路線的人。
法中除四病　此善知識所教的法門，應遠離四病，

謂作止任滅

哪四病呢？作病，止病，任病，滅病。

親近無憍慢

善知識親近你，或你親近善知識，心中無憍慢。

遠離無瞋恨

善知識遠離，或遠離善知識，心中無瞋恨。

見種種境界

見到善知識示現種種順逆境界，

心當生希有

內心應當生難得之想，善知識所示現的種種順逆境界，都是教育法。

還如佛出世

視善知識如現在的佛，不可對善知識起輕慢心。

不犯非律儀

律是戒律，儀是態度，不犯戒律，態度莊嚴恭敬，

戒根永清淨

內心持戒清淨。

度一切眾生

然後，要有願力，度一切眾生，

究竟入圓覺

不僅自己要成佛，也令一切眾生成佛。

無彼我人相

無我相，無人相，無眾生相。

當依正智慧

千萬記得，成佛是智慧的成就，不是迷信，也不是工夫。

便得超邪見 佛者覺也，真正覺悟了，明心見性，而得正知見，破除邪見。

證覺般涅槃 最後達到成佛的圓覺境界。

第十一章 圓覺菩薩

內容提要

如何安居修此圓覺清淨境界

三種淨觀以何為首

可以隨便閉關嗎

為何要懺悔罪業

於是圓覺菩薩在大眾中，即從座起，頂禮佛足，右繞三匝，長跪叉手而白佛言：

接著是圓覺菩薩出場提問題。圓覺菩薩的名號與本經的經題相同，本經的重點也在這裡。

大悲世尊，為我等輩廣說淨覺種種方便，令末世眾生，有大增益。

大慈大悲的佛啊！您已經為我們講了十種問答，解答了十位菩薩所提的問題，講述了如何使我們悟道，如何淨化一切煩惱而覺悟成佛的種種方法，使將來的眾生得到最大的利益。

世尊，我等今者已得開悟，若佛滅後，末世眾生未得悟者，云何安居，修此圓覺清淨境界？此圓覺中，三種淨觀，以何為首？唯願大悲，

為諸大眾及末世眾生，施大饒益。

我們聽了佛的開示之後，已經明白開悟了。假如佛走了以後，末世的眾生也要學佛，但是沒有開悟，如何安居？如何找一個清淨道場住下來修？為什麼要蓋廟子？給出家人安居修道之用。安居很難，例如大家都有房子住，請問哪一位對自己所住的地方感到百分之百滿意？有沒有？我看一千個之中只有一兩個。一般人組成家庭之後，都會存錢買房子，為什麼？為的是安居。所以，中國人講「安居樂業」，管你什麼主義，只要你讓我「安居樂業」，讓我有個工作，好好的幹，有口飯吃，有個地方住，少來干擾就好了。再加上八個字「風調雨順，國泰民安。」這就是政治上最高的理想了。安居很難，不只是自己一個人能夠安居，天下一切眾生都能夠安居。如此的話，就不用去殺豬、殺牛。人造業造得很大，你看！河裡的魚不曉得犯了什麼罪？刮了鱗，還要加上蔥花。牛也不曉得犯了什麼罪？我們喝牠的奶，吃牠的肉，牛皮還拿來做鞋子穿。假如一切眾生都能安居的話，那就是現成的極樂世界。如何安居是個大問題，所以，圓覺菩薩在這裡問如何安居好好修道。

圓覺菩薩再問：「**此圓覺中，三種淨觀，以何為首？**」記住！圓覺之路是沒有先後的，「**知幻即離，不作方便；離幻即覺，亦無漸次。**」這是如來禪的頓悟法門，大家還記得嗎？很重要喔！假如不懂的話，把它背下來，當咒子唸，總有一天唸通。再其次，假如不能做到頓悟，則有三種漸修法門，哪三種？修止、修觀、修禪那。此三種配合起來，一共二十五種。這三種修法，以哪一種開始呢？「**唯願大悲，為諸大眾及末世眾生施大饒益**」，為我們現場大眾以及未來的眾生，指示一條路，讓大家得到大利益。

作是語已，五體投地，如是三請，終而復始。

講完了，五體投地，跪下來拜，如是再三行禮。

爾時，世尊告圓覺菩薩言：善哉！善哉！善男子，汝等乃能問於如來如是方便，以大饒益施諸眾生，汝今諦聽，當為汝說。

此時，釋迦牟尼佛告訴圓覺菩薩說：好的，好的，你們能夠詢問這些問題，來幫助眾生得到大利益，你們現在好好注意聽，我來為你們解說。

時圓覺菩薩奉教歡喜，及諸大眾默然而聽。

圓覺菩薩聽到佛願意解答，非常高興，其他大眾也都靜默聆聽。

善男子，一切眾生，若佛住世，若佛滅後，若法末時，有諸眾生具大乘性，信佛祕密大圓覺心，欲修行者，若在伽藍，安居徒眾，有緣事故，隨分思察，如我已說。

佛說一切眾生，不只是我們人類，包括禽獸游魚在內，在佛活著的時候，所謂正法時代；或者，在佛涅槃以後，所謂像法時代，經教佛像還在；或者，在末法時代，一切經典佛像都沒有了。到了最後末法時代，末法儘管末法，佛法的正法仍然存在，眾生一樣有佛性，也一樣有了不起的人。「**有諸眾生具大乘性**」，具備了大乘道的根性，「**信佛祕密大圓覺心**」，《圓覺經》是不是密宗？這裡又沒有傳個咒子。什麼是祕密？禪宗六祖講得很清楚，「密在汝邊」，祕密在你自己那裡，怎麼說呢？一切眾生本來是佛，佛性在哪裡？在你那裡，但是，找不出來，這就是大祕密。天下最大的祕密就是沒有祕密，明白告訴你，可是你不懂，這就是大祕密。佛在這裡說，圓覺法門就是大密宗。

假如有心想修行的人，「**若在伽藍**」，伽藍就是清淨道場，另外有個名稱「阿蘭若」也是清淨道場，單獨住茅棚的叫阿蘭若，團體共修的叫伽藍。「**安居徒眾**」，大家住在伽藍裡好好共同修行，早晚課中稱為「伽藍聖眾」，徒眾包括四眾弟子，即比丘、比丘尼、男居士、女居士；若再加上沙彌及近事男、近事女，則稱為七眾弟子。剛出家的叫作沙彌，即使一百歲，也是同樣的稱呼；在家人中受過五戒，介於沙彌與居士之間叫作近事男、近事女。「**有緣事故**」，心中有所緣，例如想發願往生西方極樂世界，或者想即生成就。「**隨分思察**」，很多人學佛都搞錯了，以為學佛修行就是什麼思想念頭都不要有，那是學豬，不是學佛。什麼都不想，最高的成就是外道無想定，差一點的成就就是畜生道，我說的是真的，不是開玩笑，很嚴重喔！真正學佛是用智慧，叫作正思惟修，禪那的意思是正思惟，《瑜伽師地論》裡說周偏尋思，周偏伺察，禪宗就叫作「參」，參並不是不用心、不用思想。如何尋思呢？「**如我已說**」，佛前面已經講過了。

若復無有他事因緣，即建道場，當立期限，若立長期，百二十日，中期百日，下期八十日，安置淨居。

假如沒有其他的事情，就馬上建立修道的場所，而且應當立下一個期限，如果是長期的話，以一百二十天為標準，中期一百天，短期八十天，安靜下來修行用功，以求證果。

若佛現在，當正思惟。若佛滅後，施設形象，心存目想，生正憶念，還同如來常住之日，懸諸幡花，經三七日，稽首十方諸佛名字，求哀懺悔，遇善境界，得心輕安，過三七日，一向攝念。

假如佛在世的時候，只要聽佛說法，好好去研究，用「**正思惟**」修。若佛逝世以後，就要設置佛像，這並不是崇拜偶像，而是因他立我，利用佛像使自己起恭敬心、謙卑心、慈悲心。「**心存目想**」，心中作日輪觀，在心窩與肚臍之間觀想一個太陽，在日輪中加上一尊坐姿或立姿之佛也可以。「**生正憶念**」，就是時時刻刻心中有佛，心中想著一個佛，這就是真正念佛，不是嘴巴唸。「**還同如來常住之日**」，這一切的修行就如同佛還在世間一般，如同中國儒家所謂的「敬神如神在」，拜佛的時候，就如同佛活生生地在前面一樣，一念至誠，自他相應。以前有個外國朋友過世，我叫一個同學給他買一部紙糊的汽車，還有冰箱，洋房也要。另外一個朋友問我，你也相信這一套？我說你不信啊？我信得很，燒完就不信了，燒的時候，絕對相信，一念至誠，自他相應，過後即空。你說這是紙做的，真有用？就有用，誠則靈。假如你拜佛的時候，心不恭敬不誠懇，當作是運動，即使拜一萬次也沒有用，千萬注意！道理就在一個「誠」，一個「敬」。

「**懸諸幡花**」，香、花、燈、水、果、茶、食、寶、珠、衣十種供養，樣樣俱全。衣服、臥具、飲食、湯藥都可以拿來供養。注意！供佛也要像剛才所講的誠懇恭敬，如同泡一杯茶給我最敬愛的爸爸媽媽，不可以隨隨便便。否則，不要供，沒有用，不但沒有用，還有罪過。「**經三七日**」，經過二十一天，「**稽首十方諸佛名字**」，頂禮膜拜十方三世一切諸佛，誠誠懇懇，恭恭敬敬。「**求哀懺悔**」，誠誠懇懇地懺悔以前的一切罪過，洗淨自己以前所造的污垢，淨化自己的心靈，如此日日夜夜誠敬禮拜懺悔，持續二十一天。注意！要專心，晝夜都在幹啥！對不起！這句話不恭敬，應該說晝夜都在拜！（眾笑），我隨便慣了，先向諸位求懺悔。「**遇善境界，得心輕安**」，如此誠敬禮拜懺悔，身心自然起反應，並與諸佛菩薩感應，頭頂發生清涼，百病消除，而且覺得有光自頂上灌過來。佛在別的經典告訴我們，假如佛過世以後，找不到一個善知識的話，你就皈依佛，佛親自給你灌頂，給你清涼灌頂，給你光明灌頂。「**過三七日，一向攝念**」，再過二十一天，收攝身心，修行止觀法門。

若經夏首，三月安居，當為清淨菩薩住止，心離聲聞，不假徒眾。

在佛教出家眾有個名稱叫作「結夏安居」，就是在夏天的時候，大家集中在一起共同修行，不能出門。尤其在印度，夏季就是雨季，出家人出去化緣不方便，而且在雨季也是萬物生長的季節，出去化緣容易踩死許多小生命，所以，佛規定在這個時候結夏安居。

現在，在這裡正是講到結夏安居，為期三個月，應當與清淨的大菩薩們一起專修，「**心離聲聞**」，為什麼呢？聲聞是小乘道，菩薩道是大乘道，大乘道並不是不要小乘，而是包括了人乘、天乘、聲聞乘、緣覺乘。學佛的第一步是先學作人，人作好了之後，行一切善，止一切惡，達到天人境界。雖然到達了天人境界，但是，仍然沒有跳出三界外。因此，要修跳出三界外的法門，那就是聲聞道，甚至要完全出世，出世的話，當然最好是出家，出家就是離情棄欲，杜絕拖累。這樣專修，證得四禪八定，乃至於永遠在清淨無為中，這還是屬於聲聞緣覺小乘道。

大乘菩薩則不然，不離人間，甚至，不離三惡道，菩薩願意來作畜生，願意來作餓鬼，願意下地獄，以一切眾生相來度一切眾生。所以，像觀世音菩薩的普門品，觀世音菩薩以三十二應化身度眾生，應以何身得度者，即現何身而為說法。譬如說這個人喜歡打牌，菩薩度眾生，先要學會打牌，應以打牌身得度者，即現打牌身而為說法。菩薩要有這種本事，又如應以王者身得度者，你就要現王者身而為說法，你是總統，我也是總統，而且我這個總統還比你高明一點。普門品有三十二應化身，密宗也有二十一度母，例如白度母，紅度母、綠度母等等都是觀世音菩薩的化身，原理相同。

這是最偉大的教育，依一切眾生性向的不同，而顯現不同的性向，與他共事，因此影響他、教化他，使他成道。所以，大乘菩薩道不是那麼簡單，這是非常痛苦，非常艱難的事。大乘菩薩不只以一個方式度眾生，你喜歡什麼，他會什麼；你懂什麼，他也懂什麼，而且，總比你高明一點，讓你跟他走。所以，菩薩要具備五明，哪五明呢？第一是因明，就是邏輯，一切理論的學問無所不懂。第二是聲明，不管中文、英文、日文都要懂。第三是醫方明，菩薩要懂得醫理醫藥，隨手可以救人。第四是工巧明，就是一切科學技術都要會。第五是內明，內明最重要，內明就是明心見性悟道；不悟道的話，以上四明學得再好，還是世間法。此處所說的清淨菩薩，就是指得內明的菩薩。

若要進一步瞭解這些菩薩的境界，就要參考《維摩經》，維摩詰居士所說經，出家佛是釋迦牟尼佛，在家佛就是維摩詰，他所講的是入世在家菩薩的修行，雖有妻子，常修梵行。同時要參考《法華經》，以及《瑜伽師地論》的菩薩地。菩薩的一切作為不是為自己，絕對的利他，絕對的清淨。例如禪宗的藥山禪師告訴李翺：「高高山頂立，深深海底行。」最偉大最崇高的成就，最普通最平凡的行為。《中庸》也講「極高明而道中庸」，最高明的人，他的行為做法是最平凡的，是最合適的，而不是古怪奇特，奇特與古怪不是大乘道的行為。

再說，這一段講結夏安居三個月，等於是閉關。閉關這兩個字是出自於《易經》——先王以至日閉關，什麼是至日呢？日子到了就去閉關，不是這麼解釋。中國曆法有二至，夏至與冬至，夏至一陰生，冬至一陽生。冬至是在陰曆的十一月之間，冬至一陽生，陽氣初生，屬於復卦，一陽來復，恢復生機的意思。二陽是在十二月，到了三陽則是正月歲首，所謂三陽開泰，地天泰卦，又稱為三羊開泰，羊是吉祥的意思。我們現在陰曆以正月為歲首，這是夏代文化，夏代下一朝的殷商，則以十二月丑月為歲首；再下一朝的周朝則以十一月為歲首，取冬至一陽生之意。

中國的老祖宗先王閉關做什麼呢？齋戒沐浴。持齋不是吃素，吃素不是持齋。其實，吃素也不能叫作吃素，什麼是素？很難講，素者白色乾淨，應該說不吃肉最準確。更不能講成持齋，齋者清淨謂之齋，真正持齋的意思是「洗心退藏於密」，把自己的心洗得乾乾淨淨，一念不生，什麼思想都沒有了，空了，找不到了，所以，叫作退藏於密。

後來，佛教思想進入中國，用了「閉關」這個名辭。你們學佛可不要輕易談閉關，禪宗有兩句話：「不破本參不入山，不到重關不閉關。」沒有悟道以前，還沒有資格到山裡住，因為你身心的煩惱還沒有清淨，即使到了最清淨的地方，你還是有煩惱，要悟了道，破了本參，破了初關，明心見性，才有資格入山。初關是見空不見有，到了重關是起有而修，此時，晝夜都在定中。真正的閉關不是在拜佛、看經，關房裡什麼都沒有，一個蒲團，一個水壺，非常簡單幾樣東西。到了現在，把門一鎖都閉關了，你閉什麼關？觀音關，拜經關，都是關。

我們講了半天，是解釋「**清淨菩薩住止**」，千萬注意，大乘菩薩不止於內明，不止於悟道，更重要的是行願，你的行為是不是真正的利世利人？

光想修道，青菜蘿蔔吃得很好，萬事不管，那不是菩薩道。

《圓覺經》在這裡說，結夏安居的時候，必須找這麼一位清淨菩薩大善知識共同進修。剛才提到閉關，有些同學要去閉關，你憑什麼閉關？我想去專修一下，你憑什麼修呀？你拿什麼來修？你知道修行的路嗎？有方法嗎？到了這個境界，下一個境界如何，你知道嗎？不知道，你怎麼修啊？例如打坐搖起來了，搖起來又怎麼樣？搖到哪裡去？你說氣脈通了，通到什麼程度？通到哪裡去？這些都不懂，你如何專修？你如何閉關？古人閉關是依止明師而修的呀！照應你閉關的是老師，真正護關護法的是善知識，隨時告訴你下一步怎麼辦。我有幾位年紀大的老朋友說要去閉關，誰去照應你呀？我有學生，我有徒弟，好吧！你去關吧！

「**心離聲聞，不假徒眾**」。結夏安居，修的是大乘佛法，不是聲聞乘。「**不假徒眾**」，假就是藉，借用；決不依靠徒眾。

至安居日，即於佛前作如是言：我比丘比丘尼優婆塞優婆夷，踞菩

薩乘，修寂滅行，同入清淨實相住持，以大圓覺為我伽藍，身心安居平等性智，涅槃自性無繫屬故，今我敬請不依聲聞，當與十方如來及大菩薩三月安居，為修菩薩無上妙覺大因緣故，不繫徒眾。

至安居日，道場佈置好了，日子確定了。佈置道場並不一定要花很多錢，乃至於你沒有錢買佛像，寫一個「佛」字掛在那裡也可以。即使不掛「佛」字也可以，佛在哪裡？佛在心中，內心莊嚴就可以了。以前的印光法師，他的寮房裡沒有佛像，也沒有供一個「佛」字，只有「死」字，念死，隨時想到死，所以，趕緊修。我把一切安頓好，等到後天再來修行，死！明天有沒有你還不知道呢！還有後天？常常有同學問：老師啊！年底打七不打七呀？我說我啊！明天在不在還不知道，還到年底？人世無常。但是，你要佈置一個佛的壇場就要莊嚴了，香、花、燈、水、果一應俱全，敬佛如佛在。

道場佈置好了，跪在佛前，告訴佛說：我比丘某某。假如是男居士就說我優婆塞某某。然後就是發願，發什麼願？這是上乘禪的修法，也是無上密的修法，假如是真心至誠發願的話，願力到了，工夫也到了，初發心即成正覺。「**踞菩薩乘**」，我要修的是大乘道。修大乘道，先要求證內明，就是寂滅行，一切念，一切行，了不可得。

「**同入清淨實相住持**」。同入，與誰同入？與諸大菩薩同入，包括觀世音、大勢至、文殊、普賢。同入什麼呢？清淨實相。什麼是清淨實相？智慧的成就——般若實相，般若波羅蜜多。此實相般若不假修持，自然清淨。「**住持**」，住持正法，以實相般若為主持。

「**以大圓覺為我伽藍**」，以大圓覺境界為我的道場，盡虛空徧法界均是我的道場。「**身心安居平等性智**」，我相沒有了，一切眾生與我性相平等，同一本體，沒有差別。為什麼呢？「**涅槃自性無繫屬故**」，因為一切眾生與諸佛的本性本來清淨，本來解脫無所繫，本來平等無所屬。

「**今我敬請不依聲聞，當與十方如來及大菩薩三月安居**」，我現在請十方一切佛與一切大乘菩薩，與我同在，與我共同修行。

「為修菩薩無上妙覺大因緣故，不繫徒眾」。因此，在這樣一個莊嚴的道場，十方一切佛與菩薩都與你同在，自己的身心隨時要清淨，以求得無上妙覺，證得阿耨多羅三藐三菩提，大澈大悟。在此大因緣下，當然不繫徒眾。

善男子，此名菩薩示現安居，過三期日，隨往無礙。

不管是出家的比丘或是在家的居士，如此專修三個月，如何專修呢？就是遵照剛才的發願內容而修，修寂滅行，晝夜都在清淨實相中，身心安居平等性智，如此經過三個月，**「隨往無礙」**，得大自在大解脫。

善男子，若彼末世修行眾生，求菩薩道入三期者，非彼所聞一切境界，終不可取。

佛又再吩咐，末世時代修行的眾生。修行的眾生不只指出家眾，包括在家眾，想求得菩薩道，以三個月為一期努力專修。「**非彼所聞一切境界，終不可取**」，意思就是說一切境界來的時候，都不要抓住，不要執著，一執著就入魔道了。有許多人打坐修行，慢慢地會聽到一些聲音，聲音告訴他什麼都對了，哦！這是菩薩指示我。全錯了，早就著相了，非著魔不可，這決不是神通，而是神經。記住啊！此時要記住《金剛經》說的：「凡所有相皆是虛妄，若見諸相非相，即見如來。」

佛在這裡特別作原則性的叮嚀吩咐，「**非彼所聞一切境界，終不可取**。」修行上的障礙，大致分為兩種，一種是眼睛看到什麼了，以為是得眼通了；另一種是耳朵會聽到聲音，或者聽到美妙的音樂。記住！這一切境界「**終不可取**」。

善男子，若諸眾生修奢摩他，先取至靜，不起思念，靜極便覺，如是初靜，從於一身至一世界，亦復如是。

佛又慈悲再三吩咐。假定在這三期修行期間，要修什麼呢？「**修奢摩他**」，就是修止。我們的思想念頭像流水一般，修奢摩他就是把它止在一點上，繫心一緣，所有一切的修行，第一步都是先求得止，不管是哪一宗，甚至是道家、儒家，都是一樣。思想、念頭、情緒安定不下來，止都得不到，你說工夫有多好，不是自欺，就是欺人。

所以佛說「**先取至靜**」，我們學習打坐，打坐是練習如何養靜，靜還不能說是止。你們打坐靜靜坐在那裡，但是，內心的思想七上八下，並未得止。你說唸佛，阿彌陀佛、阿彌陀佛地唸，有沒有止呢？沒有。如何先取至靜呢？「**不起思念**」。不起思念並不是把念頭壓下去，不准想，如此的話，非出毛病不可。那麼，如何不起思念呢？有什麼方法可以不起思念呢？對不起！沒有方法。若還有方法，已經不是至靜，還在鬧中。如何先取至靜？不起思念。如何不起思念？先取至靜。就是這個樣子，不可說，猶如雪竇禪師的詩：「太湖三萬六千頃，月在波心說向誰。」

「**靜極便覺**」，靜到了極點，智慧開了，悟道了。《楞嚴經》上說：「淨極光通達」，這句話不是比喻，是實際上的工夫，此光不是有相之光，而是自性之光，智慧之光。

「**如是初靜**」，對不起，到達這個境界，還是初靜，再進一步，「**從於一身至一世界，亦復如是**」。由自己身心清淨，再擴大到整個宇宙世界都在清淨圓覺中，都在你的心量中，你的心與整個宇宙融和在一起，那便由「淨極光通達」達到「寂照含虛空」了。

善男子，若覺徧滿一世界者，一世界中有一眾生起一念者，皆悉能知，百千世界亦復如是。非彼所聞一切境界，終不可取。

到達了這個地步，清淨覺性徧滿一世界，所有眾生只要動一個念頭，都能清清楚楚地知道。我們舉一個故事，對這件事稍作說明。清朝中興名將胡林翼，雖是儒家，也一樣靜坐，只是沒有盤腿罷了。中國的儒家也一樣講求靜定的工夫。有一次夜裡紮營，大家都休息了，他在營裡靜坐。到了半夜，突然下令部隊緊急集合，有敵人偷襲，部隊馬上開往西北方十里外的溝渠。到了目的地，果然發現一批敵人，結果打了勝仗。全軍官兵歡欣鼓舞，不在話下。當然，有將領就問胡林翼：「大帥！你怎麼知道有敵人來偷襲？」他說：「我夜裡靜坐，靜到了極點，方圓十里外的聲音都聽得清清楚楚，敵人經過水溝，驚動了蘆葦下的野鴨與雁子，這些聲音我都聽到了。」在這裡，只是隨便舉個例子，佛菩薩的境界當然更大，不只聲音聽得見，心念只要一動就知道了。

「**百千世界亦復如是**」，大菩薩的境界就更大了，不只一世界皆悉能知，百千世界亦復能知。「**非彼所聞一切境界，終不可取**」。假如我們凡夫也能知悉眾生的心念，那可有得忙了，這個想發財，那個想害人，怎麼辦？這一切有如過眼雲煙，一切皆不妨礙自性之清淨。

善男子，若諸眾生修三摩鉢提，先當憶想十方如來十方世界一切菩

薩，依種種門，漸次修行勤苦三昧，廣發大願，自熏成種，非彼所聞一切境界，終不可取。

上面講的是修止，現在講的是修觀。若有眾生其根性適合修三摩鉢提，適合修觀，「**先當憶想**」，注意這個「**憶**」字，憶就是回憶、記住的意思，隨時掛念著。「**憶想十方如來**」，釋迦牟尼佛在這裡並沒有指定要念哪個佛，隨你挑選，西方有阿彌陀佛，東方有藥師如來。每個佛各有不同的願力，阿彌陀佛有四十八願，藥師如來有十二大願，你看看哪尊佛的願力與你有緣，就憶念那尊佛。即使不憶念佛，憶想十方世界一切菩薩也可以，例如密宗黃教觀想大威德金剛——文殊菩薩的化身，或者是紅度母、綠度母——觀世音菩薩的化身。重點在憶想兩個字，講到憶想，宋代詩人黃山谷有兩句詩：「五更歸夢三千里，一日思親十二時」，夜裡五更做夢，夢到回到相隔三千里外的家，一天十二個時辰都在思念著親人。若能做到一日思佛十二時，那就成功了。憶想十方如來十方菩薩，必須做到如此地步，才會有所成就。

「**依種種門**」，憶想的方法有很多，例如修念佛法門，就必須熟悉《觀無量壽經》裡的各種觀想方法，如日想、水想、華座想、像想等等。再說觀佛的形象，三十二相，八十種好，在心中顯現出來。假如觀不起來，只觀佛眉間的白毫光也可以，或是觀佛胸口的卍字也可以。假如有人心量廣大，智慧廣大，功德廣大，一觀，佛的三十二相、八十種好，乃至整個極樂世界全體顯現。我們心量小的人，就觀小一點吧！小人修小法。

「**漸次修行勤苦三昧**」，一步一步地觀，觀想不是那麼容易成就，所以要勤苦三昧漸次修行。觀想成就的話，隨時隨地都在觀想境界中，並不一定要專修、閉關、禪坐才能做到，在一切行、住、坐、臥日用之間，觀想境界非常明顯地現前，也不需要閉眼睛，開眼閉眼都現前，那你說是眼睛看到佛菩薩了，倒也不是，是心意識的境界。

「**廣發大願**」，還要發願，發什麼願？譬如修念佛法門，你必須知道阿彌陀佛的四十八願。願是捨己為人，是利他，而不是自私的欲望。願不只是心願，還要變成行為，才是真正發願。若不廣發大願，觀想不會成就。

觀想的道理在哪裡呢？為什麼要觀想呢？「**自熏成種**」。觀想是利用第六意識來觀，例如觀想四臂觀音，先在意識上有個模模糊糊的影像就可以，慢慢地讓他越來越清楚，如同真的菩薩在前面，再進一步，把自己觀想成四臂觀音，四臂觀音就是我，無二無別。利用第六意識觀想來慢慢熏習第八阿賴耶識，這就是觀想自熏成種的道理，利用第六意識的現行，形成第八阿賴耶識的種性，死後生生世世，以前所觀想的佛菩薩仍然現前。

「**非彼所聞一切境界，終不可取**」。如果以觀想憶念法門修行的人，因為這種修法是有相的修法，如果不通教理，盲目迷信，很容易走上岔路，走上神經之路。不合教理的一切境界，終不可取。要明白什麼道理呢？能觀者是我，所觀者是佛，即使真佛來到前面，與我講話，都不予理會，「凡所有相皆是虛妄」。假如忘了能觀者是我，看到佛菩薩現前，自己忘了我，那就著魔了。

這一段所講的修觀，與上一段所講的修止，有什麼不同呢？有很大的不同。修止是讓第六意識止在一點上，不去想像；修觀想憶念法門是讓六意識去想像造作，同時止在這個觀想境界上。

善男子，若諸眾生修於禪那，先取數門，心中了知生住滅念分劑頭數。如是周徧四威儀中，分別念數，無不了知。漸次增進，乃至得知百千世界一滴之雨，猶如目睹所受用物。非彼所聞一切境界，終不可取。

接下來講的是禪那，禪那是正思惟修，與所謂的禪定有所不同。禪定有四禪八定、九次第定，禪定也是共法，與外道共有的法門；修止、修觀、修禪那其中都有禪定，工夫層次深淺不同。那麼，這裡所講的禪那是不是中國的禪宗呢？也不是。禪宗又稱為心宗，諸佛法門中心的中心，又叫作心中心法。密宗裡也有心中心的修法，有其咒語及手印，做到了也可以悟道。這種心中心的修法都屬於禪那，禪那的最高境界就是寂滅清淨，清淨圓明，這是

「如來禪」的境界，與中國禪宗同中有異。所以，禪那與修止、修觀有所不同。

修習禪那如何修呢？佛在這裡告訴我們，「**先取數門**」，這裡所講的數不是天台宗的數息法，而是觀心法門。觀什麼心呢？觀後天妄想心，在靜中反觀自己的起心動念，每一個思想，每一個念頭，一個一個都很清楚，「**心中了知生住滅念**」。我不曉得諸位的經驗如何？真正的修行沒有不觀心的，對自己的思想念頭來去要清清楚楚才是修行。有很多人記憶力不好，修觀心法門，記憶力一定會好起來，越放鬆，影像越容易留；越空越容易裝下東西。

修行人要做到心念隨時空，禪宗祖師教我們修行要「無心於事，無事於心。」心中不求什麼事。常常有人告訴我明天要怎麼樣怎麼樣，我煩起來，就告訴他：你好多餘，明天有沒有我還不知道呢！管他明天幹嘛？這就是無心於事。還要無事於心，所有的事不裝到心裡頭，過了就算，發脾氣，要發就發，我發起脾氣比誰都大，一邊發脾氣一邊心裡還在笑。有同學問我某人這件事怎麼處理，我說罵都罵了，還要怎麼處理？罵他就是處理了嘛！你還要他怎麼樣？錯了已經錯了，你打死他也錯了，錯了還挽得回呀？

「**分劑頭數**」，對於每一個念頭還須懂得分辨善惡，劑就是排列歸類，對於自己心中的每一個思想都念念清楚，在《瑜伽師地論》裡稱為周徧尋思、周徧伺察，這就是修心、修行。許多人學佛修行對於自己講的話都搞不清楚，都沒有好好的觀心，都不曉得觀照自己的內心。念念觀照自己的起心動念，才是正修行之路。你們想求智慧，求福德，要如此修法。為什麼呢？把心觀察清楚，這就是智慧；假如對自己的心念不清楚，那是細昏沉，因為落在細昏沉中，所以智慧發不起來。怎麼說這也是修福德呢？對於自己心念的是非善惡都清清楚楚，把惡念拿掉，善念增加，功德自然增長。所以，觀心法門有如此重要，尤其號稱學禪的朋友們，特別注意這個法門，連這個最基本的都做不到，還談什麼禪？不要自欺欺人。

「**如是周徧四威儀中，分別念數，無不了知。**」無論行、住、坐、臥，在任何時間任何地點，對於自己的心念都清清楚楚，甚至在睡覺中，對自己的夢也清清楚楚。更進一步，在夢中還可以作主，變個山來玩玩就變出一個山來，如此的話，修行才算稍有成就，死了嘛，才不會迷糊，不會被業力牽著走，想往生西方極樂世界，一動念就去了。

講到做夢，有一個很有趣的故事。四五十年前，我有一位一起學禪的朋友，他的太太也想一起來學，他這位太太很嬌，也很折磨丈夫，很愛丈夫，拿感情折磨丈夫。有一天她來看我們的袁老師，袁老師對她很不客氣，鬍子一抹，問她：「妳來幹嘛？」「我跟劍秋來，（他的丈夫名叫劍秋），想先生收我作徒弟。」袁老師眉毛一橫，頭一歪，說：「我這裡不收女人的！」我們在旁邊看到，擔心死了，不要回去吃安眠藥唷！趕緊跟在後面送她出去，「大嫂！不要難過啊！先生脾氣就是這樣。」「我不難過，我不難過。」她態度表現很好。

她回到家裡，氣了，這糟老頭有什麼了不起，擺臭架子，我就成佛給你看看！於是，自己弄個蒲團，打起坐來。拚命用功，飯也少吃，覺也少睡，想馬上成佛，腿痛也強忍下來，搞了幾天，病倒了，發高燒。剛好碰上家裡沒有錢，她先生急了，不曉得怎麼辦？只好守在太太旁邊，求觀世音菩薩幫忙。平時叫他唸佛，打死也不幹。現在太太病了，家裡又沒錢，只好唸佛，他一口氣唸大慈大悲觀世音菩薩聖號，唸了五個鐘頭。

到了黎明，他太太突然坐起來，一把抓住先生的手說：「劍秋！我信了。」這下可把我那位朋友嚇了一跳，以為她發高燒，燒過了頭，發瘋了。問她：「你信了什麼？」她說：「你是菩薩，你的老師是佛。」這麼一答，更加令人莫名其妙。「怎麼了？妳怎麼這樣講呢？」她說：「我病好了。」這樣一說，他才放心。「那到底怎麼回事？」他太太說：「我病得好難過！好痛苦啊！我叫你拿水給我喝，看到你全身都是金光，金光照到我身上，就清涼了，痛苦全消，然後就睡著了。醒來以後，燒也退了，病也好了。所以說你是菩薩。」第二天，我這位朋友跑到維摩精舍來說給大家聽，大家都笑，袁先生也笑，大家等著看她下一步會怎麼樣？

她還是繼續用功，天天打坐。有一天夜裡做個夢，她自己也知道要做夢了，就讓它做吧！她心裡想：好，要做夢嘛！就做個大夢，到西方極樂世界去看看。她的念頭這麼一動，就看到一尊大佛，光芒四射，她就跪下來，向佛磕頭。她說她一邊磕頭，一邊心裡還在想：袁老師！你這個糟老頭！嗯！我現在看到佛了。她向佛說：「佛啊！你要度我，我要回去跟那位老頭子比一下。」阿彌陀佛對她笑一笑，也不講她什麼，對她說：「妳餓了吧？」「對呀！我餓了。」地上就冒出一張桌子出來，什麼好吃的東西都有。吃完之後，佛問她：「你到這裡來，還想看什麼？」她說：「佛啊！你這裡有沒有跳舞的呀？」佛說：「有啊！」佛將手一比，馬上出來一羣美女，那些女的真漂亮呀！她說我根本就無法跟她們比。看完了跳舞，佛又對她笑，她問佛：「佛啊！你這裡有沒有電影？」佛說：「有啊！」馬上電影銀幕就出來了，反正，要想看什麼就有什麼。過了一段時間，她想一想，我在做夢，不要夢太久了，假如丈夫以為我死了，把我抬去埋了可不好。於是，她跪下來向佛說：「謝謝！我要回去。」佛說：「好，你回去吧！」

故事還沒有完，她拜別了阿彌陀佛，就走回家。在回家的路上，看到一堆墳墓，從墳墓裡走出一位女鬼，這女鬼很兇惡，要抓她。她趕緊打坐，把心定下來，向女鬼說：「妳不要抓我，有冤也好，有仇也好，有愛有恨也好，我剛從阿彌陀佛那裡回來，等我成佛以後，我帶你到西方極樂世界去，而且，我喜歡漂亮，妳那麼醜，我不怕你。」她這麼一說，那女鬼羞答答鑽回墳墓裡去。

然後，她就繼續往前走。走沒有多久，出來一位男鬼，這位男鬼真漂亮，比以前所見過的男人都漂亮，向她百般挑逗，她心裡知道這個男鬼就是那個女鬼變的，她告訴這個鬼：「你少來這一套，我剛從西方極樂世界回來，什麼好看的都看過了，你這一套迷不住我。」這個時候，這個漂亮的男鬼突然變成青面獠牙的厲鬼，這下子把她嚇住了，她拚命跑，拚命往家裡跑，跑到家門前，踩到一塊踏板，一滾，滾到床上，出了一身冷汗。

她就這樣醒了，醒來之後，楞了半天，坐起來，看看丈夫還在睡覺，於是將丈夫搖起來。她丈夫問她：「你幹什麼？」「我悟了！」她丈夫說：「你不要發神經。」她說：「我真的悟了。」她丈夫看她說得那麼正經，說：「怎麼回事？你講給我聽聽。」她說：「夢的也是我，阿彌陀佛也是我，西方境界也是我，那個女鬼也是我，男鬼也是我，那可怕的厲鬼也是我。我愛你愛得要死，其實，愛的是我自己。從此以後，我不再愛你了，以後我們是道友。我不再被自己騙了。」

她的丈夫聽了很高興，告訴她：「好了，妳真悟了，現在我也解脫了，老實說妳這樣死愛我，我被你纏得也受不了。你現在悟了，我很高興，我來皈依你。」她的丈夫就在床上跟她磕頭。第二天清晨，兩人一齊去見袁老師，袁老師也怪，一進門就叫她跪下磕三個頭，這下我收妳作徒弟了。她說：「袁老師，今天你不收我也沒有用，我已經打好主意，一進門就要向您磕頭了。」袁老師說：「好！好！我都知道了。」

我們講了一個做夢的故事。夢中能夠作主，生死才有把握。所以，平時在行、住、坐、臥之間，自己心中的分別念數，無不了知。若有一念不知，便是昏沉，便是無明。所以，你們天天在無明中，迷迷糊糊，不是密宗的呼圖克圖，而是糊塗可土。這怎麼得了？一定要無不了知，清清楚楚。

然後，「**漸次增進**」，一步一步地進步，「**乃至得知百千世界一滴**

之雨，**猶如目睹所受用物**」。由自己的心念清清楚楚，乃至於一切眾生的心念也清清楚楚。佛在這裡以百千世界的一滴之雨來作比方，因為雨的數目太多，數不清，但是，你都很清楚，猶如目睹所受用物，猶如親目看見，都在心中清清楚楚。一面又吩咐，到了這個境界不要得意，這只是修禪那的初步，沒什麼了不起，其間還有很多變化，甚至十方諸佛與你摩頂授記等等，這些都不要理會，「**非彼所聞一切境界，終不可取**。」

是名三觀初首方便。

以上所講的是修止、修觀、修禪那初步開始的方法。

若諸眾生偏修三觀，勤行精進，即名如來出現於世。

假如有眾生修止、修觀、修禪那，能夠非常認真勤快，不斷求進步，等於佛再來住世。

若復末世鈍根眾生，心欲求道不得成就，由昔業障，當勤懺悔，常起希望，先斷憎愛嫉妒諂曲，求勝上心，三種淨觀，隨學一事，此觀不得，復修彼觀，心不放捨，漸次求證。

假如將來末世的鈍根眾生，所謂鈍根就是很笨，不能快刀斬亂麻。鈍根眾生想要求道學佛，修什麼都不得成就，例如在中國流行的淨土法門，非常簡單，只要唸一句佛號，唸到一心不亂，可是，很少人能夠做到一心不亂。不要認為打個坐，唸個咒子；然後，閉起眼睛看到了什麼，或是心裡有什麼靈感，以為這就是成就，千萬不要搞錯，所謂成就就是要證得果位。

為什麼不得成就呢？「**由昔業障**」，由於被過去生所造的業力所障礙了。業障的問題，講起來很多，可另作專題討論，在這裡不詳細講。

那麼，被自己的業力所障礙，不能證得道果，怎麼辦呢？「**當勤懺**

悔」。懺悔這兩個字，我們很熟，尤其是我們學佛的人，動不動就懺悔。到佛菩薩前面磕幾個頭，拜一拜，哭一場，唉呀！我在懺悔，事情過掉以後，又是我行我素。這樣是不是懺悔呢？這不是懺悔，這是作假、自欺。所謂懺悔，就是停止以前所做的錯誤，永遠不再犯，以後的行為只起善不起惡。

佛在這裡告訴了我們懺悔的辦法，「**常起希望，先斷憎愛嫉妒諂曲**」。常常生起希望斷除業障之心，先斷除憎心與愛心，憎是討厭，愛是喜歡，正反兩面。憎是由瞋心而來，是一種仇恨的心理，討厭這個人，討厭那個人，埋怨這件事，埋怨那件事，怨天尤人。我們仔細觀察人的心理，很好玩！一個人做錯了事，剛開始，臉紅一下，過幾秒鐘，紅就退了。想了一想，我還是沒有錯，錯的是他，或是別的什麼原因才促使我這樣。甚至歸咎於社會問題，不是你的錯，也不是我的錯，是社會的錯。不要忘了社會也是人組成的，歸咎於社會問題，這是推託之辭，不負責任的行為。把錯誤推給人家，把責任推開，或是排斥一切，這種心理是憎。

憎的反面是愛，愛不只是男女之間的愛欲，包括了廣義的貪愛。愛就是執著、佔有。假如把自私的貪愛反轉過來，變成犧牲自我，愛護別人，就是慈悲。

嫉妒的心理屬於瞋，嫉妒的心理也有很多種，發生在感情方面比較多、比較明顯。因為求之不得，貪之不足，所以產生瞋恨，見不得別人比你好，也因為智慧不明瞭，自己的心結解不開，佛學稱為結使，小乘佛法歸納為九十八個結使。修行就是去除這些結使，把這些結使一個一個解開來，就是修行的成果，例如一個內心充滿仇恨的人，經過修行，變成非常慈悲，或是一個愚笨的人，經過修行，變得聰明開通。但是，很多人學佛的結果，變得越來越笨，脾氣越來越大；信了教以後，越來越脫離現實生活，變得神經兮兮，古里古怪，幾乎每個宗教都是如此，看了真使人害怕。再說，宗教徒彼此之間互相排斥，也是嫉妒；不管男女老幼都有嫉妒的心理，你的學問比他好，他會嫉妒；你的事業比他好，他會嫉妒；你長得比他好，他會嫉妒。你在街上多看女人一眼，夫妻回家保證吵架，女人在小地方很仔細，比較愛吃醋。有些人對比自己地位低的人很好，對比自己地位高的人不理，其實，這就是嫉妒心理的反面，你為什麼要有所差別？能平等對待就好了，他不能平等。修行要從這個地方檢查自己，不是說我去學了一個法，又會打坐，又會唸咒，又會結手印，這就可以修成佛了。

還有諂曲，諂曲就是圓滑，轉個彎。講話拐彎抹角，內心打主意想計謀，都是諂曲。諂是諂媚，在外表上討你喜歡；曲就是彎曲，掩飾作假，所以佛說：「直心是道場。」你說：「我要罵他就當面罵他」，這就是真心嗎？不是，這是瞋心。

佛告訴我們，懺悔要去除切斷憎愛嫉妒諂曲這些心理，把內心洗刷乾淨，這才是懺悔。並不是跑到佛堂哭一場，就是懺悔了。哭是情緒的發洩，哭過以後，心情很平靜，那是哭累了，別的事情想不起來了。你不要以為在佛（或是上帝）前一跪，一哭，懺悔之後覺得好安詳啊！得到上帝的靈感啊！得到菩薩的加庇啊！那是累啦！不是佛菩薩的感應。不信，再過幾個鐘頭，吃飽了，體力足了，他的脾氣又來啦！注意！什麼是真懺悔要搞清楚。

懺悔之後，內心洗刷乾淨之後，再來修止、修觀、修禪那，「**求勝上**

心」。但是，我們一般人相反，不求懺悔，就想修止、修觀、修禪那；結果，越修心越亂，止也止不了，靜也靜不下。先求懺悔，內心純善，到了善的境界，中國人講「為善最樂」，心理產生喜悅，生理發起輕安，再來求定，那就容易了。

在修止、修觀、修禪那三種法門中，「**隨學一事**」，隨你選擇一種修習。但是，選定之後，就不要隨便更換，須易觀時再改。一門深入，「**心不放捨**」，專心一志，全力以赴，「**漸次求證**」，一步一步進步，一步一步求證。

爾時，世尊欲重宣此義，而說偈言：

這個時候，佛歸納以上所講的要點，作成偈語。

圓覺汝當知　一切諸眾生　欲求無上道　先當結三期

懺悔無始業　經於三七日　然後正思惟　非彼所聞境
畢竟不可取　奢摩他至靜　三摩正憶持　禪那名數門
是名三淨觀　若能勤修習　是名佛出世　鈍根未成者
常當勤心悔　無始一切罪　諸障若消滅　佛境便現前

圓覺汝當知　圓覺菩薩，你應當知道，

一切諸眾生　所有一切的眾生，

欲求無上道　想要求得成佛無上大道，

先當結三期　先要準備長期、中期、短期專修，

懺悔無始業　懺悔自己無始以來的業障。

經於三七日　經過了二十一天的專修，

然後正思惟　然後見地思想正確，

非彼所聞境　不是自己理上所懂得的境界，

畢竟不可取　都不可以去執著。

奢摩他至靜　奢摩他就是修止，先取至靜，不起思念，
三摩正憶持　三摩鉢提就是修觀，憶想十方如來，
禪那名數門　禪那是了知自己的心念，
是名三淨觀　修止、修觀、修禪那是為三觀。
若能勤修習　若能勤苦修習這三種法門，
是名佛出世　等於佛再來世間。
鈍根未成者　鈍根修法不得成就者，
常當勤心悔　應當努力求懺悔。
無始一切罪　懺悔過去無始以來一切業障，
諸障若消滅　所有業障結使都消除了，
佛境便現前　佛的境界便一一現前。

第十二章　賢善首菩薩

內容提要

此經叫什麼名字

如何奉持

修習此經有何功德

誰來護持此經

於是賢善首菩薩在大眾中，即從座起，頂禮佛足，右繞三匝，長跪叉手而白佛言：

這一段我們不再解釋了。

大悲世尊，廣為我等及末世眾生，開悟如來不思議事。

賢善首菩薩一開始先讚歎佛，大慈大悲的佛為我們以及末世的眾生說法，使我們悟到佛的境界。佛是什麼境界？不可思議，我們要特別注意，不可思議，或不思議的意思是不可以用我們現在的觀念去討論去想像佛的境界，圓覺的境界是不可思議的境界，但是，並沒有說不能思議。一般人看到不可思議，就不用腦筋，不去研究，變成傻傻地迷信，這是不對的。

世尊，此大乘教，名字何等？云何奉持？眾生修習得何功德？云何

使我護持經人，流布此教？至於何地？

賢善首菩薩問佛，佛以上所講的問答紀錄要叫什麼名字？我們要如何奉持？未來的眾生依照佛所說的去修習，會有什麼功德？我們要如何護持正法？如何使此經典廣佈流傳？傳到什麼地方？

作是語已，五體投地，如是三請，終而復始。

這一段我們不再講了。

爾時，世尊告賢善首菩薩言：善哉！善哉！善男子，汝等乃能為諸菩薩及末世眾生，問於如是經教功德名字，汝當諦聽，當為汝說。

此時，佛告訴賢善首菩薩說：好的！好的！你們能夠為其他諸大菩薩以及末世的眾生，問我這部經叫何名稱？依教修習，有何功德？你們好好仔細聽，我來為你們說。

時賢善首菩薩奉教歡喜，及諸大眾默然而聽。

此時賢善首菩薩知道佛要答覆，非常歡喜，與其他大眾一齊靜默聆聽。

善男子，是經百千萬億恆河沙諸佛所說，三世如來之所守護，十方菩薩之所歸依，十二部經清淨眼目。

佛說這部經不只是我在說，已經經過百千萬億恆河沙數的佛都說過。守護這部經的不是什麼神或鬼，而是過去、現在、未來三世一切諸佛。而且這部經是十方一切菩薩之所歸依，任何菩薩想要成佛，都要走這個法門。這部經也是佛法三藏十二部的清淨眼目，最重要的部分，佛經中的佛經。

是經名大方廣圓覺陀羅尼，亦名修多羅了義，亦名祕密王三昧，亦名如來決定境界，亦名如來藏自性差別，汝當奉持。

這部經典的名字叫「**大方廣圓覺陀羅尼**」。大，廣大，偉大。方，徧滿十方，無所不在。廣，廣大無邊。我們學佛，其實，佛的境界就是大方廣，所以，我們學佛的人從作人，心理、思想上就要走這個路子，心胸要廣大，人品要廣大，思想要廣大。圓覺，圓是圓滿，不是局部，不是殘缺，圓融無礙。覺，具有覺性，也是佛性，就是佛的意思。陀羅尼，就是總綱，一切佛法的總綱。

「**亦名修多羅了義**」，修多羅就是經藏，經藏分為了義經與不了義經，這部經是徹底了義的經藏。

「**亦名祕密王三昧**」，明白告訴你就是佛，可是，你不懂，這就是大祕密。道就在你那裡，可是，你找不到，你無法成就，這是無上大祕密。這裡所說的祕密，不是唸個咒子嗡嚨嗡嚨，揑個手印，然後在頭上灑點水，傳你一個什麼法。這裡說的祕密不是普通的祕密，稱為祕密王，密中之密，直接告訴你什麼是佛，心就是佛，如何找到心？如何修持？這部經都告訴你了。

「**亦名如來決定境界**」，懂了這個圓覺法門，決定成佛，必然性的，絕對性的，不用懷疑。

「**亦名如來藏自性差別**」，人性就是佛性，悟到了人性是佛，人性就變成了佛性，把佛性換一個名稱，就叫如來藏。如來藏就是一切眾生的自性，不悟的話，不懂的話，認為有所差別；一旦悟了，就沒有差別。

因為一個名稱無法涵蓋這部經，所以有幾個名稱。「**汝當奉持**」，你應當依照以上所講的名稱來命名。

善男子，是經唯顯如來境界，唯佛如來能盡宣說，若菩薩及末世眾生，依此修行，漸次增進，至於佛地。

佛又再吩咐，這部經所講的是成佛境界，只有成佛之後，才能把這個法門講得透徹清楚。假如有發心修行的菩薩及眾生，依照這部經來修行，一步一步地漸修增進，可以成佛。在這裡，透漏一個祕密給各位，你從第十一位菩薩開始，倒轉來走，就是漸次增進的祕訣所在，否則，你從第一位菩薩開始，容易走上狂禪。

善男子，是經名為頓教大乘，頓機眾生，從此開悟，亦攝漸修一切羣品，譬如大海，不讓小流，乃至蚊蚋及阿修羅，飲其水者，皆得充滿。

頓機利根的眾生，有聰明智慧的眾生，聽了這部經，從此開悟。假如不是頓根，而是鈍根的話，一步一步漸修，也可以成佛。這部經猶如大海，不捨棄小河流，乃至細小的蚊蟲喝了這個水，或者魔王喝了這個水，都可以成佛。這就是這部經真正的功德，接下來，佛又作了一些比喻。

善男子，假使有人純以七寶，積滿三千大千世界，以用布施，不如有人聞此經名，及一句義。

假如有人把積滿三千大千世界的財寶，例如黃金、白銀、瑪瑙之類，拿來布施出去做善事，這個功德了不起吧！但是，不如有人聽到這個經的名字，或者聽懂了其中一句經的意義。好了，各位都聽到了《圓覺經》的名字了，也聽了《圓覺經》的講解了，這下功德可大了。

善男子，假使有人教百千恆河沙眾生得阿羅漢果，不如有人宣說此經，分別半偈。

佛說假如有人教一個人修道，讓他得阿羅漢果，教一個人有此成就已經很了不起了，何況教了百千恆河沙數的人都得阿羅漢果。但是，不如有人宣揚解釋這部《圓覺經》，不要說講解整部經，乃至於能夠把經中的半句偈子解釋通了，其功德大於使無數人得阿羅漢果。

善男子，若復有人聞此經名，信心不惑，當知是人，非於一佛二佛，種諸福慧，如是乃至盡恆河沙一切佛所種諸善根，聞此經教。

假如有人聽到《圓覺經》的名字，相信這是成佛之路，而不懷疑。這樣的人已經在前世，不只是在前一任佛，甚至在過去很多佛前種了善根，才能聽到這部《圓覺經》。

汝善男子，當護末世是修行者，無令惡魔及諸外道，惱其身心，令生退屈。

佛吩咐賢善首菩薩，你應當保護以後末世依此《圓覺經》修行的人，不要被魔道及外道來擾亂正修行人的身心，使此修行人不生退道心。

爾時會中有火首金剛、摧碎金剛、尼藍婆金剛等八萬金剛，並其眷屬，即從座起，頂禮佛足，右繞三匝，而白佛言：世尊，若後末世一切眾生，有能持此決定大乘，我當守護，如護眼目。乃至道場所修行處，我等金剛自領徒眾，晨夕守護，令不退轉。其家乃至永無災障，疫病消滅，財寶豐足，常不乏少。

此時會中有火首金剛、摧碎金剛、尼藍婆等八萬金剛。金剛也是菩薩，只是不同於一般慈眉善目的菩薩，而顯現另一種兇惡怒目的樣子來度化眾生。有八萬金剛並其眷屬，包括大金剛、小金剛、男金剛、女金剛、老金剛、少金剛，即從座起，從座位上站起來，頂禮佛足，右繞三匝，而告訴佛說：世尊！假如以後末世的一切眾生，有人能夠修持此決定性的大乘要道，我們發願永遠作他們的護法，保護他們如同保護自己的眼睛一樣。乃至於在他們修行的道場，我們這些金剛會帶領著徒眾，早晚守護著他們，使他們不致退轉。並且讓他們家中永遠沒有災難，也不會生病，而且財寶豐富，不愁吃穿，生活安定。

爾時，大梵天王、二十八天王，並須彌山王、護國天王等，即從座起，頂禮佛足，右繞三匝，而白佛言：世尊，我亦守護是持經者，常令安隱，心不退轉。

接著大梵天王、二十八天王、須彌山王、護國天王等這些天王、天神都來護法，他們告訴佛說：我們也要保護修持圓覺境界的人，讓他們安隱，心不退轉。

爾時，有大力鬼王名吉槃荼，與十萬鬼王，即從座起，頂禮佛足，右繞三匝，而白佛言：世尊，我等亦守護是持經人，朝夕侍衛，令不退屈，其人所居一由旬內，若有鬼神侵其境界，我當使其碎如微塵。

接下來有名叫吉槃荼的大力鬼王以及十萬鬼王也來護法，他們告訴佛說：世尊！我們也來守護修持圓覺境界的人，早晚侍衛，令不退屈，在他們所住的四十里內，假如有鬼神侵犯他的境界，我一棒就把他打死，打成粉碎。

這些鬼神都來護法，是真的？假的？我勸各位還是要信，信則得救。

佛說此經已，一切菩薩、天龍鬼神八部眷屬，及諸天王梵王等一切大眾，聞佛所說，皆大歡喜，信受奉行。

佛說完了這部經典，一切菩薩、天龍鬼神八部眷屬，各天王梵王等一切大眾，聽佛所說，「**皆大歡喜**」。注意最後四個字——「**信受奉行**」。信，要信得過；信不過，再去研究，不可盲目迷信。受，接受是要實際修證工夫。奉，依教奉持。行，實行求證。除了信受奉行之外，同時也要聞思修慧，例如我們現在把這本經典研究了，聽過了，這是聞。聽過了就算了嗎？

不行。大家聽完經之後，回去把經一放，就不去管它，然後等著鬼神來守護，沒有這回事。聽過了之後要思，要去想，要去研究。思考之後還不夠，要修行，按照這個法門去修，然後才有智慧。那麼，聞思修慧要聞什麼？思什麼呢？教、理、行、果，聞佛所說的經典，思佛所講的道理，理通了之後，行為也要做到，最後，智慧成就，證得果位。現代人喜歡到處去聽經，聽過就算了，沒有去思，沒有去行，這有什麼用？

《圓覺經》是由十二位菩薩一一上來提問題，第一位是文殊菩薩，第二位是普賢菩薩，第三位是普眼菩薩，第四位是金剛藏菩薩，第五位是彌勒菩薩，第六位是清淨慧菩薩，第七位是威德自在菩薩，第八位是辯音菩薩，第九位是淨諸業障菩薩，第十位是普覺菩薩，第十一位是圓覺菩薩，第十二位是賢善首菩薩。這十二菩薩排列的順序，隱藏很大的祕密，我已告訴各位了，這十二位菩薩中，四位菩薩為一組。第一組是直指人心，見性成佛，第二組是大乘漸修法門，第三組是漸修法門的入手，而後到大澈大悟的境界。好了，我把祕密都告訴你們了，你們聽了以後，如果不好好修行，你說這些

圓覺經略說

建議售價・450元

講　　述・南懷瑾
出版發行・南懷瑾文化事業有限公司
　　　　　網址：www.nhjce.com
代理經銷・白象文化事業有限公司
　　　　　412台中市大里區科技路1號8樓之2（台中軟體園區）
　　　　　出版專線：（04）2496-5995　　傳真：（04）2496-9901
　　　　　401台中市東區和平街228巷44號（經銷部）
　　　　　購書專線：（04）2220-8589　　傳真：（04）2220-8505
印　　刷・基盛印刷工場
版　　次・2017年3月初版一刷
　　　　　2021年1月二版一刷
　　　　　2023年10月二版二刷

設計編印
白象文化
www.ElephantWhite.com.tw
press.store@msa.hinet.net
總監：張輝潭　專案主編：徐錦淳

國家圖書館出版品預行編目資料

圓覺經略說／南懷瑾著．--初版．--臺北市：南懷瑾文化，2017.03
面；　公分.
ISBN 978-986-93144-5-9（平裝）
1.經集部
221.782　　105011443